I0366076

www.ingramcontent.com/pod-product-compliance
Lightning Source LLC
Chambersburg PA
CBHW070130080526
44586CB00015B/1625
9781927998779

گلتیّوں اور اِفسیوں

تفسیر

مصنف: ایف وین میکلائیڈ

مترجم: برادر عمانوایل دیوان

جُملہ حقُوق بَحق مُصنف و مُترجم محفوظ ہیں

نام کتاب۔۔۔۔۔۔۔۔۔۔۔۔۔۔۔ گلّتیوں اور اِفسیوں (تفسیر)

مصنف۔۔۔۔۔۔۔۔۔۔۔۔۔۔۔۔۔ ایف وین، میکلائیڈ

مترجم ۔۔۔۔۔۔۔۔۔۔۔۔۔۔ عمانوایل دیوان

کمپوزنگ:۔ ۔۔۔۔۔۔۔۔۔۔۔۔۔ پرنس میتھیو

پرُوف ریڈنگ ۔۔۔۔۔۔۔۔۔۔۔۔رضیہ عمانوایل

تعداد ۔۔۔۔۔۔۔۔۔۔۔۔۔۔۔ ایک ہزار

سن اشاعت۔۔۔۔۔۔۔۔۔۔۔۔۔۔ نومبر 2021

ہدیہ کتاب۔۔۔۔۔۔۔۔۔۔۔۔۔۔۔ 300 روپے

ملنے کا پتہ۔۔۔۔ ایف۔ جی۔ اے بُک شاپ، بہار کالونی، کوٹ لکھپت

لاہور۔ عامر ریاض۔ فون نمبر 03314004219

رابطہ مترجم و پبلشر۔۔۔۔۔۔۔۔۔۔۔ عمانوایل داؤد

فون نمبر 03351470565 اور وٹس ایپ نمبر +923164656552

Mathewforjesus7@gmail.com

3

فہرست مضامین

پیش لفظ

گلتیوں کا تعارف — صفحہ نمبر

1۔ اَور طرح کی خوشخبری 10

2۔ پولس کو خوشخبری کا مکاشفہ 17

3۔ پولس رسول، غیر قوموں کے لئے رسول 25

4۔ پولس بمقابلہ پطرس 32

5۔ ایمان یا شریعت 40

6۔ شریعت کا مقصد 48

7۔ بیٹے اور غلام 55

8۔ حاجرہ اور سارہ 62

9۔ ختنہ کی منادی 70

10۔ روح کے موافق چلو 78

11۔ حاصلِ کلام 88

افسیوں کا پیش لفظ

12۔ مسیح میں 100

13۔ اُس میں نشوونما پانا 109

116	14۔ مسیح میں زندہ
125	15۔ اب اجنبی نہیں رہے
130	16۔ پولس رسول، غیر قوموں کا رسول
139	17۔ افسیوں کے لئے پولس رسول کی دُعا
146	18۔ اپنی بلاہٹ کے لائق زندگی بسر کریں
158	19۔ اُس نے آدمیوں کو انعام دئے
168	20۔ نئی انسانیت کو پہننا
177	21۔ نور میں زندگی بسر کرنا
187	22۔ شوہر اور بیویاں
197	23۔ پاک اور راست تعلقات
205	24۔ خداوند میں مضبوط بنو
213	25۔ ہتھیار پہن لو
221	26۔ بدی کی روحانی قوتیں
227	27۔ سچائی کا کمربند
235	28۔ راستبازی کا بکتر
244	29۔ خوشخبری کے جوتے
249	30۔ ایمان کی سِپر
257	31۔ نجات کا خود
267	32۔ روح کی تلوار

276	33۔ رُوح میں دُعا
286	34۔ ہوشیار اور بیدار رہو
293	35۔ حاصلِ کلام

پیش لفظ

گلتیوں کی کلیسیا کے نام لکھے گئے اس خط میں پولس رسول نے اُس دَور کے ایمانداروں سے اس موضوع پر بات کی ہے کہ خداوند یسوع مسیح کے ساتھ اُن کا جو رشتہ اور تعلق قائم ہوا ہے، اس میں شریعت کا کیا مقام ہے۔ پولس رسول نے خداوند یسوع مسیح پر ایمان کے وسیلہ سے نجات پر زور دیتے ہوئے شریعت کی تعلیم کی تابعداری کے وسیلہ سے نجات کی منادی کی مذمت کی ہے۔ اُس نے گلتیوں کو یاد دہانی کرائی کہ خداوند یسوع مسیح کے صلیبی کام کے وسیلہ سے، وہ شریعت اور اُس کے تقاضوں سے آزاد ہو چکے ہیں۔ وہ خدا کے لے پالک بیٹے اور بیٹیوں کے طور پر خداوند یسوع مسیح کے وسیلہ سے قبول کر لیے گئے ہیں۔

افسیوں کی کتاب میں پولس رسول نے ایمانداروں کو مسیح یسوع میں اُن کا مقام اور برکات یاد دلائیں۔ اُس نے اُنہیں روح میں چلنے کے لئے چند ایک رہنما اصول پیش کئے اور اُنہیں بتایا کہ کس طرح اُنہوں نے درپیش روحانی جنگ کے لئے تیار ہونا ہے۔ اُس نے خاندان سے متعلق عملی ہدایات اور اصول بھی تحریر کئے ہیں اور ساتھ میں کام کاج کی جگہ پر لوگوں سے تعلقات کو بھی زیرِ بحث لایا گیا ہے۔

جیسا کہ ہر کتاب کے تعلق سے میری یہی خواہش ہوتی ہے کہ آپ تفسیر کی کتاب میں ہر باب کو پڑھنے سے پہلے باب کے شروع میں دیا گیا حوالہ ضرور پڑھیں۔ اگر آپ حوالہ پڑھے بغیر کسی بھی باب کا مطالعہ کرتے ہیں تو پھر آپ پوری طرح سے میری بات کو سمجھ نہ پائیں گے جو میں نے اس باب میں وضاحت سے بیان کی ہے۔ یاد رہے کہ تفسیر کی یہ کتاب کسی طور پر بھی بائبل مقدس کا متبادل نہیں ہے۔ بلکہ یہ میری چھوٹی سی تحریری کاوش ہے جس میں میرا مقصد یہی ہے کہ آپ تفسیر کی اس کتاب کے ساتھ ساتھ اُن حوالہ جات

کا مطالعہ کریں جو ہر باب کے شروع میں دیئے گئے ہیں۔

یہ کتاب روح القدس کا بھی متبادل نہیں ہے۔ اگرچہ میں یہ بھروسہ رکھتا ہوں کہ روح القدس نے مجھے اِس کتاب کی تحریر کے لئے رہنمائی اور روشنی عطا کی ہے، تاہم میرا یہ ایمان بھی ہے کہ خدا کا پاک روح آپ کو بھی دورانِ مطالعہ فہم اور حکمت عطا کرے گا تا کہ آپ وضاحت سے خدا کے کلام کو سمجھ سکیں۔ خدا کے پاک روح سے فہم و فراست مانگیں۔ ہو سکتا ہے کہ خدا تفسیر کی اِس کتاب کو استعمال کرتے ہوئے آپ کو فہم و فراست عطا کرے۔ یہ بھی ہو سکتا ہے کہ خدا براہ راست آپ کو تاکید اور تلقین کرے۔ اہم بات یہ ہے کہ آپ خدا کے پاک روح کو موقع دیں کہ وہ دورانِ مطالعہ آپ کی ہدایت اور رہنمائی کرے۔

جب آپ زیرِ نظر کتاب کا مطالعہ شروع کرتے ہیں، تو براہ مہربانی چند اہم معاملات خداوند کے حضور پیش کریں۔ اوّل۔ براہ مہربانی دُعا کریں کہ خدا میری اِس قلمی کاوش کو استعمال کرتے ہوئے آپ کو اور زیادہ اپنے قریب لے آئے۔ دوئم۔ براہ مہربانی یہ دُعا بھی کریں کہ خدا اس کتاب کو دُنیا کے دیگر ممالک میں بھی قارئین کے لئے باعثِ برکت بنائے۔ تفسیر کی کتب ہزاروں ضرورت مند پاسبانوں اور مسیحی کارکنان کے پاس بھیجی جاتی ہیں۔ میری درخواست ہے کہ میرے ساتھ مل کر دُعا کریں کہ خدا اس کتاب کو اپنے پاک روح کے وسیلہ سے استعمال کرتے ہوئے بہت سے لوگوں کو مسیح کی قربت میں لے آئے۔

میری دُعا ہے کہ اس کتاب کے مطالعہ کے آغاز سے آخر تک خدا آپ کو برکت بخشے۔

مصنف۔ ایف، وین، مَیکلائیڈ

گلتیوں کا تعارف

مصنف:۔ گلتیوں کے نام لکھے گئے خط کے پہلے باب میں پولس رسول اپنی پہچان مصنف کے طور پر کرواتا ہے۔ باب 1 اور 2 میں جو اُس نے اپنے تعلق سے تفصیلات بیان کی ہیں، ان سے اُس کے مصنف ہونے کا اور بھی گہرا ثبوت ملتا ہے۔

پس منظر:۔

یہ خط گلتیہ میں موجود کلیسیا کے نام لکھا گیا، جسے موجودہ دَور میں تُرکی کے نام سے پہچانا جاتا ہے۔ یہ عین ممکن ہے کہ پولس رسول نے اِس کلیسیا کی بنیاد رکھی اور ان ایمانداروں کے لئے وہ بڑا بوجھ محسوس کرتا تھا۔ اس نے گلتیوں 4 باب 19 آیت میں اُن کا ذکر اِس طرح سے کرتا ہے "میرے بچو!" تمہاری طرف سے مجھے پھر جننے کے سے درد لگے ہیں۔" یوں لگتا ہے کہ گلتیہ کے ایماندار جھوٹی تعلیم کے جھانسے میں آ گئے تھے۔ یہ اساتذہ تعلیم دیتے تھے کہ مسیحیوں کو شریعت اور یہودی روایات کی پیروی کرنے کی ضرورت ہے، تب ہی وہ خدا کے حضور مقبول و منظور ٹھہر سکتے ہیں۔ اُن کا ایمان یہودیت اور مسیحیت کا آمیزہ تھا۔ بہت سے ایمانداروں نے کلیسیا میں اس تعلیم کو قبول بھی کر لیا تھا۔ (گلتیوں 1 باب 6 آیت اور 3 باب 1 آیت) متن سے یہ بھی ظاہر ہوتا ہے کہ یہ جھوٹے نبی پولس رسول اور اُس کی رسالت پر اعتراض اُٹھا رہے تھے۔

پولس رسول نے اس خط میں دو اہم موضوعات پر بات کی ہے۔ اوّل۔ آیا ایک مسیحی ایماندار کو خدا کے حضور مقبول و منظور ٹھہرنے کے لئے موسیٰ کی معرفت ملنے والی شریعت کی پاسداری کرنی چاہئے۔ دوسرا موضوع جو اس خط میں زیرِ بحث آیا ہے، وہ بڑا شخصی نوعیت کا ہے۔ پولس رسول کو ضرورت پیش آئی کہ وہ اُنہیں پھر سے یقین دہانی کرائے کہ

اُس کی بلاہٹ خدا کی طرف سے ہے اور وہ تعلیم جو وہ دیتا ہے وہ بھی اس کی اپنی ایجاد کی ہوئی نہیں بلکہ خدا کی طرف سے ہے۔ یہ اُن لوگوں کے لئے جواب تھا جو اُس کی رسالت پر اعتراض کر رہے تھے۔ پہلے دو ابواب میں پولس رسول کی بلاہٹ اور اُس کی خدمت کے دفاع میں کافی کچھ لکھا گیا ہے۔

دَورِ جدید میں کتاب کی اہمیت

پولس رسول اس خط میں جن اہم نکات پر بات کرتا ہے وہ یہ ہیں۔ نجات خداوند یسوع مسیح پر ایمان لانے سے ہے نہ کہ ہمارے اعمال پر نجات کا دارومدار ہے۔ اس دور میں کلیسیا اس ایمان اور عقیدے سے کشمکش کا شکار تھی کہ آسمان پر جانے کے لئے انسان کی اپنی کوشش اور جدوجہد کا بھی بڑا عمل دخل ہے۔ گلتیوں کا یہ خط اس موضوع پر ہر کسی کے ابہام کو ختم کرنے میں بڑی مدد دیتا ہے۔ یہ بھی یاد رہے کہ یہ خط پولس رسول اُن لوگوں کے نام لکھ رہا تھا جنہوں نے پہلے ہی اُس کی خدمت کے وسیلہ سے خداوند یسوع مسیح کو اپنا نجات دہندہ قبول کر لیا تھا۔ وہ بھی غلط تعلیم کے جھانسے میں آگئے تھے اور اب اس بات پر ایمان رکھنا شروع ہو گئے تھے کہ اُنہیں خدا کی بادشاہی میں جانے کے لئے کچھ نہ کچھ تو کرنا ہی پڑے گا۔ پولس رسول اس خط میں ہمیں یاددہانی کراتا ہے کہ ہم پہلے ہی خداوند یسوع مسیح کے وسیلہ سے خدا کے حضور قبول کر لئے گئے ہیں۔ خدا نے ہمارے کچھ بھی کرنے سے پہلے ہم سے محبت رکھی اور اِس محبت کا اظہار اپنے بیٹے کی صلیبی موت کے وسیلہ سے کیا۔ مسیح یسوع میں ہماری قبولیت یقینی ہے۔ ہمیں بہ دل و جان خدا کی عبادت اور خدا سے محبت کرنے کے لئے چھڑا لیا گیا ہے۔ دورِ جدید کی کلیسیا کے لئے یہ ایک اہم پیغام ہے۔

باب 1

اَور طرح کی خوشخبری

گلتیوں 1 باب 1 تا 10 آیت کا مطالعہ کریں

یہ خط ایشیا کوچک کے علاقہ (موجودہ، تُرکی) میں گلتیہ کے علاقہ میں موجود کلیسیاؤں کو لکھا گیا۔ یہ خط کسی مخصوص کلیسیا کو نہیں لکھا گیا تھا۔ بلکہ اِس علاقہ میں موجود بہت سی کلیسیاؤں کو یہ خط لکھا گیا تھا۔ پولس رسول نے اپنے پہلے مشنری سفر کے دوران اِس علاقہ میں کچھ کلیسیائیں قائم کی تھیں۔(اعمال 13 باب 14 آیت اور 14 باب 23 آیت) بعد ازاں پولس رسول نے ان کلیسیاؤں کو ایک اہم موضوع پر بات کرنے کے لئے یہ خط لکھا تھا۔ اور یہ موضوع شریعت کی طرف لوٹ جانے کی آزمائش تھی۔ وہ موسیٰ کی معرفت ملنے والی شریعت کو وسیلہ نجات اور روح سے معموری کا ثبوت سمجھ بیٹھے تھے۔

پہلی آیت میں پولس رسول نے اپنا تعارف ایک رسول کے طور پر کرایا ہے۔(رسول کا معنی بھیجا ہوا) ابتدائی کلیسیا میں رسول کا کردار بہت خاص اور اہم تھا۔ خدا نے اپنے بندوں (رسولوں) کا چناؤ زمین پر اپنی کلیسیا کی بنیاد رکھنے کے لئے کیا۔ غور کریں، پولس رسول نے گلتیوں کو یاد دہانی کرائی کہ بطور رسول اُس کی بلاہٹ کسی انسان کی طرف سے نہیں تھی۔ خدا کی طرف سے اُسے رسول ہونے کا اختیار ملا تھا۔ مزید اختصار کے ساتھ دیکھیں ایک رسول کو مسیح یسوع کی اور خدا باپ کی طرف سے اس خدمت اور اختیار کی بلاہٹ ملتی تھی جس نے اُسے مُردوں میں سے زندہ کیا تھا۔ مُردوں میں سے جی اُٹھنے والا مسیح شخصی طور پر پولس پر ظاہر ہوا تھا اور اُسے ایک رسول ہونے کے لئے بلایا گیا۔

(اعمال 9 باب 1 تا 9 آیت اور 15 آیت)

خداوند یسوع مسیح کے پر فضل کام کے بغیر، پولس رسول کی بلاہٹ بے معنی اور بے سود ہوتی ہے۔ خداوند یسوع مسیح کی اس موت کے بغیر جو اس نے پولس رسول کی خاطر برداشت کی تھی، ہماری طرح پولس رسول بھی ہمیشہ کے لئے خدا سے جُدا تھا۔ خداوند یسوع کی موت اور اس کے مُردوں میں سے جی اُٹھنے کے وسیلہ ہی سے گناہ اور قبر پر فتح ممکن ہوئی۔ پولس رسول کی اُمید اور اُس کے پیغام کا مرکز و محور خداوند یسوع مسیح کا وہ عظیم اور کفارہ بخش کام ہے جو اُس نے صلیب پر سرانجام دیا۔

پولس رسول نے اپنے ساتھ موجود بھائیوں کا سلام بھیجا اور اُن کے لئے فکر مندی کا اظہار کیا۔ ہمیں یہ تو معلوم نہیں کہ وہ بھائی کون سے تھے لیکن وہ گلتیہ میں موجود کلیسیا کی فلاح، بہتری اور تعمیر و ترقی میں پولس رسول کی طرح ہی فکر مند تھے۔

3 آیت میں پولس رسول نے گلتیہ کی کلیسیا کے لئے خدا کے فضل اور اُس کے اطمینان جیسی برکات کے لئے اپنی نیک خواہشات اور دُعا کا اظہار کیا۔ فضل خدا کی ایسی مہربانی ہے جو غیر مشروط ہے اور خدا ہم پر اُس وقت بھی کرتا ہے جب ہم اُس مہربانی کے لائق بھی نہیں ہوتے۔ پولس رسول کی یہ خواہش تھی کہ خدا کی یہ مہربانی گلتیہ کی کلیسیا پر چھائی رہے۔ وہ اطمینان جس کا پولس رسول نے گلتیہ کی کلیسیا کے لئے اظہار کیا وہ خدا کے ساتھ درست اور مضبوط تعلق اور رشتے سے ہی ملتا ہے۔ جب لوگ خداوند یسوع مسیح کے وسیلہ سے گناہوں کی معافی پالیتے اور خدا باپ کے ساتھ درست رشتہ میں منسلک ہو جاتے ہیں تو پھر ہی یہ اطمینان حاصل ہوتا ہے۔ پولس رسول کی گلتیوں کے لئے یہی خواہش تھی کہ وہ خدا کی مہربانی کو جانیں اور اُس کے ساتھ مضبوط اور درست رشتہ میں منسلک رہیں۔

زیرِ نظر کتاب کے تعارف میں پولس رسول خداوند یسوع مسیح کو ایک مرکزی شخصیت کے

طور پر بیان کرتا ہے۔ 4 آیت میں پولس رسول نے اپنے قارئین کو یاددہانی کرائی کہ وہ ہستی خداوند یسوع ہی ہے جس نے اُن کے گناہوں کے لئے اپنے آپ کو قربان کر دیا۔ خداوند یسوع مسیح نے اُن کے لئے صلیب پر لعنتی، نہایت تکلیف دہ اور شرمناک موت کو برداشت کیا تھا۔ خالق نے مخلوق کی طنز و تضحیک برداشت کی۔ گنہگار انسان کی طرف سے اُس نے بخوشی و رضا دُکھ اور تکلیف برداشت کی۔ اُس نے ایسا کیوں کر کیا؟ پولس رسول ہمیں یاددہانی کراتا ہے کہ اس نے یہ سب کچھ اس لئے کیا تاکہ ہمیں اس موجودہ خراب جہاں سے خلاصی بخشے۔

یہ خراب جہاں کیا ہے؟ اس جہاں کا آغاز اس وقت ہوا جب آدم (پہلا انسان) نے اِس دُنیا میں گناہ کے داخل ہونے کے لئے دروازہ کھولا۔ اس وقت سے ہی تمام تخلیقات گناہ کے بوجھ تلے دبی دُکھ اور تکلیف برداشت کر رہی ہے۔ مادی دُنیا، اور ہر ایک ذی نفس نے دُکھ اُٹھانا شروع کر دیا اور زوال کا شکار ہو گیا۔ بڑھاپا اور اس کے اثرات ہمیں مسلسل اس بات کی یاددہانی کراتے ہیں کہ کوئی بھی موت کے جبڑے سے بچ نہیں سکتا۔ شخصی تعلقات میں بھی کشیدگی پیدا ہونی شروع ہو گئی۔ آدم کے اپنے بیٹے نے ہی اپنے سگے بھائی کو قتل کر ڈالا۔ ازدواجی تعلقات ٹوٹ پھوٹ کا شکار ہونے لگے، والدین کا عدم احترام، صاحبِ اختیار کو ناچیز جاننا، جرائم، تشدد اور دُنیا میں موجود ہر طرح کی بدی اور بد عنوانی اس بُرے اور خراب جہاں کی خصلت بن گئی۔

اِس دُنیا میں گناہ کے داخل ہوتے ہی خدا اور انسان میں جدائی کی دیوار کھڑی ہو گئی۔ تمام بنی نوع انسان خدا کی لعنت کے نیچے آ گئے، سبھی خدا سے ابدی جدائی کی حالت میں آ گئے۔ یوں ہر شخص خدا کے قہر و غضب کے زیرِ تاب آ گیا۔ کچھ بھی ایسا نہیں تھا جو ہم اِس مسئلہ کے حل کے لئے اپنی طاقت اور حکمت سے کر سکتے۔ ہم ایسی دُنیا میں رہنے لگے، جہاں

بیماریاں، روگ ، کشیدہ اور شکستہ تعلقات اور دُکھ درد کا ڈیرا تھا اور انسان خدا سے ہمیشہ کے لئے جدا ہو کر مرنے لگا۔

خداوند یسوع مسیح کی صلیبی موت نے گناہ کی لعنت کو توڑ کر اُن سب کے لئے ایک زندہ اور روشن اُمید پیدا کر دی جو اسے اپنا نجات دہندہ اور خداوند قبول کرتے ہیں۔ خداوند یسوع کے کفارہ اور مخلصی بخش کام کے باعث خدا باپ کے ساتھ زندہ اور دُرست رشتہ پھر سے ممکن ہو گیا ہے۔ اس کا مطلب یہ ہے کہ ہم اُس کی مہربانی اور اطمینان کی برکت سے لطف اندوز ہو سکتے ہیں۔ اسی اُمید اور برکت کے باعث پولس رسول پورے طور پر خدا کی خدمت میں متحرک تھا اور جان دینے تک وفادار رہا۔ اُس نے 5 آیت میں کہا "اُس کی تمجید ابد الآباد ہوتی رہے۔"

کیا اس سے بڑھ کر بھی کوئی اور خوبصورت بات ہو سکتی ہے؟ میں آزاد ہو سکتا ہوں، میرے سارے گناہ معاف ہو سکتے ہیں۔ میں ہمیشہ کے لئے خدا کے ساتھ رہ سکتا ہوں۔ میں ابدی زندگی رکھتا ہوں۔ اور یہ ساری برکات خداوند یسوع مسیح کے اس صلیبی کام کے وسیلہ سے ہیں جو اس نے میرے لئے سرانجام دیا ہے۔

6 آیت میں پولس رسول اپنی حیرت اور تعجب کا اظہار کرتا ہے کہ گلتیوں اس قدر خداوند یسوع اور اس زندہ اُمید سے پھر گئے جو اُنہیں مسیح یسوع میں حاصل ہے۔ حیرت اور تعجب کے لئے استعمال ہونے والا یونانی لفظ بہت ہی مضبوط لفظ ہے۔ اس لفظ سے ہمیں مزید وضاحت ملتی ہے۔" میں یقین ہی نہیں کر سکتا کہ آپ اس حاصل شدہ اُمید سے پھر سکتے ہو۔ جو کچھ تم نے کیا ہے سمجھ سے بالاتر ہے۔ کوئی بھی عقلمند شخص ایسا نہیں کر سکتا جو تم لوگوں نے کیا ہے۔"

پولس رسول کے مطابق، گلتیوں فضل کی حقیقی خوشخبری سے شریعت پرستی کے عقیدہ کی

طرف مائل ہو چکے تھے۔ یہ سب کچھ کیسے ہوا؟ اُن کے درمیان جھوٹے اُستاد اور نبی آ گئے تھے جنہوں نے اس کلیسیا کو رسولوں کی درست تعلیم سے منحرف کر دیا تھا۔ یہ شریر لوگ مسیح یسوع کی خوشخبری کو بگاڑ کر پیش کر رہے تھے۔ اُنہوں نے یہ سب کچھ کیسے کیا؟ پولس رسول نے اس خط میں اس سوال کا جواب دیا ہے۔ مختصر یہ کہ جھوٹے اُستاد اور نبی اُنہیں یہ تعلیم دے رہے تھے کہ اگر اُن لوگوں نے خدا کی مہربانی اور نجات حاصل کرنی ہے تو پھر اُنہیں ختنہ کرانا اور موسیٰ کی معرفت ملنے والی شریعت پر عمل پیرا ہونا لازمی ہے۔ پولس رسول کے مطابق یہ تعلیم خوشخبری کے پیغام کو بگاڑ کر پیش کرنے کے مترادف تھی۔ اس کتاب کے مطالعہ میں ہم اس بات کو مزید وضاحت اور تفصیل سے دیکھیں گے۔

8 اور 9 آیت میں، پولس کے جذبات اور ذہنی کیفیت پر غور کریں کہ وہ خوشخبری کے پیغام کے بگاڑے جانے پر کیسا محسوس کرتا ہے۔ وہ گلتیوں سے کہتا ہے کہ اگر کوئی رسول یا پھر آسمان کا کوئی فرشتہ بھی خوشخبری کو بگاڑے تو اُس پر لعنت ہو۔ یہ بہت ہی غصہ ور بیان ہے۔ ہم میں سے کس کی جرات ہے کہ کسی رسول یا آسمان کے فرشتے پر لعنت کرے؟ پولس رسول کے اِس بیان سے قہر اور غصے کا اظہار واضح طور پر محسوس ہوتا ہے۔ یہ غصہ اور قہر کسی بھی اس شخص کے لئے ہے جو ہمارے خداوند یسوع مسیح کے اس کام کی قدر و اہمیت کو کم کرے جس نے ہماری نجات کے لئے صلیب پر عظیم کام سر انجام دیا ہے۔ مسیح یسوع کا صلیب پر انجام دیا گیا کام ہماری نجات کے لئے کافی ہے۔ ہمیں اپنی نجات کے لئے کچھ بھی کرنے کی ضرورت نہیں ہے۔ ہالیلویاہ!!!

نجات اور خدا کی نظرِ عنائت کے لئے شریعت کی تعمیل اور ختنے کا تقاضا گویا یہ کہنے کے مترادف تھا کہ جو کچھ مسیح یسوع نے کیا ہے وہ کافی نہیں ہے۔ کوئی بھی شخص جو بنی نوع انسان کی نجات کے لئے مسیح کے صلیبی کام کی اہمیت کو کم کرے اس کے ساتھ سختی سے

نپٹا جانا چاہیئے۔

پولس رسول کو اس بات کی فکر نہیں تھی کہ دوسرے اُس کے نکتہ نظر کے بارے میں کیسی رائے رکھتے ہیں۔ اُسے گلتیوں کا منظور نظر بننے میں کوئی دلچسپی نہیں تھی۔ وہ سچائی کی خاطر اپنے دوستانہ تعلقات کو بھی خطرے میں ڈالنے کے لئے تیار تھا۔ بطور رسول اُس کی یہ ذمہ داری تھی کہ وہ اُس سچائی کا دفاع کرے جو مسیح کی طرف سے اُسے ملی تھی۔ پولس رسول اپنے دوست کھو کر بھی اس فرض کو نبھانے کے لئے تیار تھا۔ اگر وہ آدمیوں کو خوش کرتا تو خدا کا خادم نہ ہوتا۔ اُسے ایک چناؤ کرنا تھا، آیا وہ خدا کو خوش کرتا ہے اور سچائی کے لئے ثابت قدم رہتا ہے یا پھر گلتیوں کو خوش کرتا ہے اور اُنہیں گمراہی کی راہ پر آگے بڑھنے کے لئے آزاد چھوڑ دیتا ہے؟ پولس رسول نے خدا کو خوش کرنے کا چناؤ کیا۔

یہ چند آیات پورے خط کا لُب لباب بیان کر دیتی ہیں۔ یہ سخت لہجہ میں لکھا گیا خط ہے حق اور سچ کی بات کرتا ہے۔ پولس رسول اُن لوگوں سے سخت لہجہ اختیار کرتا ہے جو مسیح کی خوشخبری کے پیغام کی اہمیت کم کرتے اور لوگوں کو یہ تعلیم دیتے ہیں کہ نجات کے لئے اُنہیں اپنی طرف سے بھی کچھ نہ کچھ کرنے کی ضرورت ہے۔ ایسے لوگ مسیح کے کام کی بے قدری کرتے اور نجات کے لئے مزید تقاضے پیش کرتے ہیں۔

چند غور طلب باتیں

☆۔ دورِ جدید میں ہم خوشخبری کے ساتھ مزید کون سے تقاضوں کا اضافہ کر سکتے ہیں؟ کیا ہم کسی اور طرح کی خوشخبری کی منادی کرنے کے مرتکب ہو سکتے ہیں؟

☆۔ " ہمیں خدا کے مقبولِ نظر ٹھہرنے کے لئے یہ اور وہ کرنے کی ضرورت ہے۔" لوگ کیوں اس پیغام کی طرف کشش محسوس کرتے ہیں؟

☆۔ اس حقیقت کو قبول کرنا کیونکر مشکل محسوس ہوتا ہے کہ خداوند یسوع مسیح کا صلیب پر کیا گیا کام ہی ہمیں گناہوں سے نجات دینے کے لئے کافی ہے؟

چند اہم دُعائیہ نکات

☆۔ خداوند کی شکر گزاری کریں کہ سوائے اس کام کے جو خداوند نے ہمارے لئے کر دیا ہے، ہمیں اپنی نجات کے لئے کچھ بھی نہیں کرنا، سوائے اس کے کہ ہم اس کام کو تسلیم اور قبول کر لیں۔

☆۔ خداوند کی شکر گزاری کریں کہ آپ جیسے بھی اس کے پاس آتے ہیں، وہ آپ کو قبول کرتا ہے، اور آپ کو اس کا مقبولِ نظر ہونے کے لئے اپنی طرف سے کچھ بھی کرنے کی ضرورت نہیں ہے۔

☆۔ کیا آپ کسی ایسے شخص کو جانتے ہیں جو کسی اور طرح کی انجیل میں اُلجھا ہوا ہے؟ چند لمحات کے لئے دُعا کریں کہ خداوند اُس شخص پر یہ بھید منکشف کرے کہ خداوند یسوع مسیح کا صلیبی کام ہی اُس کی نجات اور گناہوں کی معافی کے لئے کافی ہے۔

باب 2

پولس رسول کو خوشخبری کا مکاشفہ ملا

گلتیوں 1 باب 11 تا 24 آیت

گزشتہ باب میں ہم نے دیکھا تھا کہ پولس رسول خوشخبری کے پیغام کو بگاڑنے کے تعلق سے کیسا محسوس کرتا ہے۔

خوشخبری کی منادی پولس رسول کی زندگی میں ایک اُتم درجہ اور جذبہ رکھتی تھی۔ پولس رسول نے اپنی زندگی اس پیغام کی منادی کے لئے وقف کر رکھی تھی کہ خداوند یسوع مسیح ہمارے گناہوں کے لئے صلیب پر مر گیا اور پھر گناہ اور موت پر فاتح ہو کر مُردوں میں سے زندہ ہو گیا۔ اسی سچائی نے اسی کی زندگی کو یکسر بدل کر رکھ دیا تھا۔ جب وہ یہی پیغام لوگوں کو سناتا تھا تو سننے والوں کی زندگیاں بھی پہلے جیسی نہیں رہتی تھیں۔ اس حصہ میں، پولس رسول اس بات پر روشنی ڈالتا ہے کہ کس طرح اسے یہ پیغام سمجھ آ گیا اور اُس کی زندگی میں انقلابی تبدیلی واقع ہوئی۔

پولس رسول کی یہ خواہش تھی کہ گلتیوں یہ سمجھ جائیں کہ خوشخبری کا یہ پیغام اور مسیح کی تعلیم کسی انسان نے اسے نہیں دی تھی۔ یہ کوئی انسانی خیال یا فلسفہ نہیں تھا جو زمانوں سے زبان زد عام تھا۔ خوشخبری کی ابتدا اور آغاز خدا کی طرف سے ہوا۔ انجیل (خوشخبری) بنی نوع انسان کی نجات کے لئے خدا کا زبردست اور خوبصورت منصوبہ ہے۔

پولس رسول نے 12 تا 16 آیت میں بیان کیا ہے کہ کسی انسان نے انجیل کے پیغام کا فہم

و ادراک اُسے نہیں دیا تھا۔ در حقیقت مسیح کے پاس آنے سے قبل، جب پولس رسول لوگوں سے انجیل کے بارے میں سنتا تھا تو وہ سخت اور درُشت روّیہ اختیار کر لیتا تھا۔ اور اس کا ردِ عمل مخالفانہ ہوتا تھا۔ 13 آیت ہمیں بتاتی ہے کہ پولس رسول مسیح کے پیغام کے ساتھ کوئی تعلق واسطہ نہیں رکھنا چاہتا تھا بلکہ اسے اس پیغام سے ہی نفرت تھی۔ اُس نے مسیحیوں کو از حد ستایا اور ہر اُس شخص کے لئے بھی ایذا رسانی کے لئے تیار رہتا تھا جو اس پیغام کو قبول کرتا تھا۔ پولس رسول کا خیال تھا کہ یہ یہودیت کے خلاف ایک بدعت ہے اور وہ یہودیت کا بڑا کٹر پیروکار تھا۔

اعمال کی کتاب ہمیں بتاتی ہے کہ کس طرح پولس رسول (اُس وقت ساؤل تھا) کلیسیا کو ستانے کے لئے اپنے دمشق کی راہ پر محوِ سفر تھا۔

(اعمال 9 باب) جب وہ دمشق کی راہ پر جارہا تھا تو آسمان سے اُس پر ایک روشنی پڑی اور وہ وہیں رُک گیا۔ اُس نور میں سے ایک آواز اُس سے مخاطب ہوئی۔ وہ آواز خداوند یسوع مسیح کی تھی جو خود کو پولس رسول پر منکشف کر رہا تھا اور اُس سے ہمکلام بھی تھا۔ اس ملاقات سے کلیسیا کو دُکھ دینے والے شخص کی زندگی بدل گئی اور اب وہ کلیسیا کو ستانے والا نہ رہا۔ اس روز جو کچھ اُس نے سنا تھا وہ اس آواز اور پیغام کو کبھی نہ بھولا۔ اُس کی آنکھیں اور کان کُھل گئے۔ خداوند نے اُس کے دل کو چھو لیا۔ تب سے وہ یہ منادی کرنے لگا کہ وہ انجیل جسے اس نے رد کر دیا تھا نہ صرف سچائی ہے بلکہ بنی نوع انسان کی نجات کی واحد اُمید بھی ہے۔ یہی نجات جو مسیح دینے آیا ہے بنی نوع انسان کو جہنم کے شعلوں سے بچا سکتی ہے۔

پولس رسول کے اس تجربہ میں کون سی ایسی خاص بات تھی جس نے اُس پر اتنا گہرا اثر چھوڑا؟ اِس میں کوئی شک نہیں کہ اُس نے یہ پیغام پہلے بھی سن رکھا تھا لیکن اس کا اُس پر

کچھ اثر نہ ہوا تھا۔ وہ کسی اور تعلیم میں مطلق دلچسپی نہیں رکھتا تھا۔ اُس کی زندگی پر گہرا اثر اور گہری تبدیلی اس لئے واقع ہوئی کیونکہ خداوند نے از خود یہ پیغام اس پر آشکارہ کیا تھا۔ کسی انسانی لب سے یہ پیغام اُس تک نہیں پہنچا تھا۔ بلکہ براہِ راست خدا کی طرف سے اُسے یہ پیغام اور اُس کا فہم و ادراک حاصل ہوا تھا۔ لازم ہے کہ خدا از خود اپنے آپ کو شخصی طور پر ہم پہ آشکارہ کرے۔ جب خدائے قادر از خود ہم سے کلام کرتا ہے، تو پھر روح القدس کے وسیلہ سے آپ کی زندگی میں گہری تبدیلی واقع ہوتی ہے، تب ہی آپ کو انجیل کے پیغام کا درست فہم و ادراک اور سمجھ بوجھ حاصل ہوتی ہے اور آپ اُسے قبول کرتے ہیں۔

15 آیت پر غور کریں، پولس رسول پر خدا کا ہاتھ پیدائش ہی سے تھا۔ جب وہ کلیسیا کو ستا رہا تھا تو اس وقت بھی خدا اُس کی زندگی میں کام کر رہا تھا۔ ظاہری طور پر، اس بات کا کوئی ثبوت اور علامت نہیں ملتی کہ خدا نے اُسے اپنی نجات بخشی تھی۔ لیکن خدا شروع وقت ہی اسے پولس رسول کے لئے ایک مقصد رکھتا تھا۔ لیکن وقت آنے پر وہ منصوبہ اور مقصد اُس پر منکشف ہو گیا۔

16 آیت بہت اہم ہے، غور کریں کہ کس طرح پولس رسول یہ بیان کرتا ہے کہ خدا کو پسند آیا کہ اپنے بیٹے کو مجھ پر ظاہر کرے یہاں پر "مجھ میں" اور "قوموں کو" میں آسمان زمین کا فرق پایا جاتا ہے۔ بہت سے لوگوں پر خداوند مسیح ظاہر ہوتا ہے۔ ایسے لوگوں کو خداوند یسوع مسیح کے کام کی سمجھ آجاتی ہے۔ یہ لوگ آپ کو بتا سکتے ہیں کہ یسوع کون ہے اور وہ اس زمین پر کیا کام سرانجام دینے کے لئے آیا تھا۔ لیکن ایسے لوگوں کی زندگیوں میں مسیح ظاہر نہیں ہوا ہوتا۔ جب مسیح ہم پر ظاہر ہوتا ہے تو پھر ہم ذہنی طور پر سمجھنا شروع ہو جاتے ہیں کہ وہ کون ہے اور وہ کیا کرنے کے لئے اس دنیا میں آیا تھا۔ لیکن جب مسیح ہم میں ظاہر ہوتا ہے، تو پھر وہ ہمیں یکسر بدلنے کے مقصد کے تحت ہماری

زندگیوں میں سکونت کرنے کے لئے آتا ہے۔ اس کی حضوری ہمیں تقویت اور قوت دیتی ہے۔ ہم مسیح کے تعلق سے اس طرح بات نہیں کرتے جیسے کہ ہم نے کسی سے اس کے تعلق سے سن رکھا ہے۔ یا جس کے تعلق سے ہم بائبل مقدس میں پڑھتے ہیں۔ لیکن ہماری گفتگو مسیح کے تعلق سے ایسی ہوتی ہے جیسے کہ ہم شخصی طور پر اسے جانتے ہیں۔ جب مسیح ہم میں ظاہر ہوتا ہے، اس کی قدرت اور حکمت ہماری زندگی کا حصہ بن جاتی ہے۔ اس کی زندگی کا بہاؤ ہم میں شروع ہو جاتا ہے۔ ایک انقلابی تبدیلی ہم میں واقع ہوتی ہے۔

مقدس پولس رسول 2 کرنتھیوں 5 باب 17 آیت میں ہمیں بتاتا ہے کہ اگر کوئی مسیح میں ہے، تو وہ نیا مخلوق ہے۔ پولس رسول اس لئے انجیل کے پیغام کے تعلق سے پُرجوش اور سرگرم تھا کیونکہ اُس نے شخصی طور پر اس پیغام کا تجربہ اپنی زندگی میں کیا تھا۔ کسی انسان نے اُسے انجیل کا پیغام نہیں سمجھایا تھا، بلکہ خدا کی طرف سے اُسے اُس کا مکاشفہ شخصی اور گہرے طور پر ملا تھا۔ کیا خدا نے اپنے آپ کو اس طرح سے آپ کی زندگی میں ظاہر کیا ہے؟

پولس رسول 16 آیت میں اپنے قارئین کو یقین دہانی کراتا ہے کہ مسیح پر ایمان لانے کے بعد، اُس نے آدمیوں سے صلاح مشورہ نہیں لیا۔ پولس رسول کو خوشخبری کا فہم وادراک انسان کی طرف سے ملنے والی تعلیم کا نتیجہ نہیں تھا۔ وہ واضح طور پر بیان کرتا ہے کہ مسیح پر ایمان لانے اور اُس کی ذاتِ اقدس کا مکاشفہ پانے کے بعد اس نے یروشلیم میں موجود دوسرے رسولوں سے مشورت نہیں کی۔ بلکہ عرب کے علاقہ میں چلا گیا۔ وہاں خداوند کے لوگوں نے اُسے ٹکنے نہ دیا۔ بطور ایک نومرید صرف اس کے پاس خدا تھا یا پھر اس کا کلام۔ اُسے آدمیوں نے تعلیم و تربیت نہیں دی تھی کہ وہ خاص طریقہ کار سے ایمان پر قائم رہے۔ تین برس بعد پولس رسول پطرس سے ملنے گیا۔ (جہاں اُس نے پندرہ دن قیام

کیا تھا۔) اس دوران وہ کسی اور رسول سے نہیں ملا سوائے خداوند یسوع مسیح کے بھائی یعقوب سے۔(19 آیت)

پولس رسول ہمیں کیونکر یہ باتیں بتارہاہے اور دورِ جدید میں ان سب باتوں کا کیا اطلاق بنتا ہے ؟ پولس در اصل یہ بتارہاہے کہ جن باتوں کی وہ منادی کر رہاہے وہ انسانی حکمت سے نہیں ہیں۔ بلکہ جن باتوں کی وہ منادی کر رہاہے وہ خدا کی حکمت سے ہیں جو خدا نے براہ راست اس پر منکشف کی ہے۔

خط کا یہ حصہ ہمارے ساتھ کیا کلام کرتا ہے ؟ یہاں پر نو مرید ایماندار کی شاگر دیت کے تعلق سے کیا تعلیم پائی جاتی ہے ؟ کیا ایک نو مرید ایماندار کو اُس کے حال پر چھوڑ دینا چاہیئے کہ وہ خود ہی سیکھتا رہے، جس طرح پولس رسول کے ساتھ واقع ہوا؟ کیا نو مرید مسیحی کو پولس رسول کی طرح دیگر ایمانداروں سے الگ تھلگ تنہائی میں وقت گزارنا چاہیئے ؟ ہم سب اس بات پر متفق ہوں گے کہ ایسا کرنا نہ صرف بیو قوفی بلکہ خطرناک بھی ہے۔ شیطان تو نو مرید کے پاس جو تھوڑی بہت سچائی کی تعلیم ہوتی ہے وہ بھی چھیننے کے چکر میں ہوتا ہے۔

یہاں پر پولس رسول کے تنہائی میں وقت گزارنے کے اس قدم کو ہم کس طرح سے سمجھیں؟ مجھے جو کلیدی بات سمجھ آرہی ہے وہ یہ ہے کہ ایک نو مرید ایماندار کے لئے بہت ضروری ہے کہ وہ انسانوں سے تعلیم پانے یا اُن کی بات سننے سے زیادہ اہمیت خدا کی آواز کو دے۔ اکثر و بیشتر نو مرید ایماندار ان لوگوں کے نقشِ قدم پر چلنا شروع ہو جاتے ہیں جو اُن کو شاگرد بناتے ہیں۔ دوسروں کی شاگردیت کرتے ہوئے اکثر ہم اپنی تنظیمی باتیں اور علم الٰہیات کے نظریات اور خیالات بھی نَو مرید لوگوں کے ذہنوں میں بھرنا شروع ہو جاتے ہیں۔ اکثر ہم نو مرید ایمانداروں کو یہ بتانے کی آزمائش میں پڑ جاتے ہیں کہ کس بنا پر

ہم درُست اور دوسرے غلط ہیں۔ ہم دوسروں کی شاگردیت، تعلیم و تربیت بھی کچھ اس طرح سے ہی کرتے ہیں کہ وہ ہمارے جیسا ہی طرزِ فکر اپنائیں۔ ہم یہی چاہتے ہیں کہ وہ ان لوگوں سے ہی میل جول رکھیں جو ہماری طرح کا طرزِ زندگی اور طرزِ فکر رکھتے ہیں۔ نومرید لوگ ہماری سنتے ہیں، لیکن سوال یہ ہے کہ نَومرید ایماندار کیا خدا کی آواز بھی سنتا اور اس کے کلام کو اس سے سیکھتا ہے؟ جب ہم شاگردیت کے پروگرام میں سے اسے گزارتے ہیں، تو وہ کس سے تعلیم پاتے ہیں؟ کیا وہ صرف ہماری ہی سنتے ہیں یا پھر خدا کی آواز بھی سنتے ہیں؟ کیا ہم انہیں یہ حق اور آزادی دیتے ہیں کہ اگر وہ چاہیں تو خدا کے کلام کے فہم و ادراک میں ہم سے اختلاف بھی کرلیں؟ کیا ہم اُن کی رہنمائی اس طرح سے کرتے ہیں کہ وہ لوگ وہی کچھ بن سکیں جو خدا انہیں بنانا چاہتا ہے؟ کیا ہم اُن کی رہنمائی اس طرح سے کرتے ہیں کہ وہ شخصی قائلیت بھی رکھ سکیں یا پھر ہم وہ چیزیں ہی ان پر ٹھونستے ہیں جن کے ہم خود بھی قائل ہوتے ہیں؟

پولس رسول کی تبدیلی خدا کی آواز سننے کا نتیجہ تھی۔ ان برسوں میں، اس نے شخصی طور پر کئی ایک باتوں کے لئے قائلیت محسوس کی۔ جن باتوں کا وہ قائل ہو گیا تھا وہ دوسرے درجہ کی سچائیاں نہیں تھیں جو مذہبی اساتذہ کی طرف سے اسے ملی تھیں۔ کیونکہ کسی انسان کی طرف سے ملنے والی صداقتیں انسان کے دل میں خدمت کا جوش و جذبہ پیدا نہیں کر سکتیں۔ پولس رسول منادی کرنے میں کبھی دلچسپی ظاہر نہ کرتا اگر اُس کا شخصی ایمان اُسے اِن باتوں کی منادی کے لئے متحرک نہ کرتا۔ خدمت میں جذبہ اسے شخصی قائلیت ہی سے ملا۔ مسیح پولس رسول کے لئے حقیقی بن گیا تھا نہ کہ محض ایک نام۔ وہ پولس رسول میں ظاہر ہو چکا تھا۔ وہ اپنی صداقت کو پولس رسول میں ظاہر اور منکشف کر رہا تھا۔ یہی وجہ ہے کہ لوگوں نے پولس رسول کی زندگی میں ایک فرق دیکھا۔ اُنہوں نے پولس رسول کے

طرزِ زندگی، طرزِ خدمت اور جوش و جذبہ کو دیکھ کر خدا کی تمجید کی۔ کیونکہ وہ جانتے تھے کہ یہی وہ شخص ہے جو پہلے کلیسیا کو ستانے والا تھا۔

چند غور طلب باتیں

☆۔ کیا مسیح آپ میں ظاہر ہو چکا ہے ؟ آپ کی زندگی میں اِس کے کیا شواہد موجود ہیں ؟

☆۔ کیا آپ کی زندگی میں موجود قائلیت اور یقین دہانی آپ کی اپنی ہے ؟ کیا جن باتوں کے آپ قائل ہیں، آپ کو شخصی مطالعہ کے بعد خدا کی طرف سے وہ قائلیت ملی ہے یا پھر کسی شخص نے آپ کو بتایا کہ آپ ان چیزوں کا یقین کر لیں ؟

☆۔ کسی دوسرے کی طرف سے ملنے والی قائلیت اور خدا کی طرف سے ملنے والی قائلیت کی منادی میں کیا فرق پایا جاتا ہے ؟

☆۔ کیا جس سچائی کا آپ یقین کرتے ہیں، اس نے آپ کی زندگی پر بھی اثر کیا ہے ؟ کیا آپ اس سچائی کے لئے گہرا دلی جذبہ رکھتے ہیں جو خدا نے آپ پر منکشف کی ہے ؟ اس سے آپ کی زندگی پر کیا اثرات مرتب ہوئے ہیں ؟

چند اہم دُعائیہ نکات

☆۔ اُس وقت کو یاد کریں جب خدا نے شخصی طور پر آپ کے دل سے کلام کر کے آپ کو انجیل کی سچائی کے لئے قائلیت بخشی تھی۔ خداوند کی شکر گزاری کریں کہ خدا نے شخصی طور پر آپ پر انجیل کے پیغام کو منکشف کیا ہے؟

☆۔ خداوند کی شکر گزاری کریں کہ نجات کا شخصی علم ہونے سے پہلے بھی خدا کا ہاتھ آپ پر تھا۔

☆۔ کیا آپ کسی ایسے شخص سے واقف ہیں، جو پولس رسول کی طرح سچائی سے بھاگ رہا ہے۔ چند لمحات کے لئے دُعا کریں کہ خدا اُس شخص کو اپنی ذاتِ اقدس کا مکاشفہ عطا فرمائے۔

باب 3

پولس۔ غیر قوموں کے لئے رسول

گلتیوں 2 باب 1-10 آیت

یہ بات تو بالکل واضح ہے کہ خدا نے اَنجیل کا پیغام پولس رسول پر منکشف کر دیا تھا تاہم اُسے مسیحی حلقوں میں قبول کئے جانے میں وقت لگا۔

حتیٰ کہ شروع میں رسولوں کو بھی کلیسیا کے ستانے والے شخص کو قبول کرنے میں دقت محسوس ہوئی جو اب ایک حقیقی ایماندار بن چکا تھا۔ کلیسیا کی طرف سے اس ہچکچاہٹ میں مزید اضافہ اس وقت ہوا جب پولس رسول نے خاص طور پر غیر قوموں کے درمیان انجیل کی منادی کا بوجھ ظاہر کیا۔ حالانکہ اُس دَور میں انجیل کی منادی خاص طور پر یہودی لوگوں کے درمیان کرنے کا رُجحان پایا جاتا تھا۔

پولس رسول کے خط کے اس حصہ میں، پولس رسول نے اس بات کی وضاحت کی ہے کہ کس طرح رسولوں نے اس کی خدمت کو قبول کیا۔ وہ یہ بیان کرنے سے آغاز کرتا ہے کہ چودہ برس کے بعد جب وہ برنباس اور ططس کے ساتھ یروشلیم گیا۔ ہمیں یروشلیم کے اس دَورے کا درُست وقت تو معلوم نہیں ہے، بعض لوگوں کا یہ کہنا ہے کہ پولس رسول تبدیل ہونے کے چودہ برس بعد یروشلیم گیا تھا۔ میرے خیال میں کب اور کس وقت یہ زیادہ اہم نہیں بلکہ زیادہ اہم یہ ہے کہ وہ یروشلیم کیوں گیا تھا؟ 2 آیت بیان کرتی ہے کہ خدا کی طرف سے مکاشفہ ملنے کے جواب کے طور پر وہ یروشلیم گیا تھا۔ اس نے اس لیے ایسا کیا تھا تاکہ وہ اس انجیل کی منادی کلیسیا کے سامنے پیش کر سکے جو وہ غیر قوموں کے

درمیان کر رہا تھا۔ بالفاظ دیگر، وہ اپنے اعمال و افعال اور اس منادی کا احوال بیان کرنے کے لئے گیا تھا جو وہ غیر یہودی لوگوں کے درمیان کر رہا تھا۔ یہاں پر یہ سمجھنا بھی ضروری ہے کہ پولس رسول کو غیر قوموں کے درمیان منادی کے لئے دو بنیادی رکاوٹوں پر غالب آنا پڑا۔ اوّل، ایک عرصہ سے غیر اقوام کو اس نگاہ سے دیکھا جا رہا تھا کہ وہ خدا کی نجات کے منصوبہ سے الگ ہیں۔ خداوند یسوع مسیح نے شاگردوں کو بتایا تھا کہ وہ اسرائیل کے گھرانے کے پاس یہ پیغام لے کر جائیں۔ (متی 10 باب 5 تا 7 آیت) حتیٰ کہ ابتدائی کلیسیا بھی یہودی لوگوں کے درمیان بشارتی خدمت سرانجام دے رہی تھی۔ (اعمال 11 باب 19 آیت) غیر قوموں کے درمیان منادی کرتے ہوئے پولس رسول روایات کے خلاف ردِ عمل کا اظہار کرتا تھا۔

دوسرا مسئلہ جس سے پولس رسول کو نبرد آزما ہونا پڑا، وہ یہ تھا کہ غیر قوم سے ایمان لانے والوں کی زندگی میں یہودی شریعت کا کیا مقام ہے۔ اگرچہ کچھ ایسے یہودی ایماندار بھی تھے جو اس بات پر راضی تھے کہ غیر قوم سے بھی لوگ مسیح خداوند کو جانیں۔ لیکن وہ ابھی تک اس بات پر ایمان رکھتے تھے کہ انہیں موسیٰ کی شریعت کے مطابق بھی زندگی بسر کرنی چاہیئے۔ وہ یہ ایمان رکھتے تھے کہ یہودی مرد جو مسیحیت کی طرف آتا ہے اسے ختنہ کرانا اور یہودی روایات کی پاسداری کرنی چاہیئے۔ بعض یہودیوں نے اس بات کو غیر قوم سے ایمان لانے والوں کے لئے ایک تقاضا اور شرط قرار دے دیا تھا۔ ہم پہلے ہی اس بات کو دیکھ چکے ہیں کہ پولس رسول نے اس تعلیم کی مذمت کی تھی۔ اس کا یہ ایمان تھا کہ غیر اقوام موسیٰ کی شریعت کی تعمیل کے بغیر بھی نجات پا سکتی ہیں۔ یہاں پر ایک بار پھر ہم اس روایت کے خلاف پولس رسول کے ردِ عمل کو دیکھتے ہیں۔

2 پر غور کریں، پولس رسول اس لئے یروشلیم گیا تھا کیونکہ اسے خدا کی طرف سے رہنمائی

اور مکاشفہ ملا تھا کہ وہ یروشلیم جائے۔ ہمیں یہ تو نہیں بتایا گیا کہ یہ کب واقع ہوا یا کیسے اسے اس بات کا مکاشفہ ملا تھا۔ ظاہری بات ہے کہ خدا کا یہ مقصد تھا کہ پولس رسول یروشلیم میں موجود کلیسیا کو غیر قوموں کے لئے خدا کے منصوبہ کے تعلق سے جو اس کی قائلیت تھی بتائے۔ یروشلیم کی کلیسیا غیر قوموں کے درمیان انجیل کی منادی میں رکاوٹ بنی ہوئی تھی۔ پولس رسول یروشلیم گیا، کیونکہ خدا نے اُس کی رہنمائی کی تھی کہ وہ وہاں جا کر اس موضوع پر بزرگوں سے بات چیت کرے۔

ہمارے لئے یہ اہم ہے کہ ہم پولس رسول کے طریقہ کار پر غور کریں۔ پولس رسول خدا سے مکاشفہ ملنے کے بعد ہی یروشلیم گیا تھا۔ اس حقیقت کے باوجود، پولس رسول اس سلسلہ میں بہت محتاط تھا کہ کس طرح وہ اس موضوع پر بات چیت کرنے کے لئے کلیسیا تک رسائی حاصل کرے۔ وہ ایک منفی روّیہ کے ساتھ بھی یروشلیم میں موجود کلیسیا کی سرزنش کر سکتا تھا۔ لیکن وہ " خدا نے مجھے یہ بتایا ہے " کہ روّیہ کے ساتھ وہاں پہنچا۔

2 آیت پر غور کریں کہ اس نے الگ سے رہنماؤں سے بات چیت کی۔ اس نے اپنے دل میں ایک طرح کا خوف رکھتے ہوئے یہ بات کی کہ اُس نے بے منزل اور بے ٹھکانہ دوڑ دوڑی تھی۔ ہمیں پولس رسول کے اس روّیہ کو مزید گہرائی سے دیکھنے کی ضرورت ہے۔

کتنی ہی بار ہم ایسے لوگوں کی بات پر کان نہیں دھرتے جو ہمارے پاس " خدا نے مجھے یہ بتایا ہے " والے روّیہ کے ساتھ آتے ہیں لیکن اس پیغام کو بیان کرنے کے لئے ان کے پاس حکمت اور فن گفتگو نہیں ہوتا؟ پولس رسول نے یہاں پر بہت شائستہ انداز میں بڑی فروتنی سے بات کی۔ اگرچہ اسے اس موضوع پر گہری قائلیت تھی۔ تو بھی وہ کلیسیا کی تابعداری پر یقین رکھتا تھا۔ پولس رسول نے انجیل کی پیغام کی منادی ہر اس شخص کے سامنے کرنے کا تہیہ کر رکھا تھا جو اس پیغام پر ایمان لانے کے لئے تیار ہو خواہ اُس کا تعلق

کسی بھی ملک یا قوم سے ہو۔ وہ یہ چاہتا تھا کہ کلیسیا اُس کی کاوشوں کے پیچھے کھڑی ہو تا کہ وہ غیر قوموں کے درمیان منادی کا سلسلہ جاری رکھے اور اُنہیں یہودی ایمانداروں کے برابر لا کھڑا کرے۔ اس نے ایک ایماندار کی زندگی میں موسوی شریعت کے مقام کے تعلق سے بھی رسولوں کے درمیان یگانگت اور اتفاق رائے کے لئے جستجو کی۔ اگر خدا کا یہ منصوبہ تھا کہ پولس رسول غیر قوموں کے درمیان انجیل کے پیغام کی منادی کرے، اور اگر کلیسیا پاک روح کی رہنمائی کے لئے حساس تھی، تو وہ اُس کے اس بوجھ کو پہچان سکتی تھی جو اُسے خدا کی طرف سے ملا تھا اور وہ اس کی مدد اور معاونت کے لئے کھڑی بھی ہو سکتی تھی۔ اس نے اپنی خدمت اور انجیل کے پیغام کا وہ فہم و ادراک جو اسے حاصل تھا کلیسیا کے سامنے رکھتے ہوئے اُن کی تصدیق چاہی۔ یہ واقعی ایمان کا ایک عاجزانہ قدم تھا۔ 3 تا 5 آیت سے ہمیں یہ سمجھنے میں مدد ملتی ہے کہ پولس رسول کے پیغام اور اس کی خدمت کے پیچھے کھڑا ہونے کے لئے یروشلیم کی کلیسیا کی طرف سے یہ فیصلہ باآسانی نہیں ہوا تھا۔ ططس، جو غیر قوم سے تھا، وہ بھی پولس رسول کے ساتھ تھا، ططس کی وجہ سے بھی پولس رسول کی مخالفت ہوئی تھی۔ کچھ یہودی اس پر ختنہ کرانے کے لئے بوجھ اور دباؤ ڈال رہے تھے۔ پولس رسول نے ان لوگوں کو " جھوٹے بھائی " کہا۔ جنہیں بطور جاسوس بھیجا گیا تھا، بالفاظ دیگر، یہ لوگ چپکے سے یہ دریافت کرنے کے لئے وہاں آگئے تھے کہ آیا ططس کا ختنہ ہوا ہے یا نہیں۔

پولس رسول نے اُن جھوٹے اُستادوں کے دباؤ میں آنے سے انکار کیا۔ اگرچہ ایسے وقت بھی تھے جب پولس رسول نے بہت بڑی منسٹری کے مقصد کے پیش نظر ختنہ کی اجازت بھی دی۔ (اعمال 16 باب 1 تا 2 آیت) لیکن اب صورتحال مختلف تھی۔ اگر اس موقع پر پولس رسول ختنہ کی اجازت دے دیتا یا اس کی حمایت کر دیتا تو پھر اس کا مقصد اور

مطلب یہی ہونا تھا کہ نجات کے لئے موسیٰ کی شریعت کی پاسداری اور ختنہ کرانا ضروری ہے۔ پولس رسول اسی بات کی تردید کے لئے لڑ رہا تھا۔ پولس رسول آخر تک اس بات کے خلاف مزاحم رہا۔ 3 آیت بتاتی ہے کہ ططس کو ختنہ کرانے پر مجبور نہ کیا گیا۔ جیسا وہ تھا، (بغیر ختنہ) اُسے ایک ایسے مسیحی بھائی کے طور پر قبول کر لیا گیا جو غیر قوم سے مسیح یسوع پر ایمان لایا تھا۔ پولس رسول کے لئے یہ بات کس قدر خوشی اور مُسرت کی تھی!

6 اور 7 آیت میں، پولس رسول نے اپنے قارئین کو بتایا کہ یروشلیم کی کلیسیا کے بزرگ (جو اہم سمجھے جاتے تھے) اُنہوں نے اس پیغام کے ساتھ کسی چیز کا اضافہ نہ کیا۔ اس کا پیغام کیا تھا؟ یہ پیغام یہ تھا کہ غیر قوم سے لوگ موسیٰ کی شریعت پر عمل کئے بغیر نجات پا سکتے ہیں۔ آخر میں، یروشلیم کے قائدین نے بھی اس پیغام کو قبول کر لیا اور اس پیغام کے ساتھ کسی اور تقاضے یا شرط کا اضافہ نہ کیا۔ اُنہوں نے اس بات کی تصدیق کر دی کہ پولس رسول غیر قوموں کے لئے خدا کی طرف سے رسول مقرر ہوا ہے۔ وہ اُس کے اس پیغام کے ساتھ متفق ہو گئے کہ نجات شریعت پر عمل کئے بغیر مسیح یسوع پر ایمان لانے سے ملتی ہے اور اُس کے لئے موسیٰ کی شریعت پر عمل کرنا لازمی نہیں ہے۔ جس طرح خدا نے پطرس کو یہودیوں کے درمیان انجیل کی منادی کے لئے استعمال کیا تھا۔ اُس کی منسٹری اور پیغام کی تصدیق کے بعد، اُنہوں نے پولس اور برنباس کو اپنی رفاقت میں بخوشی و رضا قبول کر لیا۔ پھر اُنہوں نے اُنہیں دلی خوشی کے ساتھ غیر اقوام کی طرف روانہ کر دیا۔

انہیں یہ تلقین بھی کی کہ وہ غریبوں کو بھی یاد رکھیں۔ (9 اور 10 آیت)

پولس رسول کی یہی قائلیت تھی کہ نجات کے پیغام کے ساتھ کسی بھی اور چیز کا اضافہ نہیں کیا جا سکتا۔ بنی نوع انسان صرف اور صرف خدا کے فضل سے نجات پاتے ہیں اور اس میں نجات پانے والے کی کسی کاوش کا کوئی عمل دخل نہیں ہے۔ نجات پانے والے کا یہی کردار

ہے کہ وہ اُس کام کو قبول کر لے جو مسیح نے اُس کے لئے پہلے ہی سے سر انجام دے دیا ہے۔ کسی بھی اور تقاضے کا اضافہ مسیح کے صلیب پر سر انجام دئے گئے کفارہ اور مخلصی بخش کام کی قدر کو کم کرنے کے مترادف ہے۔ پولس رسول جب اس موضوع پر ثابت قدم رہا تو اس سے کلیسیا کو نجات کے جھوٹے پیغامات اور غلط طور پر بیان کی جانے والی اَنجیل کی مذمت کرنے میں مدد ملی۔ بنی نوع انسان کی نجات کے لئے خداوند یسوع مسیح کا صلیب پر کیا گیا کام ہی کافی تھا۔ پولس رسول نے کلیسیا کو غیر قوموں کے لئے خداوند یسوع مسیح کے دل کے مطابق طرزِ فکر اپنانے کے لئے اُس پر گہرا اثر ڈالا۔

چند غور طلب باتیں

☆۔ کیا ہم اس جُرم کے مرتکب ہوسکتے ہیں کہ نجات کے پیغام کو اس طرح سے پیش کریں کہ اس کے ساتھ دیگر تقاضے بھی پورے کرنے کی ضرورت ہے؟ آج ہم غیر ایمانداروں کی نجات کے لئے اُن پر کس طرح کے تقاضے ٹھونس سکتے ہیں؟ کیا خدا ہمیں اس لئے پیار کرتا ہے کیونکہ ہم وفاداری سے اُس کی خدمت کرتے ہیں؟ اگر ہم بے وفا ہو جائیں تو پھر وہ ہم سے کم محبت کرتا ہے؟

☆۔ کیا آپ کو کسی ایسے شخص کو اس بنا پر قبول کرنے میں ہچکچاہٹ محسوس ہوتی ہے کیونکہ وہ شخص ان باتوں پر ایمان نہیں رکھتا جن پر آپ کا ایمان ہوتا ہے؟ کیا ممکن ہے کہ ہم بھی یروشلیم کی کلیسیا کی طرح گناہ کے مرتکب ہوں؟

☆۔ پولس رسول کو اس تعلق سے خدا کی طرف سے واضح بلاہٹ ملی تھی کہ وہ یروشلیم کی کلیسیا کو اس گمراہی سے نکلنے کی تلقین کرے کہ وہ اس بات پر ایمان رکھنا چھوڑ دیں کہ نجات کے لئے مسیح پر ایمان اور موسوی شریعت دونوں ہی لازمی ہیں۔ اس دور کی کلیسیا

خدا کے دل کے موافق کام نہیں کر رہی تھی۔ اس قائلیت کے باوجود، کس طرح سے پولس رسول نے کلیسیا تک رسائی حاصل کی؟

☆۔ کیا آپ کی کلیسیا بھی بعض معاملات پر خدا کی مرضی اور اُس کے دل سے ہم آہنگ نہیں ہے؟ وہ کون سے معاملات ہیں؟ اس کلیسیا کو خدا کے دل سے ہم آہنگ کرنے کے لئے کون سے اقدام کرنے کی ضرورت ہے؟

چند اہم دُعائیہ نکات

☆۔ خداوند سے دُعا کریں تاکہ وہ آپ کے دل میں چھپے کسی بھائی بہن کے خلاف تعصب کو بے نقاب کرے جو ان باتوں پر ایمان نہیں رکھتا جن پر آپ کا ایمان ہے۔

☆۔ خداوند سے دُعا کریں کہ وہ آپ کی کلیسیا کو اپنے دل سے ہم آہنگ کرے۔

☆۔ خدا سے فضل مانگیں تاکہ وہ آپ کو پولس رسول کی طرح عاجز اور فروتن بنائے بالخصوص جب آپ کلیسیا میں کسی حساس موضوع پر بات کرتے ہیں۔

☆۔ کیا آپ کچھ ایسے بھائیوں اور بہنوں سے واقف ہیں جو کسی ایسی کلیسیا کا حصہ ہیں جہاں پر نجات کی خوشخبری مسیح کے وسیلہ سے واضح طور بیان نہیں کی جاتی؟ چند لمحات کے لئے ایسے خدام کے لئے دُعا کریں۔ خداوند سے دُعا کریں کہ وہ صرف اور صرف مسیح کے وسیلہ سے نجات کی سچائی کو آپ پر منکشف کرے۔

باب 4

پولس بمقابلہ پطرس
گلتیوں 2 باب 11-21 آیت

پولس رسول کا اس فکر کی بنا پر کہ غیر قومیں کلیسیا کا حصہ بنیں، یہودی قیادت سے ایک اختلاف پیدا ہو گیا۔ پچھلے باب میں ہم نے دیکھا کہ کس طرح پولس رسول نے یروشلیم کی کلیسیا کے رُوبرُو اپنی رویا کا دفاع کیا۔ اگرچہ یروشلیم کی کلیسیا نے خدمت میں اس کی توثیق و تصدیق کر دی تھی۔ لیکن قیادت کے لئے یہ کام آسان نہیں تھا کہ وہ ایسے طرزِ فکر اور روایات کو تبدیل کر دیں جو گہرے طور پر موسوی شریعت سے جڑی ہوئی تھیں۔ حتیٰ کہ پولس رسول نے مجبور ہو کر پطرس کو بھی اُس کی ریاکاری پر سرزنش کی۔

اس سے پہلے کہ ہم انطاکیہ میں پولس اور پطرس کے درمیان اختلاف کا جائزہ لیں، ہمارے لئے مفید ہو گا کہ ہم پس منظر کو سمجھیں۔ اوّل۔ انطاکیہ میں موجود کلیسیا یہودیوں اور غیر اقوام کے درمیان مسائل اور کشیدگی کی اپنی ایک تاریخ رکھتی ہے۔ جب اس کلیسیا کا آغاز ہوا تھا، تو یہودی مسیحیوں کی یہ روایت تھی کہ وہ صرف اور صرف یہودیوں کے درمیان ہی انجیل کی منادی کرتے تھے۔ (اعمال 11 باب) خدا نے کرینے اور کُپرس سے ایمانداروں کو متحرک کیا کہ وہ علاقہ میں موجود غیر اقوام کے درمیان بھی انجیل کا پیغام سنائیں۔ یوں غیر اقوام کے درمیان خدا کے پاک روح کی ایک بڑی تحریک کا آغاز ہوا اور انطاکیہ کی کلیسیا وجود میں آگئی۔

لگتا ہے کہ کچھ عرصہ تک کلیسیا یہودیوں اور غیر اقوام کے ساتھ شانہ بشانہ عبادت اور خدا کی پرستش کرتی رہی۔ ہو سکتا ہے کہ یہی ایک وجہ تھی کہ اس خاص کلیسیا پر خدا کی برکات موجود تھیں۔ یہ ایماندار ہر تعصب کو بالائے طاق رکھتے ہوئے، ایک دوسرے کو بھائیوں اور بہنوں کی طرح قبول کر رہے تھے۔ اعمال 15 باب میں، جھوٹے اُستاد انطاکیہ میں آکر یہ منادی کرنے لگے کہ غیر قوموں کو نجات پانے کے لئے مُوسوی شریعت پر عمل پیرا ہونا ضروری ہے۔ وہ کلیسیا میں سازشوں کا جال بُن رہے تھے۔ پولس رسول کو یروشلیم سے انطاکیہ بھیجا گیا تا کہ وہ وہاں جاکر اختلاف کا حل نکالے۔ اس کا نتیجہ یہ ہوا کہ یروشلیم کی کلیسیا نے واضح طور پر یہ اعلامیہ جاری کر دیا کہ نجات پانے کے لئے موسیٰ کی شریعت کی پاسداری ضروری نہیں ہے۔ خواہ کوئی یہودی ہو یا پھر یونانی موسیٰ کی شریعت کی پاسداری کئے بغیر خداوند یسوع مسیح پر ایمان لا کر نجات پا سکتا ہے۔

جب پطرس انطاکیہ میں آیا تو چند لوگوں نے اُس پر اپنا اثر چھوڑا جو کہ یہ تعلیم دیتے تھے کہ یہودی ایماندار غیر اقوام سے ایمان لانے والوں سے اعلیٰ اور مقدم ہیں، کیونکہ وہ موسیٰ کی شریعت پر عمل پیرا ہوتے ہیں جب کہ غیر اقوام سے مسیحی ہونے والے لوگ موسیٰ کی معرفت ملنے والی شریعت کو نظر انداز کرتے ہیں۔ اُن لوگوں کی باتیں سننے سے پہلے، پطرس غیر قوموں کے ساتھ کھاتا پیتا تھا اور انہیں مسیح میں اپنے بھائی جان کر قبول کرتا تھا۔ جب یہ جھوٹے اُستاد وہاں پر آئے تو اس نے ڈرتے ہوئے اپنے آپ کو غیر اقوام سے مسیحی ہونے والے ایمانداروں سے الگ کر لیا۔ (12 آیت)

چونکہ پطرس ایمانداروں کی جماعت میں ایک نام اور مقام رکھتا تھا، اس لئے بہت سے لوگ دیکھا دیکھی اس کا طرزِ فکر اپنانے لگے۔ حتیٰ کہ برنباس نے بھی خود کو غیر اقوام سے ایمان لانے والے ایمانداروں سے الگ کر لیا۔ پولس رسول کو انجیل کے پیغام میں یہ بگاڑ

دیکھ کر بہت دُکھ ہوا۔ وہ کلیسیا میں سر اُٹھانے والی بے اتفاقی کو دیکھ کر رنجیدہ ہوا۔ پطرس جانتا تھا کہ خدا نے غیر اقوام کو بھی نجات کے برابر کے حصہ داروں کے طور پر قبول کر لیا ہے۔ اسے معلوم تھا کہ نجات موسیٰ کی شریعت کی پاسداری اور تعمیل سے نہیں ہے۔ لیکن وہ اپنے طرزِ زندگی اور نمونے سے اس بات کا مظاہرہ نہیں کر رہا تھا۔

یہ کہنا کہ ہم صرف اور صرف خداوند یسوع مسیح پر ایمان لانے سے نجات پاتے ہیں، ایک الگ بات ہے، لیکن کتنی ہی بار ہم نَو مرید ایمانداروں پر کئی اور طرح کے تقاضے بھی ٹھونس دیتے ہیں۔ ہمیں انہیں بتانا پڑتا ہے کہ وہ کن کن باتوں پر ایمان رکھیں، کیسا طرزِ زندگی اپنائیں، کن لوگوں سے میل ملاقات رکھیں، تب ہی وہ مسیحی ایمانداروں کے درمیان قابلِ قبول ہوں گے۔

پولس رسول کی زندگی ہی اس بات کے لئے وقف تھی کہ غیر اقوام نجات کے پیغام کو قبول کر کے کلیسیا کا حصہ بن جائیں۔ جب پطرس نے غیر اقوام کے ساتھ مل بیٹھنے سے انکار کیا تو پولس رسول اس پر بہت غصہ ہوا۔ کیونکہ وہ سچائی پر ثابت قدم اور قائم نہیں تھا۔ پولس رسول نے رُوبرُو ہو کر پطرس کی مخالفت کی۔ اُس نے سب کے سامنے اِس موضوع پر پطرس کی سرزنش کی۔ (12 تا14 آیت)

یہاں پر پولس رسول کی دلیل بہت اہم ہے۔ وہ پطرس کی غیر مستقبل مزاجی پر سرزنش کرنے سے آغاز کرتا ہے۔ "تم ایک یہودی ہو، لیکن پھر بھی غیر قوم کے لوگوں جیسا تمھارا طرزِ زندگی ہے۔" پولس رسول پطرس کو یہاں پر کیا بتا رہا تھا؟ پولس پطرس کو یہ کہہ رہا تھا کہ اگرچہ وہ پیدائشی یہودی ہے تو بھی اس کا طرزِ زندگی یہودی قوانین کے مطابق نہیں ہے۔ خدا نے اسے ایسے تمام قواعد و ضوابط سے آزاد کر دیا تھا۔ (مرقس 7 باب 18 اور 19 آیت اور اعمال 10 باب 9 تا22 آیت) اگرچہ پطرس خود بھی یہودی طرزِ زندگی

اپنائے ہوئے نہیں تھا لیکن وہ غیر قوم کے نو مرید ایمانداروں پر یہودی روایات ٹھونس رہا تھا۔ وہ اس بات کا تقاضا کر رہا تھا کہ وہ یہودیوں سے الگ تھلگ بیٹھ کر کھائیں پئیں۔

نہ صرف یہ کہ پطرس کا طرزِ زندگی غیر مستقل تھا اور اس سچائی کے مطابق نہیں تھا جس کی وہ منادی کر رہا تھا۔ بلکہ وہ جھوٹے اُستادوں اور جھوٹی تعلیم کی حوصلہ افزائی کر رہا تھا۔ پطرس اچھی طرح سے یہ جانتا تھا کہ کوئی شخص بھی موسیٰ کی شریعت پر عمل پیرا ہونے سے نجات نہیں پا سکتا۔ وہ یہ بھی جانتا تھا کہ نجات صرف اور صرف خداوند یسوع مسیح کے اس کام کی بدولت ہے جو اُس نے صلیب پر گنہگار بنی نوع انسان کے لئے سر انجام دیا ہے۔ " کیونکہ شریعت کے اعمال سے کوئی بشر راست باز نہ ٹھہرے گا" (16 آیت) پطرس کا غیر قوموں سے الگ ہونا یہودیوں اور غیر اقوام کے درمیان تفرقے کو ہوا دینے کے مترادف ہے۔ وہ مسیح یسوع کے صلیبی کام کی بدولت یہودی اور غیر اقوام میں برابری اور مساوات کی بھی تردید کر رہا تھا۔

شریعت کی پاسداری اور فرمانبرداری کو فروغ دینے والوں کا ایک خوف یہ بھی تھا کہ اگر ہر شخص کو دس احکام سے آزادی مل گئی تو پھر دینداری اور راستبازی کی زندگی بسر کرنے کے لئے کسی کے پاس کوئی جواز اور جذبہ باقی نہ رہے گا۔ وہ اس بات پر یقین رکھتے تھے کہ شریعت سے آزاد ہونے پر گناہ آلودہ اور غیر منظم اور غیر مہذب زندگی بسر کرنے کی راہ ہموار ہو جائے گی۔ اسی لئے، وہ اس بات پر زور دیتے تھے کہ موسوی شریعت پر عمل پیرا ہونے سے ہی نجات حاصل کی جا سکتی ہے۔

پولس رسول نے اس عقیدے کے خلاف آواز اٹھائی۔ اگر مسیح شریعت کے بغیر نجات دینے کے لئے اس دُنیا میں آیا تھا، تو اس کا مطلب یہ ہے کہ مسیح گناہ کو فروغ دیتا ہے (17 آیت)؟ پولس رسول نے پُر زور مذمت کے ساتھ اِس خیال کی تردید کی۔ "

ہر گز نہیں " اُس نے کہا، اس کے بر عکس، مسیح تو گناہ پر فتح دینے کے لئے آیا تھا۔ یہ وہ کام تھا جو شریعت نہ کر سکی۔ مسیح تو ہمارے باطن کو تبدیل کرنے کے لئے آیا تھا۔ شریعت لوگوں کے دلوں کو تبدیل نہ کر سکی۔ شریعت نے صرف یہ کیا کہ انسان کے دل میں چھپی گناہ آلودہ فطرت کو بے نقاب کیا اور یہ ثابت کر دیا کہ انسان کے دل کو تبدیل ہونے کی ضرورت ہے۔

موسیٰ کی معرفت دی جانے والی شریعت کا ہر گز یہ مطلب و مقصد نہیں تھا کہ انسان اس کے وسیلہ سے نجات پائے۔ نجات تو ہمیشہ توبہ اور ایمان ہی سے ملتی ہے۔(زبور 51 باب 14 تا17 آیت) شریعت نے آئینے کا کام دیا یعنی انسان کے دل میں چھپے گناہ کو واضح اور صاف طور پر دکھادیا۔ صرف یہی نہیں شریعت نے ہم پر یہ بھی ظاہر کر دیا ہے کہ ہمیں ایک ایسے نجات دہندہ کی ضرورت ہے جو بنی نوع انسان کے دلوں کو تبدیل کر سکے۔ خداوند یسوع مسیح یہی کام کرنے کے لئے آیا تھا۔

پولس رسول نے شخصی طور پر اس حقیقت کا تجربہ کیا تھا۔

" میں مسیح کے ساتھ مصلوب ہوا ہوں اور اب میں زندہ نہ رہا بلکہ مسیح مجھ میں زندہ ہے اور میں جو اب جسم میں زندگی گزارتا ہوں تو خدا کے بیٹے پر ایمان لانے سے گزارتا ہوں جس نے مجھ سے محبت رکھی اور اور اپنے آپ کو میرے لئے موت کے حوالہ کر دیا۔"

(20آیت)

پولس رسول نئی زندگی سے واقف تھا۔ پولس رسول نے خدا کی توقع اور معیار کے مطابق زندگی بسر کرنے کے لئے خدا کی طرف سے ایک قوت اور طاقت کا تجربہ کیا تھا۔ وہ ایک ایسی ہیکل بن چکا تھا جہاں پر روح القدس سکونت پذیر ہو سکتا تھا۔ جب اس نے مسیح یسوع کو اپنی زندگی میں رہنے کا موقع دیا تو گناہ کی رغبت کا خاتمہ ہو گیا۔ اس نے محسوس کر لیا کہ

وہ سب کچھ کر سکتا ہے کیونکہ مسیح اس کی قوت بن گیا تھا۔ (فلپیوں 4 باب 13 آیت)
پولس رسول کی زندگی سابقہ زندگی سے یکسر مختلف تھی کیونکہ وہ اب شریعت پرستی کا پیرو نہیں تھا۔ اب اس کی زندگی قطعی مختلف تھی کیونکہ مسیح یسوع نے اسے اپنی حضوری اور معافی کے تجربہ سے معمور کر دیا تھا۔ اب وہ ایمان کی زندگی بسر کر رہا تھا۔ خداوند یسوع مسیح اس کی زندگی میں عجیب کام کر رہا تھا۔ (20 آیت) ماضی میں اُس کا بھروسہ اُن کاموں پر تھا جو وہ خدا کے لئے کر سکتا تھا۔ اب اُس کا بھروسہ اور توکل اس بات پر تھا کہ خدا اُس کی زندگی میں کیا کام سر انجام دے رہا ہے۔

جب ہم خدا کے پاک روح کی حضوری کو اپنی زندگی میں جان لیتے ہیں تو اس سے ہماری زندگی میں کس قدر عجیب اور زبردست فرق پیدا ہوتا ہے! شریعت نے ہم پر یہ بات ظاہر کی کہ ہمیں کیا کرنا ہے لیکن خدا کے روح نے ہمیں اس قابل کر دیا کہ ہم وہ کچھ کر سکیں جو ہمیں کرنا واجب ہے۔ خداوند یسوع مسیح کی موت نے دروازہ کھول دیا تاکہ پاک روح ایماندار کی زندگی میں سکونت کر سکے۔ جنہیں پاک روح کی قوت اور قدرت کا تجربہ ہے، انہیں یہ بھی معلوم ہے کہ خدا کا پاک روح گناہ کی رغبت اور خواہش کا قلع قمع کر دیتا ہے۔ پاک روح آزمائشوں پر غالب آنے کی توفیق دیتا ہے۔ پاک روح ہی ہمیں حکمت عطا کرتا ہے تاکہ ہم اس راہ پر چل سکیں جو خدا نے ہمارے لئے متعین کی ہے۔ شریعت کی پیروی سے آزادی گناہ کو فروغ نہیں دیتی۔ بلکہ یہ تو ہمارے لئے راہ پیدا کرتی ہے کہ تاکہ ہم گناہ پر غالب اور فاتح زندگی گزارنے کی قوت حاصل کر سکیں۔

پولس رسول نے 18 آیت میں پطرس کو یاددہانی کرائی کہ جو گرا دیا گیا ہے اُسے دوبارہ سے کھڑا کرنا بیوقوفی ہے۔ مسیح کی قدرت کا اپنی زندگی میں تجربہ کرنے کے بعد، کس طرح کوئی شخص سابقہ زندگی کی بے مقصد روِش اور رغبت کی طرف جا سکتا ہے؟ پولس رسول یہ

سوچ بھی نہیں سکتا تھا کہ ایک ایماندار جسے اپنی زندگی میں مسیح کی قُدرت کا تجربہ اور وہ یہ بھی جان چکا تھا کہ حقیقی راستبازی کیا ہے اور کس طرح ملتی ہے، انسانی کاوّش سے مذہب کی پیروی کی طرف راغب ہو۔ اگر ہمیں مسیحی زندگی کا لب لباب سمجھنا ہے تو اس بات کی اہمیت کو سمجھیں کہ راستبازی ایمان سے ملتی ہے۔ بہت سے لوگ مذہبی رسومات اور کاموں میں اُلجھ کر رہ گئے ہیں۔ ہم درست کام کرتے ہیں، درست تعلیم کو مانتے ہیں اور وہی کچھ کہتے اور کرتے ہیں جو درست تعلیم ہمیں سکھاتی ہے، لیکن پھر بھی خالی پن محسوس کرتے ہیں۔ پولس رسول ہمیں یہ تعلیم دے رہا ہے کہ ہم مسیح کو اپنی زندگی میں سکونت کرنے ، اپنا مقصد پورا کرنے اور ہمارے دل میں اور ہمارے وسیلہ سے کام کرنے کا موقع دیں، اسی بات میں فتح، یہی واحد طریقہ ہے جس سے ہم حقیقی راستبازی کو حاصل کر سکتے ہیں اور پھر خدا کا حقیقی اطمینان ہمارے دلوں پر چھایا رہے گا۔" اگر راستبازی شریعت کے وسیلہ سے ہوتی تو پھر مسیح کا مرنا عبث ہوتا ہے۔(21 آیت)

چند غور طلب باتیں

☆۔ کیا ہم شریعت کے وسیلہ نجات کی منادی کو فروغ دیتے ہیں؟ ہم لوگوں کو بطور ایماندار قبول کرنے کے لئے اُن پر کس طرح کے تقاضوں کا بوجھ ڈالتے ہیں؟

☆۔ کلیسیا میں آج کون سی چیزیں اختلاف اور تفرقے پیدا کرتی ہیں؟ کیا آپ کسی ایسے بھائی یا بہن کو قبول کر سکتے ہیں جو آپ سے مختلف ہو؟

☆۔ اپنی کاوّشوں سے خدا کو خوش کرنے اور مسیح کی زندگی سے قوت پانے میں کیا فرق پایا جاتا ہے؟

چند اہم دُعائیہ نکات

☆۔ خداوند سے دعا کریں کہ وہ آپ کی زندگی میں ایسے حصے ظاہر کرے جہاں پر آپ ابھی تک روح القدس کے اس کام کے تابع نہیں ہوئے جو اس نے آپ کی زندگی میں کیا ہے۔ اپنی زندگی کے یہ حصے خداوند کے سپُرد کر دیں۔

☆۔ خداوند سے ایسے وقتوں کے لئے معافی مانگیں جب آپ واقعی اس بات پر ایمان رکھتے تھے کہ آپ اپنی کاوشوں سے خداوند کی خوشنودی حاصل کر سکتے ہیں؟

☆۔ خداوند کی شکر گزاری کریں کہ وہ آپ کو قبول کرتا ہے، خواہ آپ کیسے بھی ہوں۔ اُس کی شکر گزاری کریں کہ خداوند یسوع نے آپ کی نجات کے لئے وہ سب کچھ سر انجام دے دیا ہے جو اہم اور ضروری تھا۔

☆۔ خداوند سے فضل اور توفیق مانگیں تا کہ آپ اپنے کسی ایسے بھائی یا بہن کو قبول کر لیں جو کسی موضوع یا تعلیمی نکتہ پر آپ سے اختلافِ رائے رکھتا ہے۔ خداوند کی شکر گزاری کریں کہ وہ اُن کو قبول کرتا ہے خواہ وہ کیسے بھی کیوں نہ ہوں۔ بالکل ایسے ہی جس طرح اُس نے آپ کو بھی قبول کر لیا ہے۔

باب 5

ایمان یا شریعت

گلتیوں 3 باب 1 تا 14 آیت

اپنے خط کے اس حصہ میں پولس رسول ایماندار میں مسیح کی زندگی کے بارے میں بات کرتا ہے۔ وہ اُنہیں یاددہانی کراتا ہے کہ شریعت اُنہیں نجات نہ دے سکی اور نہ ہی اُن کے دلوں کو خدا کے حضور راست ٹھہرا سکی۔ گلتیوں کو اس بات کا علم تھا کہ انہیں نجات پانے اور خدا کے قہر و غضب سے بچنے کے لئے صرف اور صرف مسیح کے اس کام کو قبول کرنا ہے جو اُس نے اُن کے لئے سر انجام دیا ہے۔ مسئلہ یہ پیدا ہو گیا تھا کہ اُنہوں نے مسیح خداوند اور اُس کے صلیبی کام کو ایمان سے قبول کرنے کے بعد مسیحی زندگی اپنی کاوشوں سے بسر کرنا شروع کر دی تھی۔

پولس رسول گلتیوں کو یاددہانی کراتا ہے کہ وہ کس قدر نادان ہیں جو اس طرح کی تعلیم کے جھانسے میں آگئے ہیں۔ اس نے 1 آیت میں یہ سوال پوچھا۔ " کس نے تم پر افسون کر دیا؟" جھوٹے نبی اور اُستاد گلتیوں کو فریب کے جال میں پھنسا رہے تھے، وہ اچھے الفاظ سے اُن کی خوشامد کرتے تھے۔ پولس رسول اُنہیں یاددلاتا ہے کہ مسیح کی مصلوبیت کا مفہوم، معنی اور مقصد واضح طور پر انہیں بتایا گیا تھا۔ اس نے انہیں واضح تعلیم دی تھی کہ مسیح نے اُن کے گناہ کی پوری قیمت چکا دی ہے۔ اُن کی نجات کے لئے مزید کچھ بھی کرنے کی ضرورت نہیں تھی۔ اُنہیں یہ پھر سے بتانا اور واضح کرنا تھا کہ جو لوگ شریعت کے وسیلہ سے نجات کی تعلیم دیتے ہیں در اصل وہ مسیح کی موت کو بے معنی اور بے مقصد قرار دیتے

ہیں۔ گلتیوں اس قدر نادان کیسے ہو سکتے تھے کہ وہ کسی ایسی تعلیم کے فریب اور جھانسے میں آجاتے جو مسیح کی صلیب کے وسیلہ سے نجات کی منکر ہو اور خدا کے حضور راستباز ٹھہرنے کے لئے کوئی اور طریقہ کار بتاتی ہو؟

گلتیوں کو یہ بتانے کے بعد کہ ایسی تعلیم جو شریعت کے وسیلہ سے نجات کا پیغام دیتی ہے مسیح کی آمد کا انکار کرتی ہے، پولس رسول خدا کے پاک روح کی منسٹری کے بارے میں بات کرتا ہے۔ گزشتہ باب میں، پولس رسول نے انہیں یاددہانی کرائی کہ ایماندار اور غیر ایماندار میں فرق مسیح کے پاک روح کی حضوری اور موجودگی کا ہے۔ اُنہوں نے کس طرح پاک روح حاصل کیا تھا؟ کیا اُنہوں نے شریعت کی تعمیل سے پاک روح حاصل کیا تھا یا پھر انہیں خدا کی بخشش سے روح القدس اس وقت ملا تھا جب وہ انجیل کے پیغام پر ایمان لائے تھے(2 آیت) ۔ کیا خدا اپنا پاک روح صرف اُن لوگوں کو ہی دیتا ہے جو اُس کے کامل معیار پر پورا اُترتے ہیں؟ گلتیوں کو یہ علم تھا کہ ایسا ہرگز نہیں ہے۔ ان میں سے بعض غیر قوم سے ایمان لائے تھے۔ اُنہوں نے موسیٰ کی معرفت ملنے والی شریعت کے مطابق زندگی بسر نہیں کی تھی۔ اور نہ ہی اُن کی زندگی خدا پرستی کی زندگی تھی۔ پھر بھی اُنہیں اپنی زندگی میں خدا کے پاک روح کی حضوری اور موجودگی کا تجربہ ہوا تھا۔ کیا اُن کے سامنے یہ تقاضا رکھا گیا تھا کہ پہلے وہ خدا کے کامل معیار پر پورا اُتریں تو پھر اُنہیں پاک روح ملے گا؟ اگر ایسا ہوتا تو وہ کبھی بھی پاک روح حاصل نہ کر پاتے۔

پولس رسول نے اُنہیں بتایا کہ خدا کا پاک روح اُنہیں خدا کی طرف سے ایک بخشش اور انعام کے طور پر ملا ہے کیونکہ وہ مسیح یسوع پر ایمان لائے ہیں۔(3 آیت) اگرچہ وہ روح القدس پانے کے مستحق نہیں تھے تو بھی انہیں خدا کا پاک روح مل گیا۔ کیونکہ خدا نے اُنہیں مسیح یسوع میں پاک اور راستباز ٹھہرا کر اپنا پاک روح اُنہیں دیا تھا۔(رومیوں 8

باب 9 آیت اور 2 کرنتھیوں 12 باب 13 آیت) اُنہیں پاک روح کے لئے کوئی جدوجہد اور کام نہ کرنا پڑا۔ نہ ہی اُنہیں خدا کے معیار پر آنا پڑا۔ پاک روح خدا کی طرف سے ایک بخشش اور نعمت تھا جو اس بات کی علامت بھی تھا کہ اب خدا کے ساتھ اُن کا ایک مضبوط، نیا اور پاک رشتہ قائم ہو چکا ہے۔ روح القدس نے ہی اُنہیں خدا کی من چاہی زندگی بسر کرنے کی توفیق سے نوازنا تھا۔

کیا آپ نے کسی شخص کو اس بنا پر کوئی تحفہ دیا ہے کہ وہ اُسے آپ سے لے کر اُسے کسی خوبصورت جگہ پر سجا کر رکھ دے گا اور کبھی استعمال نہیں کرے گا؟ گلتیوں بھی روح القدس کے تعلق سے ایسا ہی روّیہ اپنائے ہوئے تھے۔ اُنہوں نے کبھی موقع ہی نہیں دیا تھا کہ پاک روح ان کے وسیلہ سے خدمت کا کام سر انجام دے۔ اُنہوں نے کبھی یہ سیکھا ہی نہیں تھا کہ کس طرح خدا کے پاک روح کی آواز سنی ہے۔ خدا کے پاک روح کی باصلاحیت بنا دینے والی قوت اور قدرت کا انہیں اپنی زندگی میں تھوڑا بہت تجربہ تھا۔ اس قوت اور قدرت میں آگے بڑھنے اور اُسے استعمال میں لانے کی بجائے اُنہوں نے اُسے بالائے طاق رکھتے ہوئے اپنی زندگی معمول کے مطابق گزارنے کا فیصلہ کر لیا تھا۔ وہ اپنی حکمت اور طاقت سے ہی خدمت کا کام کرنا چاہتے تھے۔ یہ خدا کی کس قدر بڑی توہین تھی۔ خدا نے ہمیں اپنا پاک روح اس لئے دیا ہے کیونکہ ہمیں اِس کی رہنمائی، قوت اور قدرت کی ضرورت ہے۔ ہم سوچ بھی نہیں سکتے کہ خدا کی طرف سے منہ پھیر لیں اور اپنی ہی طاقت اور عقل کے مطابق مسیحی زندگی بسر کریں۔

پولس رسول نے 4 آیت میں ان سے پوچھا " کیا تم نے اتنے دُکھ بے فائدہ اُٹھائے؟ " اگر گلتیوں نے اس وجہ سے دُکھ اٹھائے تھے کہ وہ مسیح یسوع پر ایمان لے آئے ہیں اور مسیح اُن میں زندہ ہے، تو یہ ایک الگ بات ہے، لیکن کسی مذہبی سرگرمیوں کی بنا پر دُکھ اُٹھانا

قطعی مختلف بات ہے۔ کیا خدا نے اُنہیں اپنا پاک روح اس لئے دیا تھا تا کہ وہ اس سے کوئی سروکار نہ رکھیں اور اُسے رنجیدہ کریں؟ کیا خدا اس لئے اُن میں معجزانہ قدرت کے کام کر رہا تھا کیونکہ وہ شریعت پر عمل کرنے والے لوگ تھے؟ (5 آیت) اگر گلتیوں نے دکھ ہی اٹھانا تھا تو پولس یہ چاہتا تھا وہ کہ سچائی اور ایمان پر قائم رہنے کے باعث دُکھ اُٹھائیں نہ کہ محض انسانی کاوشوں سے ترتیب دی ہوئی مذہبی سرگرمیوں کے سبب سے۔

آیت 6 تا 14 میں، پولس رسول نے گلتیوں کو ان باتوں کی تصدیق اور وضاحت علم الٰہیات اور بائبلی بنیادوں پر کرنے کی کوشش کی۔ وہ اُنہیں ابرہام کے زمانہ کی طرف لے گیا۔ اُس نے پیدائش 15 باب 6 آیت میں سے اُنہیں یاد دلایا کہ ابرہام کا ایمان اُس کے حق میں راستبازی گنا گیا۔ بالفاظ دیگر، ابرہام خدا کے حضور اس لئے راستباز نہیں ٹھہرا تھا کیونکہ اس کا چال چلن اور طرزِ زندگی بہت پاک اور کامل تھا بلکہ اس لئے کہ اُس نے خدا پر توکل اور بھروسہ کیا تھا۔ اس مردِ ایمان سے خدا نے وعدہ کیا کہ دُنیا کی سب قومیں اس کے وسیلہ سے برکت پائیں گی

(یہ وہ شخص تھا جسے موسیٰ کی شریعت کا کچھ علم نہیں تھا) ہر قوم اور قبیلہ سے لوگ خدا کی بادشاہی میں شامل ہو رہے ہیں، اس وجہ سے نہیں کہ وہ شریعت پر عمل کرنے والے بلکہ اس وجہ سے کہ وہ بھی ابرہام کی طرح ایمان ہی سے خداوند یسوع مسیح کی انجیل کے اس پیغام کو قبول کرتے ہیں جو اُنہیں سنایا جاتا ہے۔ خدا کے کلام پر ایمان رکھنے والے ابرہام کی طرح مبارک اور باعث برکت ہوتے ہیں (9 آیت) ہم ابرہام کے فرزند اس لئے ٹھہرتے ہیں کیونکہ ہم اس کی طرح ایمان پر چلتے ہیں؟

پولس رسول ان یہودی ایمانداروں کو یہ دکھا رہا تھا کہ قابلِ عزت روحانی باپ کے لئے اُن کی راستبازی کاموں کے سبب سے منسوب نہ ہوئی

بلکہ خدا پر ایمان لانے کے سبب سے۔ ابرہام اپنے کاموں کی بنا پر نہیں بلکہ خدا پر ایمان اور توکل کرنے کے سبب سے خداوند اپنے مالک اور خالق کی قُربت میں آگیا تھا۔

ابرہام کی طرف ان کی توجہ مبذول کرانے کے بعد، پولس رسول کلام کی دوسری عبارت کی طرف متوجہ ہوتا ہے۔ یہاں پر اُس نے اُنہیں یاد دلایا کہ موسیٰ نے استثنا 27 باب 26 آیت میں کیا لکھا ہے۔ یہاں پر موسیٰ نے لکھا ہے کہ جو شخص شریعت کی سب باتوں پر عمل نہیں کرتا وہ لعنتی ہے۔ ہم میں سے کتنے لوگ ہیں جو خدا کے معیار پر پورا اُترنے سے قاصر رہے ہیں؟ یہ کہنا کہ ہم نے خدا کی شریعت کی کبھی عدول حکمی نہیں کی یہ کہنے کے مترادف ہوگا کہ ہم کامل ہیں۔ ہم میں سے ہر ایک خدا کے جلال سے محروم ہوا ہے، کیونکہ ہم کامل نہیں ہیں۔ ہم میں سے کوئی بھی خدا کے تقاضوں پر پورا نہ اتر سکا۔ ہم شریعت کی لعنت کے نیچے تھے۔ شریعت نے ہمارے سامنے ایسا معیار رکھا جس پر پورا اُترنا ممکن نہ تھا۔ وہ لوگ جو شریعت کے مطابق زندگی بسر کرنے کا چناؤ کر رہے تھے وہ خدا کی نافرمانی کے باعث خود کو لعنت کے نیچے لا رہے تھے۔ شریعت کے ماتحت کوئی اُمید نہ تھی۔ گلتیوں کیوں کر خود کو اس ناممکن معیار کے تحت لا رہے تھے؟ اگر وہ شریعت کے ماتحت زندگی بسر کرتے، تو اُنہوں نے مجرم ٹھہرنا تھا۔ کوئی شخص بھی شریعت کے وسیلہ سے خدا کے حضور راستباز نہیں ٹھہر سکتا (11 آیت)

اُنہیں یہ سمجھانے اور یاد دلانے کے بعد پولس رسول انہیں خدا کی نجات کے اس منصوبے کی وضاحت کرتا ہے جو شریعت کے بغیر ہے۔ " راستباز ایمان سے جیتا رہے گا" اس نے اُنہیں حبقوق 2 باب 4 آیت کا حوالہ دیا۔ اُس نے اُنہیں یاددہانی کرائی کہ کس طرح خداوند یسوع مسیح انہیں شریعت کی لعنت سے نجات دینے کے لئے آیا۔ اُس نے شریعت کی لعنت کو اپنے اوپر لے لیا اور بنی نوع انسان کو ایسی نجات کی پیش کش کی جسے وہ اپنی

کاوشوں سے حاصل کرنے سے قاصر تھے۔ اُس کی صلیبی موت کے وسیلہ سے اُنہیں گناہوں کی قانونی طور پر معافی مل چکی تھی اور وہ خدا کے قہر و غضب سے بھی چھوٹ گئے تھے۔ مسیح یسوع کی موت کے وسیلہ سے، حتیٰ کہ غیر اقوام بھی خدا کے ساتھ اپنا رشتہ اور تعلق بحال کر سکتی تھیں۔ اب اُن کے لئے بھی ممکن ہو گیا تھا کہ وہ خدا کے روحانی خاندان کا حصہ بن سکتیں۔ کیونکہ ابرہام اُن کے لئے ایک ایسا نمونہ ہے جو اُنہیں یاد دلاتا ہے کہ راستبازی اعمال سے نہیں بلکہ ایمان سے ہے۔(14 آیت)

پولس رسول نے گلتیوں کو یاد دلایا کہ خدا کا ارادہ یہی تھا کہ وہ ایمان سے زندگی بسر کریں۔ شریعت انہیں کوئی امید نہ دے سکی تھی۔ اُن کی واحد اُمید اور بھروسہ صرف اور صرف خداوند یسوع مسیح کے صلیبی کام پر ہی تھا۔ جو کچھ خداوند یسوع نے اپنی موت اور مُردوں سے زندہ ہو کر کر دیا تھا اسی بنا پر وہ خدا کے ساتھ اپنا رشتہ اعتماد کے ساتھ بحال کر سکتے تھے۔ انہیں پورے طور پر معاف کر دیا گیا تھا اور وہ خداوند یسوع مسیح کے صلیبی کام کی بنا پر خدا کے گھرانے میں قبول کر لئے گئے تھے۔ اب اُنہیں مزید مقبول اور قبول ٹھہرنے کے لئے کچھ بھی کرنے کی ضرورت نہیں تھی۔

اُن کا بھروسہ اور ایمان خدا کے پاک روح کے اس کام پر بھی تھا جو وہ ایمانداروں کی زندگیوں میں کر رہا تھا۔ ایمان سے روح القدس پانے کے بعد اب اُنہیں اس کام پر توکل اور بھروسہ کرنا تھا جو روح القدس ایمانداروں کی زندگیوں میں کر رہا تھا۔ اُنہیں روح القدس کے اس کام کے سامنے فروتن اور عاجز بن کر ویسے ہی ڈھلتے اور بنتے جانا تھا جیسے روح القدس اُنہیں بنا رہا تھا۔ اب اُنہیں مسیحی زندگی، خدا کے ساتھ اپنے رشتہ کو مضبوط مستحکم اور مضبوط رکھنے کے لئے پاک روح ہی سے قوت اور طاقت حاصل کرنی تھی۔ مسیح کے کام پر ایمان کے سبب سے انہیں نجات ملی تھی اور اب پاک روح نے اُنہیں

روزمرّہ زندگی میں اس نجات کے مطابق زندگی بسر کرنے کی قوت دینی تھی

چند غور طلب باتیں

☆۔ کیا آپ نے کبھی محسوس کیا ہے کہ آپ کو مزید خدمت کرنے کی ضرورت ہے، مزید ایمان رکھنے کی ضرورت ہے، یا پھر خدا کی طرف سے قبول کئے جانے کے لئے زیادہ سے زیادہ ایمان رکھنے کی ضرورت ہے؟ خدا کے کلام کا یہ حصہ اِس تعلق سے کیا بیان کرتا ہے؟

☆۔ خدا نے آپ کو اپنا پاک روح کیوں دیا ہے؟ آپ اپنی خدمت میں کس حد تک پاک روح پر بھروسہ کرتے ہیں؟

☆۔ کیا کبھی آپ نے محسوس کیا ہے کہ خدا کا پاک روح آپ کی رہنمائی کر رہا ہے؟ آپ کس طرح خدا کے پاک روح کے وسیلہ سے خدمت اور انسانی حکمت اور کوشش سے خدمت کے فرق کو سمجھتے ہیں؟

☆۔ اس کوشش میں خدا کی خدمت کرتے ہوئے کہ ہم خدا کے حضور مقبول و منظور ٹھہریں گے اور زیادہ سے زیادہ قبول کئے جانے کے روّیہ سے خدمت کرنے میں کیا فرق پایا جاتا ہے؟

چند اہم دُعائیہ نکات

☆۔ خداوند سے ایسے وقتوں کے لئے معافی مانگیں جب آپ پاک روح کی رہنمائی اور ہدایت کے لئے مُستعد اور متحرک نہ رہے اور بے حسی سے کام لیتے ہوئے اپنی ہی طاقت پر بھروسہ کرتے رہے اور خدا کے پاک روح کی قوت اور رہنمائی پر بھروسہ نہ کیا۔

☆۔ ایسے وقتوں کے لئے خدا سے معافی مانگیں جب آپ یہ سمجھنے میں ناکام رہے کہ پورے طور پر مسیح یسوع میں قبول کرلئے گئے ہیں۔ خداوند سے دُعا کریں کہ وہ آپ کو مسیح یسوع کے سرانجام دئے گئے کام پر مکمل بھروسہ اور توکل کرنے کا فہم وادراک بخشے۔

☆۔ خداوند کی شکر گزاری کریں کہ آپ پورے طور پر قبول کرلئے گئے ہیں۔ خداوند سے توفیق مانگیں تاکہ آپ خداوند کے لئے محبت بھرے دل سے اُس کی عبادت اور خدمت کر سکیں۔ نہ کہ مزید قبول اور مقبول ٹھہرنے کی نیت سے کچھ بھی کریں۔

باب 6

شریعت کا مقصد

گلتیوں 3 باب 15 تا 29 آیت

پولس رسول نہ صرف گلتیوں کو یہ بتا رہا ہے کہ اُنہیں ایمان سے نجات ملی ہے بلکہ اُنہیں یہ تلقین اور تاکید بھی کر رہا ہے کہ اسی ایمان کے مطابق اُنہیں اپنی روزمرّہ زندگی بسر بھی کرنی ہے۔ وہ اُنہیں باور کراتا ہے کہ شریعت کے وسیلہ سے وہ نجات نہ پا سکتے تھے۔ پولس رسول کی اس بات نے یہودیوں کے لئے مشکل پیدا کر دی جو کہ شریعت کے مقصد کو غلط طور پر سمجھ رہے تھے، اور اُن کا یہی خیال تھا کہ نجات شریعت کی تعمیل اور فرمانبرداری سے ہی ممکن ہے۔ وہ یہ بھی سمجھتے تھے کہ جسمانی طور پر ابرہام کی نسل سے ہونے کے سبب بھی نجات اُنہی کے لئے ہے۔ اگر خدا کا یہ ارادہ اور مقصد تھا کہ اُس نے شریعت کے بغیر لوگوں کو نجات دینی ہے تو پھر خدا نے اپنے بندہ موسیٰ کی معرفت شریعت کیوں دی؟ پولس رسول اپنے خط کے اس حصہ میں اس سوال کا جواب بھی دیتا ہے۔

پولس رسول نے اس عہد سے آغاز کیا جو خدا نے ابرہام اور اس کی نسل سے باندھا تھا۔ یہی یہودی مذہب کا مرکز و محور تھا۔ یہودی خود کو خاص خاندان کا حصہ سمجھتے تھے۔ وہ یہ سمجھتے تھے کہ خدا نے ابرہام کے وقت سے ہی اُنہیں اپنے ایک خاص مقصد کے لئے مخصوص اور الگ کر لیا ہے۔ پولس رسول یہودیوں کو یاد دلاتا ہے کہ جو عہد خدا نے ابرہام سے قائم کیا تھا وہ یہ وعدہ کرتا ہے کہ سب قومیں اس کے وسیلہ سے برکت پائیں گی۔

16 آیت پر غور کریں، پولس رسول نے گلتیوں کو یاد دلایا کہ وہ وعدہ جو خدا نے ابرہام سے

کیا تھا دراصل وہ اُس کی "نسلوں" سے نہیں تھا، یعنی بہت سے لوگ بلکہ ایک "نسل" سے تھا۔ یہ وعدہ ابراہام کی نسل سے تھا یا پھر خاص طور پر ایک شخص سے۔ یہ بیان کرنے سے پولس رسول نے گلتیوں کو بتایا کہ وہ عہد جو خدا نے ابرہام کے ساتھ قائم کیا تھا اس کی تکمیل اُس کی جسمانی اولاد میں نہیں ہونی تھی بلکہ اِس وعدہ کی تکمیل خدا نے ایک شخص کے وسیلہ سے کرنی تھی۔ اور وہ ایک شخص خداوند یسوع مسیح تھا۔ ابرہام سے کیا گیا وعدہ خداوند یسوع مسیح کی طرف اشارہ کرتا ہے۔

ابرہام سے عہد کے وسیلہ سے خدا نے وعدہ کیا کہ وہ اُس کی نسلوں کا بھی خدا ہو گا اور وہ اُس کے لوگ ٹھہریں گے۔ اگرچہ خدا اپنے عہد کی تکمیل کے لئے اپنا کردار ادا پورے طور پر کر سکتا تھا۔ لیکن ابرہام کی نسل کے لئے یہ ممکن نہیں تھا کہ وہ اس عہد کی تکمیل کے لئے اپنے حصہ کا کردار ادا کر سکتی۔ خواہ وہ کتنی بھی کوشش کرتے، خدا کے لوگ اس معیار کے مطابق زندگی بسر نہیں کر سکتے تھے جو خدا نے اُن کے لئے قائم کیا تھا۔ یہ معیار خدا نے موسیٰ کے دَور میں 430 برس بعد شریعت میں بیان کیا۔(17 آیت)

اب سوال یہ پیدا ہوتا ہے کہ اگر خدا کو پہلے ہی اس بات کا علم تھا کہ ابرہام کی نسل شریعت کی تعمیل اور پاسداری پورے طور پر نہ کر پائے گی تو پھر کیوں خدا نے موسیٰ کی معرفت شریعت دی؟ پولس رسول 19 آیت میں بیان کرتا ہے کہ شریعت اور تمام قواعد وضوابط کا مقصد "پس شریعت کیا رہی؟ وہ نافرمانیوں کے سبب بعد میں دی گئی کہ اُس نسل کے آنے تک رہے جس سے وعدہ کیا گیا تھا۔۔" بالفاظ دیگر، وہ شریعت جو خدا نے بنی اسرائیل کو دی اس کے لئے خدا کے رحم وکرم کی ضرورت تھی۔ اس شریعت نے اُن پر منکشف کیا کہ اُنہیں کس قدر ایک نجات دہندہ کی ضرورت ہے۔ اس شریعت نے گناہ کے مسئلہ کو حل کرنے کی راہ تیار کی۔ اس شریعت نے ابرہام کی نسل پر یہ ظاہر کر دیا کہ خدا ایک فضل اور

رحم کرنے والا مہربان خدا ہے۔ اس سے یہ بھی ظاہر ہو گیا کہ خدا گناہ کی عدالت کرتا ہے اور گناہ سے چشم پوشی نہیں کرتا۔ شریعت کی عدولی کی صورت میں اُنہیں قیمت چکانا پڑتی تھی۔ یہ قیمت نئے عہد میں وعدہ کی نسل نے ادا کی۔ بالکل ایسے ہی جیسا کہ خدا نے ابرہام سے وعدہ کرتے ہوئے یسوع مسیح کی طرف اشارہ کیا تھا۔ پس موسیٰ کی معرفت دی جانے والی شریعت نے بھی خداوند یسوع مسیح کی طرف اشارہ کیا اور یسوع مسیح ہی میں اُس کی تکمیل بھی ہوئی۔

19 آیت کے مطابق یہ فرشتوں کے وسیلہ سے نافذ العمل ہوئی۔ ہم اکثر اوقات فرشتوں کے بارے سوچتے بھی نہیں کہ وہ شریعت دئے جانے میں ایک حصہ اور اپنا ایک کردار رکھتے ہیں۔ استثنا 33 باب 2 آیت میں مردِ خدا موسیٰ ہمیں بتاتا ہے کہ

" وہ کوہ فاران سے جلوہ گر ہوا۔ اور لاکھوں قدسیوں میں آیا۔ اُس کے دہنے ہاتھ پر اُن کے لئے آتشی شریعت تھی۔"

موسیٰ کے مطابق، جب کوہ سینا پر شریعت دی گئی تو بے شمار فرشتے اُس وقت وہاں پر موجود تھے۔

جس طرح ستفنّس نے یہودی عدالت کے سامنے اپنا دفاع کرتے ہوئے کہا تھا"تم نے فرشتوں کی معرفت شریعت تو پائی پر عمل نہ کیا۔"(اعمال 7 باب 53 آیت) اس آیت میں ایک واضح مفہوم پایا جاتا ہے، کہ شریعت کے دئے جانے میں فرشتگان بھی شامل تھے۔ اس میں شریعت کی شان اور خدا کے کلام کی عزت اور تکریم میں اضافے کا عنصر پایا جاتا ہے۔ خدا کے مقصد کے لئے شریعت اِس قدر اہم تھی کہ خدا نے نسل در نسل اس شریعت کی محافظت کے لئے اپنے فرشتگان کو مقرر کیا شیطان کو شریعت کی قدرت کا علم تھا کہ یہ خدا کے لوگوں پر اس بات کو منکشف کرتی ہے کہ انہیں ایک نجات دہندہ کی

ضرورت ہے۔ ہم یقینی طور پر کہہ سکتے ہیں کہ شیطان نے اس شریعت کی از حد مخالفت کی۔ اُس نے سر توڑ کوشش کی کہ خدا کے لوگ شریعت اور اُس کے مقصد کو سمجھ نہ پائیں۔

یہ بیان کرنے کے بعد، ہم 22 اور 23 آیت میں دیکھ سکتے ہیں شریعت نے واضح کر دیا کہ ہم پاک اور قدوس خدا سے الگ اور جدا ہیں۔ شریعت نے ہم پر ہماری گناہ آلودہ حالت اور فطرت کو ظاہر کر دیا۔ بالاخر اس شریعت نے ہم پر یہ بھی ظاہر کر دیا کہ ہمیں نجات کی ضرورت ہے جو ہمیں پاک اور قدوس خدا کے رحم اور فضل سے ملے گی۔ موسیٰ کی معرفت ملنے والی شریعت نے خدا کے وعدہ کی تکمیل کے لئے راہ پیدا کر دی۔ (وعدہ شدہ نسل کے وسیلہ سے نجات)

پولس رسول نے 25 آیت گلتیوں کو بتایا کہ خداوند یسوع مسیح پر ایمان لانے سے ایماندار اب شریعت کی سرپرستی میں نہیں رہے۔ بالفاظ دیگر، اب شریعت کی تعمیل کے لئے ہم اپنی صلاحیت اور طاقت پر بھروسہ نہیں کرتے بلکہ اب ہماری اُمید مسیح یسوع اور اس کا وہ صلیبی کام ہے جو اُس نے ہمارے لئے سرانجام دیا ہے۔ اب خدا کے پاک روح کی توفیق ہی سے ہم وہ کچھ بنتے ہیں جو خدا ہمیں بنانا چاہتا ہے نہ کہ ہم اپنی انسانی کاوش اور حکمت سے خدا کی مرضی کے جیسا بننے کی کوشش کرتے ہیں۔ اِس نکتہ سے، 26 آیت میں، پولس رسول نے واضح کر دیا کہ وہ وعدے جو ابرہام سے کئے گئے تھے وہ بالاخر خداوند یسوع مسیح میں پورے ہو گئے۔ اب مسیح یسوع پر ایمان لانے والے ایماندار خدا کے فرزند اور بیٹیاں ٹھہرتی ہیں۔ نہ کہ شریعت کی تابعداری اور فرمانبرداری سے۔ بلکہ خداوند یسوع مسیح اور اُس کے صلیبی کام پر ایمان لانے سے۔

ہم سب خدا کے اس معیار پر پورا اُترنے سے قاصر رہے جو خدا نے شریعت کے وسیلہ سے بیان کیا تھا۔ وہ لوگ جو خداوند یسوع مسیح کے صلیبی کام کو قبول کر لیتے ہیں، وہ مسیح یسوع

کو پہن لیتے ہیں۔ (27 آیت) مسیح کو پہن لینے سے کیا مراد ہے؟ پولس رسول نے یہ کہتے ہوئے اس بات کی وضاحت کی ہے کہ ایماندار مسیح یسوع کی موت کا بپتسمہ لیتے ہیں۔ وہ اُس کے جی اُٹھنے اور اُس کی راستبازی کو اپنے اُوپر لیتے ہیں۔

جب ہم بپتسمہ لیتے ہیں تو پانی ہمیں ڈھانپ لیتا ہے۔ خداوند یسوع مسیح بھی ہمارے لئے ایسا ہی کرتا ہے۔ خداوند یسوع مسیح ہمیں پاک صاف کرتا اور ہمیں اپنی راستبازی عطا کرتا ہے، ایسا کہ ہم اس میں چھپ جاتے ہیں۔ جب خدا باپ ہم پر نگاہ کرتا ہے تو وہ ہمیں خداوند یسوع مسیح کی راستبازی میں چھپا ہوا دیکھتا ہے۔ وہ اپنے بیٹے خداوند یسوع مسیح کے کام کو دیکھتا ہے جسے اس نے ہمارے لئے سرانجام دیا تھا۔ خدا باپ ہماری خامیوں اور ناکامیوں پر نگاہ نہیں کرتا۔ ہمارے سارے گناہ اور ناکامیاں اور خامیاں خداوند یسوع مسیح کی صلیبی موت کے وسیلہ سے معاف کر دی گئی ہیں۔ خواہ ہم کچھ بھی ہوں، ہم مسیح کی راستبازی کو اپنے اُوپر لے سکتے ہیں۔ مسیح کی موت کا بپتسمہ، یہ وعدہ صرف یہودیوں کے لئے نہیں ہے بلکہ غیر اقوام کے لئے بھی ہے۔ غلام ہو یا کوئی آزاد، مرد ہو یا عورت سبھی بلا امتیاز رنگ و نسل ایمان سے خداوند یسوع مسیح کی حضوری کو اپنے اُوپر لے سکتے ہیں۔

خدا کا فرزند بننے کے لئے آپ کو جسمانی طور پر ابرہام کی نسل سے ہونا ضروری نہیں ہے۔ آپ کو کامل طور پر موسیٰ کی معرفت دی جانے والی شریعت کی تعمیل کی بھی ضرورت نہیں ہے۔ اگر آپ خدا کے فرزند بننا چاہتے ہیں تو پھر آپ کو مسیح اور اس کی فراہم کردہ معافی کو پہن لینے کی ضرورت ہے۔ آپ کو اس کی حضوری کی اپنی زندگی میں ضرورت ہے جو آپ کو اور آپ کی ساری ناکامیوں اور خامیوں کو ڈھانپ لے۔ ضرورت ہے کہ آپ اس کے بن جائیں۔ (29 آیت) وہ سب جو مسیح یسوع پر ایمان لاتے ہیں ابرہام کے فرزند اور اس

کے وعدہ کے وارث ٹھہرتے ہوئے خدا کی روحانی برکات میں شامل ہوتے ہیں۔ جو کہ خدا نے اس کی نسل، یعنی خداوند یسوع مسیح سے کیا تھا۔

پولس رسول نے یہودیوں کو یہاں پر اس عہد کی یاد دہانی کرائی جو خدا نے ابرہام سے کیا تھا اور اُنہیں وضاحت سے یہ بھی سمجھایا کہ کس طرح وعدہ کی تکمیل خداوند یسوع مسیح میں ہو چکی ہے۔ اُس نے اُنہیں یاد دلایا کہ موسیٰ کی معرفت دی جانے والی شریعت کا مقصد اُنہیں نجات دہندہ کی ضرورت سے آگاہ کرنا تھا۔ پولس رسول گلتیوں پر یہ واضح اور منکشف کرنے کی کوشش کر رہا تھا کہ مسیح کا حصول عہدِ عتیق کی ہر ایک چیز اور برکت کا حصول ہے جس کا شریعت اور خدا کے وعدوں میں ذکر ہے۔

چند غور طلب باتیں

☆۔ پولس رسول اس شریعت کا کیا مقصد بیان کرتا ہے جو موسیٰ کی معرفت دی گئی تھی؟ کیا آپ کامل طور سے اس معیار کے مطابق زندگی بسر کر سکتے ہیں جو خدا نے موسوی شریعت میں بیان کیا ہے؟

☆۔ کیا آپ نے مسیح کے صلیبی کام سے ملبس ہونے کی حقیقت کا تجربہ کیا ہے؟ ایسا کرنے سے آپ کی زندگی میں کس طرح کے چیلنجز پیدا ہوئے ہیں؟

☆۔ کیا آپ نے اپنی زندگی اور خدمت کو خداوند کے تابع کر دیا ہے؟ یا پھر آپ اپنی ہی طاقت اور سمجھ سے سب کچھ کرنے میں لگے ہوئے ہیں؟ کیا آپ کی زندگی کے کچھ ایسے حصے ہیں جو آپ کو مکمل طور پر خدا کے سپرد کرنے کی ضرورت ہے؟

☆۔ مسیح کس طرح شریعت کی تکمیل ہے؟ کیا مسیح کی طرف رجوع لانے سے ہم شریعت کو ترک کر دیتے ہیں یا پھر اس کی تعمیل پر توجہ نہیں دیتے؟

چند اہم دُعائیہ نکات

☆۔ خداوند کی شکر گزاری کریں کہ اُس نے خداوند یسوع مسیح کے وسیلہ سے آپ کی ناکامیوں اور خامیوں کو دُور کرنے کے لئے ایک اچھا انتظام کر دیا ہے؟

☆۔ کیا آپ کسی ایسے شخص سے واقف ہیں جو اپنی ہی کاوشوں اور نیک اعمال سے خدا کے معیار پر پورا اُترنے کی کوشش میں لگا ہوا ہے؟ خداوند سے دُعا کریں کہ خدا اس شخص پر اس بات کو منکشف کر دے کہ اُس کا طرزِ زندگی اور نیک اعمال خدا کی خوشنودی حاصل کرنے کے لئے غیر مؤثر ہیں۔

☆۔ خداوند کی شکر گزاری کریں کہ وہ شریعت اور عہدوں کی تکمیل کے لئے اس دُنیا میں آیا۔ خداوند کی معافی اور اُس کی قوت اور قدرت کے لئے جو آپ کی زندگی میں ہے، اُس کی شکر گزاری کریں۔

باب 7

بیٹے اور غلام

گلتیوں 4 باب 1 تا 11 آیت

کسی بڑی وراثت کے وارث اور اُس شخص میں کیا فرق ہے جو ابھی وراثت پانے کی عمر تک نہ پہنچا ہو اور غریب غلام میں کیا فرق ہوتا ہے؟ جب موجودہ مالک کی طرف سے وارث کو میراث سونپی جائے گی تو اُس کے پاس واقعی ایک بڑی میراث ہوگی۔ جب کہ غلام کے پاس کوئی میراث نہیں ہوتی جس کا وہ منتظر ہو۔ کئی لحاظ سے، وارث کی موجودہ حالت (جب تک وہ میراث پانے کی عمر تک نہ پہنچے) غلام سے بہتر نہیں ہوتی۔ کیونکہ اُسے اُس دولت کا کچھ فائدہ نہیں ہوتا جس تک اُس کی رسائی نہ ہو۔

عہد جدید کے دور میں، ایک نوجوان مرد اپنے سرپرست کے تابع ہوتا تھا۔ اگرچہ ایک نوجوان بڑے مال و دولت کا مالک ہوتا تھا، اس کا سرپرست اُس کی زندگی پر اختیار رکھتا تھا۔ والد کی طرف سے بتائی گئی مدت تک سرپرست اس دولت کو استعمال کر سکتا تھا جو ایک دن اصل وارث کے سپرد کرنی ہوتی تھی۔ اور یہ جائیداد اور مال و متاع اصل وارث کو اس وقت ہی سونپا جاتا تھا جب وہ عاقل و بالغ ہو کر اپنی ذمہ داریوں سے عہدہ براں ہونے کے قابل ہو جاتا تھا۔

پولس رسول نے اس مثال کو گلتیوں کے لئے ایک اہم سبق واضح کرنے کے لئے استعمال کیا۔ (1 تا 5 آیت) سبھی شریعت کے غلام رہے۔ پولس رسول نے بیان کیا کہ شریعت نے اُنہیں اپنی غلامی میں رکھا۔ (3 باب 22 تا 23 آیت) شریعت کے ماتحت اُنہوں نے

خدا کی خوشنودی حاصل کرنے کی بہت کوشش کی۔ لیکن وہ ایسا کرنے سے قاصر رہے۔ بالاخر وہ خدا کی قربت حاصل نہ کر پائے۔ خدا نے اپنے وقت پر اپنے بیٹے کو اس دُنیا میں بھیجا تا کہ اُنہیں شریعت کی غلامی سے رہائی دے۔ خداوند یسوع مسیح کی صلیبی موت کے وسیلہ سے، خداوند نے اپنے فضل سے معافی اور خدا کے ساتھ تعلقات کی بحالی کو ممکن بنا دیا۔ اب جو مسیح یسوع کو قبول کرتے ہیں، ایمان سے خدا کے ساتھ راستباز ٹھہر کر اُس کے بیٹے اور بیٹیاں بن جاتے ہیں۔ پولس رسول کے مطابق یہی ایک طریقہ تھا جس سے بنی نوع انسان شریعت کی سرپرستی سے آزاد ہو سکتے تھے، اسی طریقہ سے گنہگار انسان خدا کا فرزند ہونے کا شرف حاصل کر سکتا تھا۔

نہ صرف یہ بلکہ پاک روح بھی ہماری زندگی میں خدا کی برکات اور فضائل لاتا ہے۔ کیونکہ اب ہم غلام نہیں رہے، بلکہ خدا کے بیٹے اور بیٹیاں بن چکے ہیں۔ ہم اُن سب چیزوں کے وارث بن چکے ہیں جو خداوند اپنے بیٹے یسوع مسیح کے وسیلہ سے ہمیں عطا کرنا چاہتا ہے۔ روح القدس خدا کی قدرت اور دولت ہمیں عطا کرتا ہے۔ جب پاک روح ہمارے دلوں میں سکونت کرنے کے لئے آتا ہے، تو وہ اپنی نعمت و برکات بھی اپنے ساتھ لاتا ہے۔ وہ اِس لئے ہماری زندگی میں آتا ہے تا کہ ہمیں مسیح یسوع میں الٰہی میراث سے نوازے۔

کیا ہم مسیح یسوع میں اپنی میراث پر یقین رکھتے ہیں کہ اب اُس نے ہمارے دلوں میں روح القدس کی مہر سے اپنے ساتھ ہمارے بحال شدہ رشتے اور تعلق کی تصدیق بھی کر دی ہے؟ ہماری زندگیوں میں پاک روح کی منسٹری کے وسیلہ سے خدا کی قوت اور قدرت اور توفیق ہمیں مل چکی ہے تا کہ ہم اس کے اختیار اور قدرت کو بروئے کار لاتے ہوئے ابلیس کے کاموں کو تباہ کریں۔ خدا کے فرزند یا اُس کی بیٹی ہوتے ہوئے، ہر ایک ایماندار کے پاس خدا کا اختیار ہے جسے وہ استعمال کر سکتا ہے۔

اب ہم غلام ہیں اور نہ ہی بچے تاکہ ہم سرپرست کے تابع رہتے ہوئے اپنی میراث کے منتظر رہیں۔ اب ہمیں اپنی میراث تک رسائی حاصل ہو گئی ہے۔ ہم میں سے کتنے ہیں جنہوں نے مسیح یسوع میں حاصل شدہ برکات اور فضائل سے استفادہ کیا ہے؟ کتنی ہی بار ہم غلاموں یا ایسے بچوں جیسی زندگی بسر کرتے ہیں جو سرپرست کے تابع ہوں باوجود اس حقیقت کے کہ ہم آسمان پر خدا باپ کے پاس اپنی میراث رکھتے ہیں؟ ہم کیوں کر گناہ کو موقع دیں کہ وہ ہمیں شکست خوردہ زندگی بسر کرنے پر مجبور کرے؟ کیونکہ ہم مسیح میں فاتح ہیں۔ (رومیوں 8 باب 37 آیت) ہم کیوں کر شکست خوردہ زندگی بسر کریں جبکہ مسیح کے روح کی ساری قدرت اور اختیار، اس کی برکات اور فضائل ہم میں موجود ہیں؟

8 تا 11 آیت میں، پولس رسول نے گلتیوں کو ڈانٹ پلائی کیونکہ وہ فرزندوں کی طرح نہیں بلکہ غلاموں کی طرح زندگی بسر کر رہے تھے۔ مسیح کے پاس آنے سے قبل، ان کی زندگیاں غلامی کے اصولوں وضوابط اور قواعد کے گرد گھومتی تھیں۔ غلام اور فرزند میں فرق صرف دولت تک رسائی کا ہی نہیں ہوتا بلکہ اہم تعلق ایک رشتے کا بھی ہوتا ہے۔ ایک غلام اپنے مالک سے قواعد وضوابط کے تحت منسلک ہوتا ہے۔ اور بالعموم اسے مالک کے ساتھ گہرے تعلقات اور رشتے کا کوئی تجربہ اور حق حاصل نہیں ہوتا۔ اِس کے برعکس ایک فرزند مختلف طرح کا رشتہ اپنے باپ کے ساتھ رکھتا، اس سے محضوظ بھی ہوتا ہے۔ وہ والد کو "ابّا" کہہ کر پکار بھی سکتا ہے۔ ایک فرزند کو یہ شرف و استحقاق حاصل ہوتا ہے کہ وہ باپ کے ساتھ گہری رفاقت اور قربت اور مقام سے لطف اندوز ہو جبکہ ایک غلام کے لئے ایسا ممکن نہیں ہوتا۔

خدا کے ساتھ آپ کا رشتہ کس نوعیت کا ہے؟ بہت سے لوگ خدا باپ کے ساتھ، گہرا اور با اختیار رشتہ رکھنے کی برکت، فضل، شرف و اسحقاق کے باجود غلاموں جیسا طرزِ زندگی

اپنائے رکھنے کو ہی ترجیح دیتے ہیں۔ ان کا ایمان اصول و ضوابط کے گرد ہی گھومتا ہے۔ وہ کبھی بھی خدا کے ساتھ گہری رفاقت اور محبت میں نشو و نما نہیں کر پاتے۔

مقدس پولس رسول نے لکھا۔ "تم دنوں اور مہینوں اور مقررہ وقتوں اور برسوں کو مانتے ہو۔ مجھے تمہاری بابت ڈر ہے۔ کہیں ایسا نہ ہو کہ جو محنت میں نے تم پر کی ہے۔ بے فائدہ جائے۔" (10 اور 11 آیت)

گلتیوں کو اس بات کا فہم و ادراک ہی نہیں تھا کہ مسیح یسوع میں کیسی، فتح، برکت، فضل اور میراث ان کو مل چکی ہے۔ وہ خدا کے ساتھ ایک زندہ، مضبوط تعلق اور رشتہ کی برکات سے استفادہ اور مسرت حاصل کرنے کی بجائے، بعض اصول و ضوابط کی پیروی کے چکر میں پڑے ہوئے تھے۔ 9 آیت پر غور کریں کہ پولس رسول کہ پولس رسول اصول و ضوابط اور شریعت کے تعلق سے کیا سمجھتا تھا۔

ہم اس بات کو معمولی نہیں سمجھ سکتے۔ یہ بڑے زور آور اور مضبوط الفاظ ہیں۔ بعض دنوں اور مہینوں کو خاص سمجھنا یا اُنہیں منانے میں کوئی حرج نہیں ہے۔ بہت دفعہ ہمارا مقصد اور نیت ایسا کرنے سے خداوند کو عزت اور جلال دینا ہوتا ہے۔ نکتہ یہ ہے کہ ہمیں اصول و ضوابط کی پابندی سے آگے بڑھنا ہے۔ در حقیقت ایسا ایمان جو اصولوں و ضوابط اور قاعدے قوانین کے گرد گھومتا ہے اپنی ذات میں کھوکھلا ایمان ہوتا ہے۔

بطور فرزند، میرے پاس یہ حق ہے کہ میں آسمانی باپ کے ساتھ ایک زبردست اور خوبصورت رشتہ کی برکات اور خوشی سے لطف اُٹھاؤں۔ یہی بات میری توجہ کا مرکز ہونی چاہئے۔ یاد رکھیں ایک رشتے کے بغیر قواعد و ضوابط کبھی بھی ہمارے دل میں موجود خلا کو پُر نہ کر سکیں گے۔ ہمارے اِرد گرد دُنیا کو قواعد و ضوابط سے بڑھ کر آسمانی باپ کے ساتھ رشتے اور تعلق کی ضرورت ہے۔ رشتے کی قربت میں، خوشی، اطمینان اور تسلی ہوتی ہے۔

قواعد و ضوابط اور اصولوں یا قوانین کی پاسداری اپنی ذات میں اچھی چیز ہے۔ لیکن یہ سب کچھ ہماری روحوں کی تشنگی کی تسکین کے لئے ناکافی ہے۔ خدا کے ساتھ شخصی رشتہ ہی ہماری پیاسی روحوں کی تسکین کر سکتا ہے۔

پولس رسول گلتیوں کو یہ تاکید اور تلقین کرتا ہے کہ وہ خداوند یسوع مسیح کے ساتھ اپنے رشتے اور تعلق پر پھر سے غور کریں۔ وہ ایسے بچوں کی طرح زندگی بسر کرتے تھے جنہیں اپنی میراث تک کوئی رسائی حاصل نہ تھی۔ وہ مسیح میں روحانی برکات کی دولت سے لطف اندوز نہیں ہو رہے تھے۔ وہ خداباپ کے ساتھ اپنے رشتے سے محضوظ نہیں ہو رہے تھے۔ بلکہ غلاموں جیسا طرزِ زندگی اور طرزِ فکر اپنائے ہوئے تھے۔ اُنہوں نے اپنے ایمان کو قواعد و ضوابط تک محدود کر لیا تھا۔ جبکہ خداباپ کی یہ مرضی تھی کہ وہ اُس کے بیٹے اور بیٹیاں ہوتے ہوئے اس کے ساتھ گہری قربت اور رفاقت کا رشتہ قائم کریں۔

خدا کے کلام کا حصہ ہمیں بھی خدا کے ساتھ اپنے رشتے پر غور و خوص کرنے کے لئے ابھارتا ہے۔ آپ کس طرح اور کس حد تک مسیح پر ایمان رکھتے ہیں؟ کیا آپ بھی اصولوں و قواعد کی پاسداری اور تعمیل کے چکر میں پڑے ہوئے ہیں یا پھر خداباپ کے ساتھ اپنے گہرے رشتے کی بنا پر اُس کی گہری قربت اور برکات میں شادمان اور فتح مند زندگی بسر کر رہے ہیں؟

چند غور طلب باتیں

☆ فرزند، یا بیٹی اور غلام میں کیا فرق ہوتا ہے؟ آپ کا طرزِ زندگی کیسا ہے؟ وضاحت کریں۔

☆ ہماری روحانی میراث سے ہمیں کیا شرف و استحقاق حاصل ہوتے ہیں؟ کیا آپ شخصی طور پر ان برکات سے استفادہ کر رہے ہیں؟

☆ مسیحی زندگی میں قواعد و ضوابط اور اصولوں کا کیا مقام ہے؟

☆ کیا آپ کی ملاقات کبھی کسی ایسے شخص سے ہوئی ہے جس کا ایمان محض اصول و ضوابط اور قواعد پر ہی مشتمل ہے؟ آپ مسیحیت کے تعلق سے اُنہیں کیسے سمجھائیں گے؟

چند اہم دُعائیہ نکات

☆۔ خداوند سے دُعا کریں اور توفیق مانگیں تاکہ آپ اس بات کو سمجھ سکیں کہ بطور بیٹے یا بیٹی زندگی بسر کرنے کا کیا معنی اور مفہوم ہے۔

☆۔ خداوند کی شکر گزاری کریں، اگرچہ وہ ہم سے تابعداری کی زندگی بسر کرنے کی توقع کرتا ہے، تاہم آپ کا خدا کے ساتھ رشتہ آپ کے اعمال و افعال سے کہیں گہرا ہے۔

☆۔ خداوند کی شکر گزاری اُس کے ساتھ رشتے اور تعلق کی اس گہرائی کے لئے کریں جو وہ ہم سے رکھنا چاہتا ہے۔ خداوند سے ایسے وقتوں کے لئے بھی معافی مانگیں جب آپ اس طور سے اس رشتہ میں منسلک نہ ہو سکے جس طرح سے آپ کو ہونا چاہئے تھا۔

☆۔ خداوند سے توفیق چاہیں کہ آپ اُن وسائل اور برکات سے استفادہ کر سکیں جو مسیح یسوع میں آپ کو حاصل ہیں۔ خداوند کی شکر گزاری کریں کہ اس نے آپ کی ضروریات کے لئے سب کچھ کثرت سے فراہم کر دیا ہے۔

باب 8

حاجرہ اور سارہ

گلتیوں 4 باب 12 تا 31 آیت

پولس رسول نے 2 کرنتھیوں 3 باب 14 تا 16 آیت میں لکھا۔
"لیکن اُن کے خیالات کثیف ہوگئے کیونکہ آج تک پُرانے عہد نامہ کو پڑھتے وقت اُن کے دِلوں پر وہی پردہ پڑا رہتا ہے اور وہ مسیح میں اُٹھ جاتا ہے۔ مگر آج تک جب کبھی موسیٰ کی کتاب پڑھی جاتی ہے تو اُن کے دِل پر پردہ پڑا رہتا ہے۔ لیکن جب کبھی اُن کا دِل خُداوند کی طرف پھرے گا تو وہ پردہ اُٹھ جائے گا۔"
پولس رسول کرنتھس کی کلیسیا کو بتا رہا تھا کہ ایک پردہ ہے جو ان سب کو ڈھانپے رکھتا ہے جو خود کو موسیٰ کی شریعت کے ماتحت رکھتے ہیں۔ یہ پردہ تاریکی اور بوجھ کے سوا کچھ پیدا نہیں کرتا۔ ایسے لوگوں کی نشاندہی مشکل کام نہیں جو شریعت کی ماتحتی میں زندگی بسر کرتے ہیں۔ وہ کبھی بھی خدا کے معیار پر پورا اُترتے ہوئے دکھائی نہیں دیتے۔ بلکہ وہ ہر وقت ایک جدوجہد اور کشمش کا شکار ہی رہتے ہیں۔ یوں لگتا ہے کہ شریعت کی تعمیل اور پاسداری نے اُنہیں حقیقی خوشی اور خدا کے آرام سے محروم کر دیا ہے۔ صرف اور صرف مسیح یسوع اور اُس کے سر انجام دئے گئے کام ہی کے وسیلہ سے ہم خدا کے آرام اور اس کے اطمینان کو اپنی زندگی میں لے سکتے ہیں۔
خط کے اِس حصہ میں پولس رسول گلتیوں کو اُن کے ساتھ اپنی پہلی ملاقات یاد کراتا ہے، 13 آیت کے مطابق، بیماری کے باعث پولس رسول نے گلتیوں کو انجیل کا پیغام سنایا

تھا۔ ہمیں اس بیماری کی تفصیل کا علم نہیں ہے۔ اس عرصہ کے دوران پولس رسول کا رشتہ اُن سے ایسے مضبوط ہو گیا تھا، گویا کہ وہ اُن کے خاندان کا ہی ایک فرد ہے۔ (12 آیت) یوں لگتا ہے کہ پولس رسول بیماری کی وجہ سے اور بھی زیادہ گلتیوں کے دل کے قریب ہو گیا تھا۔ 14 آیت میں، وہ انہیں یاد کراتا ہے کہ کس طرح اُنہوں نے اُسے خدا کے فرشتہ کی مانند قبول کر لیا تھا۔ پولس رسول کی بیماری کی وجہ سے اُنہوں نے اُس کے لئے کسی نفرت کا اظہار نہیں کیا تھا۔ اگر پولس رسول کو اس سے فائدہ ہو سکتا تو وہ اُسے اپنی آنکھیں بھی نکال کر دینے کے لئے تیار تھے۔ (15 آیت)

جب پولس رسول اُن کے ساتھ تھا، تو اُس نے اُنہیں مسیح یسوع کے وسیلہ سے شریعت سے آزادی اور رہائی کا پیغام سنایا تھا۔ اس وقت اُن کی آنکھوں سے پردہ اُٹھ گیا تھا۔ گلتیوں نے خداوند کی شادمانی اور رہائی کا تجربہ کیا تھا۔ جب پولس رسول گلتیوں کے ساتھ اپنے گزرے وقت کو یاد کرتا ہے تو کئی ایک سنہری یادیں اُس کے ذہن میں تازہ ہوتی ہیں۔ بیماری کے باوجود پولس رسول بابرکت شخصیت کا مالک تھا۔ گلتیوں نے اسے بخوشی اور رضا قبول کر لیا تھا۔ اُنہوں نے انجیل کے پیغام کے لئے اپنے دلوں کو کھولا تھا۔ وہ خداوند کی شادمانی اور شریعت سے آزادی اور مخلصی کے لئے پرانے طرزِ زندگی سے رہائی پا گئے تھے۔

وقت گزرنے کے ساتھ، جھوٹے اُستاد گلتیہ کے علاقہ میں پہنچے اور گلتیوں کے دلوں کو واپس شریعت کی طرف مائل اور قائل کر دیا۔ اس کا کیا نتیجہ نکلا؟ 15 آیت میں پولس رسول نے پوچھا "پس تُمہارا وہ خُوشی منانا کہاں گیا؟ میں تُمہارا گواہوں کہ اگر ہو سکتا تُو تم اپنی آنکھیں بھی نکال کر مُجھے دے دیتے۔" ہو سکتا ہے کہ شریعت کی طرف واپس لوٹنے سے خداوند کی شادمانی ان کے دلوں سے جاتی رہی ہو۔ یہ بھی ممکن ہے کہ وہ پولس رسول

کے لئے اب اچھے جذبات اور خیال نہ رکھتے ہوں۔(16 آیت) وہ اس سچائی سے منحرف ہو گئے تھے جس کی پولس رسول نے اُن کے ہاں منادی کی تھی۔ وہ اب پھر سے اسی پردہ کو اپنی آنکھوں پر لے چکے تھے جو پولس رسول کی منادی سے اُن کی آنکھوں پر سے اُٹھ گیا تھا۔ اَب اُنہوں نے اپنے ایمان کو قانون وضوابط، شریعت اور اُس کے اصولوں تک محدود کر لیا تھا۔ اب مسیح یسوع کے مکمل شدہ کام پر اُن کا توکل اور بھروسہ نہیں رہا تھا۔ اب وہ اپنے نیک اعمال سے خدا کی نظرِ عنائت اور مہربانی حاصل کرنے کی کوشش میں لگے ہوئے تھے۔

پولس رسول نے گلتیوں کو جھوٹے اُستادوں کے تعلق سے آگاہ کیا جو بڑے پُرجوش اور سرگرم دکھائی دیتے تھے لیکن وہ غلط تعلیم پھیلا رہے تھے۔ ان کا مقصد یہی تھا کہ گلتیوں کو پولس اور دیگر رسولوں کی واضح، کھّری اور سچی تعلیم سے الگ کر دیں۔ وہ یہ بھی چاہتے تھے کہ وہ اُن کے پیروکار بن جائیں۔ (17 آیت) پولس رسول نے گلتیوں کو اس بات کے لئے اُبھارا کہ وہ اس سچائی کے لئے سرگرم اور مُستعد ہوں جس کی اُس نے اُنہیں تعلیم دی تھی اور اُس کی غیر موجودگی میں وہ اس سے پیچھے نہ ہٹیں۔(18 آیت)

پولس رسول گلتیوں کو اپنے عزیز روحانی بچوں کی طرح دیکھتا تھا(19 آیت)۔ وہ اُنہیں مسیح یسوع کے پاس لایا تھا۔ اس نے دُکھ جھیل کر اور مشکلات اُٹھا کر انہیں انجیل کا پیغام سنایا تھا۔ ہم پہلے ہی یہ دیکھ چکے ہیں کہ وہ بیماری کی حالت میں اُن کے پاس آیا تھا۔ مزید براں یہ کہ پولس رسول نے ان کے درمیان منادی کرنے کے لئے بھی بہت سے دُکھ جھیلے تھے۔ وہ اپنے دُکھوں کو عورت کے اُن دردوں کی مانند قرار دیتا ہے جو اُسے زچگی کی حالت میں لگتے ہیں۔ ان دُکھوں اور مسائل کی وجہ سے گلتیوں کے دل میں اور بھی کشادگی پیدا ہو گئی تھی۔ اب گلتیوں اس کے بچوں کی طرح تھے اور اُس نے انہیں روحانی پختگی اور

بلوغت کے مقام پر دیکھنے کے لئے بھی بہت سی تکلیفیں اُٹھائیں تھیں۔ پولس رسول کو یہ جان کر بہت پریشانی ہوئی کہ جھوٹے اُستادوں کی وجہ سے اُن کی وہ آزادی جو مسیح یسوع میں حاصل ہوئی تھی ختم ہو گئی ہے۔ 20 آیت میں، اُس نے گلتیوں کو بتایا کہ کاش وہ اُن کے درمیان ہوتا تو وہ انہیں سچائی کی راہ پر واپس پھیر لاتا!

پولس رسول نے اُنہیں شریعت کے ماتحت اور فضل کے ماتحت ہونے کے فرق کو واضح کرنے کے لئے پرانے عہد نامہ سے ایک واقعہ بیان کیا حاجرہ کے بیٹے کا سارہ کے بیٹے سے موازنہ کیا۔(پیدائش 16 باب 1 تا16 آیت اور پھر پیدائش 21 باب 1 تا7 آیت کا مطالعہ کریں)اُس نے گلتیوں کو یاد دلایا کہ کس طرح ابرہام کے دو بیٹے تھے، اسماعیل اور اضحاق۔ اور گلتیوں اب خود کو اس بیٹے سے منسوب کر رہے تھے جو اصل وارث نہیں تھا۔ اسماعیل کی والدہ ایک غلام عورت تھی جس کا نام حاجرہ تھا۔ اور وہ فطرتی اور جسمانی لحاظ سے اُس کے ہاں پیدا ہوا تھا۔ جو کہ انسانی کاوّش کی ایک مثال ہے۔ اضحاق غیر فطرتی اور معجزانہ طور پر پید ہوا جو کہ خدا پر توکل اور بھروسے کی علامت اور مثال ہے۔ یہ ابرہام پر ایمان رکھنے کے باعث خدا کی طرف سے فضل ہوا تھا۔ اضحاق وعدہ کے نتیجہ میں پیدا ہوا تھا اور یہ خدا کی برکت اور معجزہ تھا کہ ایک بزرگ اور بانجھ عورت نے اُسے جنم دیا تھا۔ اضحاق فضل کا ایک خاص فرزند تھا۔(22 تا23 آیت)

پولس رسول نے دو مختلف عہدوں کو بیان کرنے کے لئے حاجرہ اور سارہ کی مثال استعمال کی۔(24 آیت) حاجرہ جس کا بچہ قدرتی وسیلہ سے پیدا ہوا تھا، کوہ سینا کو بیان کرتا ہے جہاں پر موسیٰ کو شریعت دی گئی تھی۔ حاجرہ انسانی کاوّشوں کی علامت ہے جو خدا کی خوشنودی حاصل کرنے کے لئے کی جاتی ہیں۔(25 آیت، 3 باب 23 آیت) اس کے برعکس سارہ جس کا بچہ مافوق الفطرت طریقہ سے اُس وقت پیدا ہوا جب وہ حاملہ ہونے کی

عمر سے آگے بڑھ چکی تھی۔ سارہ ایسے لوگوں کی علامت ہے جو مسیح یسوع کے وسیلہ فضل سے نئی پیدائش کا معجزہ حاصل کرتے ہیں۔ سارہ ان لوگوں کو پیش کرتی ہے جو نئی پیدائش کے معجزہ سے نئی زندگی حاصل کرتے ہیں۔ یہ سارہ اور اُس کے فرزند کے وسیلہ ہی سے خدا کا ابرہام کے ساتھ وعدہ پورا ہوا تھا۔ ابرہام کی میراث غلام عورت کے بیٹے کو نہیں ملنی تھی جو قدرتی طور پر حاجرہ کے ہاں پیدا ہوا تھا۔ بلکہ یہ میراث وعدہ کے فرزند کو ملنی تھی جو معجزانہ طور پر خدا کے فضل اور مہربانی سے سارہ کے ہاں پیدا ہوا تھا۔ اسی طرح سے، خدا کی یہی خواہش ہے کہ وہ لوگ جو شریعت کے ماتحت زندگی بسر کرتے ہیں، انسانی کاوشوں سے اس کی خوشنودی حاصل کرنے والوں سے اپنے مقصد کو پایہ تکمیل تک نہ پہنچائے۔ بلکہ اُن لوگوں کے وسیلہ سے ہی اُس کا ارادہ اور مقصد پورا ہو جو معجزانہ طور پر نئی پیدائش حاصل کرتے اور نئی زندگی میں چلتے ہیں۔

پولس رسول نے یسعیاہ 54 باب کی 1 آیت سے حوالہ دیا ہے، جہاں پر یسعیاہ نے اپنے لوگوں کو یاد دلایا کہ بانجھ عورت کی برکت اُس عورت سے زیادہ ہو گی جو شوہر والی ہے۔

(27 آیت) پولس رسول نے گلتیوں کو یاد دہانی کرائی کہ وہ سارہ کے فرزند یعنی وعدہ کے فرزند ہیں۔ ان میں مسیح یسوع کی زندگی انسانی کاوش کا نتیجہ نہیں تھی۔ یہ خدا کی طرف سے معجزانہ طور پر ایک بخشش اور انعام تھا۔ بالکل ایسے ہی جس طرح خدا نے اضحاق سارہ کو اس وقت دیا جب وہ بچہ پیدا کرنے کی صلاحیت نہیں رکھتی تھی۔

خداوند یسوع مسیح نے بھی ہمارے لئے ایسا ہی کام سرانجام دیا ہے جو ہم اپنے طور پر کرنے کے قابل نہ تھے۔ وہ زمین پر آگیا تا کہ اپنی مافوق الفطرت قدرت سے ہمیں نیا بنا کر اپنی زندگی ہم میں انڈیل دے۔ سارہ کی طرح ہم فطرتی اعتبار سے اس قابل نہ تھے کہ اس زندگی کو پیدا کر سکتے جو مسیح نے ہم میں پیدا کی ہے۔ یہ تو ایمان کے سبب سے خدا کی طرف

سے ایک بخشش اور انعام ہے۔

جس طرح اسماعیل اضحاق کا تمسخر اُڑاتا اور اسے ستایا کرتا تھا، ہم نئی پیدائش پانے والوں کے ساتھ بھی ایسے ہی ہو گا۔(29 آیت)

پولس رسول کو اس وقت ایذاہ رسانی کا سامنا کرنا پڑا جب اس نے شریعت سے ہٹ کر ایک ایسی نجات کی تعلیم دی جو مسیح یسوع پر ایمان لانے سے ملتی ہے۔ اس نے گلتیوں کو یاد دہانی کرائی کہ خدا کا کلام دوٹوک الفاظ میں بیان کرتا ہے کہ غلام عورت کا بیٹا، اسماعیل آزاد عورت کے بیٹے کے ساتھ ہم میراث نہ ہو گا۔ یہاں پر جو کچھ بیان کیا جارہا ہے، اُسے سمجھنا بہت اہم ہے۔ جو لوگ شریعت کے ماتحت زندگی بسر کرتے ہیں، مسیح یسوع میں میراث کے وارث نہ ہوں گے۔ اگر آپ آسمانی باپ کی برکات سے لطف اندوز ہونا چاہتے ہیں، تو پھر آپ کو خدا باپ کے فرزند کے طور پر پیدا ہونا ہو گا۔ پولس رسول ہمیں یہ بتارہا ہے کہ وہ لوگ جو معجزانہ طور پر روح القدس کی قدرت سے نئے طور پر پیدا ہو جاتے ہیں، وہ اپنے آسمانی باپ کی نعمتوں اور برکات کے وارث ہو سکتے ہیں۔ کوئی غلام بیٹے کی برکات کا حصہ دار نہیں بنے گا۔ اس سے گلتیوں کو یہ علم ہو گیا کہ وہ کس طرح حاجرہ سے منسلک ہیں۔ اُنہیں علم ہو گیا کہ شریعت سے انہیں کچھ فائدہ نہیں ہونے والا۔ پولس رسول نے اُن پر واضح کر دیا کہ وہ خدا کی مرضی اور ارادے کے بالکل متضاد زندگی بسر کر رہے ہیں۔

آج آپ کس کے فرزند ہیں؟ کیا آپ حاجرہ کے بیٹے یا بیٹی ہیں جو انسانی کاوشوں سے خدا کی خوشنودی کے لئے کوشاں ہیں؟ یا پھر آپ سارہ کے فرزند یا بیٹی ہیں جو معجزانہ طور پر نئی پیدائش پاکر خدا کے فرزند بن چکے ہیں؟اور خدا کے فضل سے اُن سب برکات میں شریک ہو رہے ہیں جو فضل سے اُن سب کے لئے دستیاب ہیں جو خدا کے گھرانے میں پیدا ہو چکے ہیں۔

چند غور طلب باتیں

☆۔ کس طرح شریعت کی ماتحتی میں زندگی بسر کرنے والے اپنی زندگی سے خداوند کی شادمانی اور خوشی کو کھو دیتے ہیں؟ کیا ہم کبھی اس قابل ہو سکتے ہیں کہ اس معیار پر پورا اُتر سکیں جو خدا نے ہمارے لئے شریعت میں قائم کیا تھا؟

☆۔ کیا ممکن ہے کہ اضحاق کی طرح وعدہ کا فرزند ہوتے ہوئے اسماعیل جیسی زندگی بسر کی جائے جو کہ غلام کا فرزند تھا؟ شریعت کی ماتحتی میں زندگی بسر کرنے والے شخص کی کیا خصوصیات ہوتی ہیں؟

☆۔ کس طرح اضحاق کی معجزانہ پیدائش کو اُن لوگوں سے تشبیہ دی جاسکتی ہے جو آج اپنی زندگیوں میں خداوند یسوع مسیح کو قبول کرتے ہیں؟

☆۔ کیا آپ اپنی کاوشوں کے تحت خدا کی خوشنودی حاصل کرنے کے لئے کوشاں ہیں اور خدا کے معیار تک پہنچنے کی جدوجہد کر رہے ہیں؟

☆۔ اس طرزِ فکر اور روّیہ کے ساتھ کہ آپ پہلے ہی قبول کئے جاچکے ہیں، خدمت کرنے اور خدا کی نظر میں مقبولیت اور قبولیت حاصل کرنے کی غرض سے اُس کی خدمت اور عبادت کرنے میں کیا فرق پایا جاتا ہے؟

چند اہم دُعائیہ نکات

☆۔خداوند سے دُعا کرتے ہوئے فضل اور توفیق چاہیں تاکہ آپ وعدہ کے فرزند جیسا طرزِ زندگی اپنا سکیں۔

☆۔خداوند کی شکرگزاری کریں کہ آپ اِس بنا پر قبول کئے جاچکے ہیں کیونکہ آپ اُس کے فرزند کے طور پر پیدا ہوچکے ہیں نہ کہ آپ اپنی کاوّشوں سے اُس کے معیار تک پہنچنے کی کوشش کررہے ہیں۔

☆۔خداوند کی شکرگزاری اس قبولیت کے لئے کریں جو مسیح یسوع کے وسیلہ سے ملتی ہے، جس میں آپ کوکسی بھی طرح کی کوئی کاوّش نہیں کرنا پڑتی۔

☆۔کیا آپ ایسے لوگوں سے واقف ہیں جو اپنی زندگی میں مسیح کی ضرورت بالکل بھی محسوس نہیں کرتے؟ خداوند سے دُعا کریں کہ خداوند انہیں اپنی ذات کا مکاشفہ عطا فرمائے۔

باب 9

ختنہ کی منادی

گلتیوں 5 باب 1 تا 15 آیت

4 باب میں پولس رسول نے گلتیوں کو بتایا کہ وہ سارہ کے بچے ہیں جو کہ ایک آزاد عورت ہے۔ اس لئے اُنہیں اس آزادی میں زندگی بسر کرنے کی ضرورت ہے جو اُنہیں مسیح یسوع میں حاصل ہے۔ بطور خدا کے بیٹے اور بیٹیاں انہیں اپنی میراث کا دعویٰ اور مسیح میں مکمل طور پر قبول اور مقبول شدہ لوگوں کی طرح شریعت کی غلامی سے آزاد ہو کر زندگی بسر کرنے کی ضرورت ہے۔ 5 باب کی پہلی آیت میں، پولس رسول پھر سے گلتیوں کو بتاتا ہے کہ خداوند نے اُنہیں شریعت سے آزاد کر دیا ہے۔ اب یہ اُس کی مرضی نہیں ہے کہ وہ موسوی شریعت کی غلامی میں زندگی بسر کریں۔ اُن کی آزادی کے لئے مسیح کو اپنی زندگی کی قیمت ادا کرنی پڑی۔ جب اُنہیں اتنی بڑی قیمت دے کر چھڑایا گیا تھا تو پھر وہ کس طرح دوبارہ اِس جوئے اور بندھن میں پھنس سکتے تھے؟

پولس رسول 1 آیت میں بڑا زور دار نکتہ پیش کرتا ہے "مسیح نے ہمیں آزاد رہنے کے لئے آزاد کیا ہے پس قائم رہو اور دوبارہ غلامی کے جوئے میں نہ جتو۔"

پولس رسول نے روحانی جنگ کے موضوع پر بات کرتے ہوئے افسیوں 6 باب 14 آیت میں بھی اِس طرح کا جُملہ استعمال کیا ہے۔

"پس سچائی سے اپنی کمر کس کر اور راستبازی کا بکتر لگا کر۔"

ثابت قدم رہنے کی مثال ایک سپاہی سے واضح کی جاسکتی ہے جو دشمن کو اپنی جگہ دینے سے

انکار کرتا ہے۔ پولس رسول نے دوبارہ سے شریعت کی غلامی میں جانے کے تعلق سے بہت زیادہ محسوس کیا۔ پولس رسول کے نزدیک شریعت کے لئے ایک ایماندار کی زندگی میں اب کوئی جگہ باقی نہیں بچی تھی۔ وہ گلتیوں کو تاکید اور تلقین کرتا ہے کہ وہ جھوٹی تعلیمات کاڈٹ کر مقابلہ کریں۔ جو اُن کے درمیان آچکی ہے۔

پولس رسول اپنے خط کے اس حصہ میں ختنہ کے عمل پر توجہ مرکوز کرتا ہے۔ جب پولس رسول ختنہ کی بات کرتا ہے، تو وہ اس نشان کی بات کرتا ہے جو خدا نے ابرہام سے عہد باندھتے وقت اسے دیا تھا۔ (پیدائش 17 باب 9 تا14 آیت) یہ نشان خدا کی طرف سے ملا تھا۔ ہر وہ شخص جس کے بدن میں یہ نشان نہیں ہوتا تھا وہ خدا کے لوگوں میں سے کاٹ ڈالا جاتا تھا۔ کوئی بھی نامختونی شخص خدا کے لوگوں سے تعلق واسطہ نہیں رکھ سکتا تھا۔

لیکن مسیح یسوع میں سب کچھ بدل گیا۔ پولس رسول کے مطابق 2 آیت میں، اگر کوئی شخص خدا کے حضور مقبول اور قبول ٹھہرنے کی غرض سے ختنہ کراتا ہے، تو گویا وہ یہ کہہ رہا ہے کہ مسیح یسوع کی موت سے کچھ فائدہ نہیں ہے۔ اگر والدین اس ایمان سے بچے کا ختنہ کراتے ہیں کہ ایسا کرنے سے اسے خدا کے گھرانے میں ایک مقام حاصل ہو گا تو وہ مسیح کے کام کی تردید اور بے قدری کرتے ہیں۔

اگر ختنہ یا کوئی اور انسانی کاوش کسی شخص کو آسمان پر لے جا سکتی ہے، تو پھر مسیح کس لئے موا؟ مسیح کی قربانی کسی بھی ایسے شخص کو فائدہ نہیں دے سکتی جو نجات پانے کے لئے کسی رسم ورواج پر عمل پیرا ہوتا ہے۔ 3 آیت میں پولس رسول نے گلتیوں کو یاد دلایا کہ اگر وہ شریعت کی تعمیل کرتے ہوئے خدا کے حضور مقبول ٹھہرنا چاہتے ہیں، تو پھر اُنہیں موسیٰ کی معرفت ملنے والی شریعت کی مکمل طور پر پابندی کرنا ہو گی۔ اگر وہ کامل طور پر پوری شریعت پر کاربند اور پابند نہ ہو سکے تو اُنہیں کچھ فائدہ نہ ہو گا۔ وہ پھر گنہگار کے گنہگار ہی رہ

جائیں گے۔ وہ خدا سے جُدا رہیں گے۔

کیونکہ وہ گناہ کی حالت میں انسان کو قبول نہیں کرسکتا۔ شریعت کے عہد کی طرف لوٹنا دراصل یہ کہنے کے مترادف تھا کہ اُنہیں مسیح اور اس کے فضل کی ضرورت نہیں ہے۔ اور یہ کہ وہ اپنے طور سے بھی خدا کی مہربانی اور عنائت حاصل کرسکتے ہیں۔

پولس رسول نے گلتیوں کو بتایا کہ اُنہیں چناؤ کرنے کی ضرورت ہے کہ آیا وہ شریعت کے طریقہ کار پر بھروسہ کرتے ہیں اور زندگی بھر اُس کی مکمل تابعداری کرتے ہیں یا پھر وہ مسیح کے مکمل شدہ کام پر اپنی نجات کے لئے انحصار کرتے ہیں۔ ایسا ممکن نہیں کہ ہم ایک ہی وقت میں دو کشتیوں میں پاؤں رکھیں اور اپنی منزل پر پہنچ جائیں۔ ہمیں ایک کشتی کا چناؤ کرنا ہوگا۔ پولس رسول نے گلتیوں کو یاد دہانی کرائی کہ شریعت کی کشتی بالآخر اُنہیں ناکامی اور نجات بخش فضل سے دُور لے جائے گی۔ (4 آیت)

پولس رسول کے مطابق، شریعت اور انسانی کاوشوں کا متبادل ایمان سے اُس راستبازی کو قبول کرنا ہے جو مسیح کی طرف سے ہمارے لئے دستیاب ہوگئی ہے۔ (5 آیت) اس سے پولس رسول کا کیا مطلب ہے؟ یہاں پولس رسول جس راستبازی کی بات کر رہا ہے، وہ خدا کے حضوری میں راستباز اور پاک ٹھہرنا ہے۔ پولس رسول نے گلتیوں کو بتایا کہ موسیٰ کی شریعت انہیں خدا کے حضوری راستباز نہ ٹھہرا سکی اور نہ اُس میں ایسا کرنے کی صلاحیت تھی۔ اُس نے اُنہیں 6 آیت میں بتایا۔ " نہ ختنہ نہ نامختونی کچھ چیز ہے"

اب اس بات سے کچھ فرق نہیں پڑتا تھا کہ وہ مختون ہیں یا پھر نامختون۔ اصل بات " ایمان ہے جو محبت کی راہ سے اثر کرتا ہے۔" یہاں پر پولس رسول کس ایمان کی بات کر رہا ہے؟ ایمان کا مرکز و محوّر خداوند یسوع مسیح کا وہ کام ہے جو اُس نے اُن کی نجات کے لئے صلیب پر سر انجام دیا ہے۔ اپنی کاوشوں پر بھروسہ اور انحصار کرنے کی بجائے ہم خداوند یسوع

کے اس کام پر انحصار کرتے ہیں جو اس نے ہمارے لئے سر انجام دیا ہے۔ اسی سے ہم خدا کے حضور راستباز ٹھہرتے ہیں نہ کہ اپنے اعمال اور افعال سے۔

شائد بعض لوگ یہ کہیں کہ ایسا ایمان تو ایمانداروں کی کچھ اس طرح سے حوصلہ افزائی کرے گا کہ وہ ہاتھ پر ہاتھ رکھ کر بیٹھے رہیں اور خود سے کچھ بھی نہ کریں۔ اگر ہمارا بھروسہ اور توکل اُس کام پر ہے جو خداوند ہمارے نجات دہندہ نے ہمارے لئے سر انجام دیا ہے تو پھر ہم تابعداری کی زندگی بسر کرنے یا مسیح یسوع کے لئے زندہ رہنے کی فکر کیوں کریں؟ غور کریں کہ پولس رسول ہمیں یہ بتاتا ہے کہ نجات بخش ایمان کا اظہارِ محبت سے ہوتا ہے۔ یہ بہت اہم بیان ہے۔ جب ایمان کا اظہار محبت سے ہو گا، تو یہ مستعد، قابلِ عمل اور تابع فرمانی کا باعث ہو گا۔ ایمان جس کا اظہار محبت کی راہ سے ہوتا ہے، ایسا ایمان مسیح کے اس کام کو قدر کی نگاہ سے دیکھتا ہے جو اس نے ہماری نجات اور مخلصی کے لئے سر انجام دیا ہے۔، ایسا ایمان مسیح کے لئے ہر طرح کی قربانی دینے سے گریز نہیں کرے گا۔ پولس رسول یہ چاہتا تھا کہ گلتیوں مسیح کی محبت سے سرشار، مسیح کی نجات میں مگن وفاداری سے خداوند کی خدمت میں لگے رہیں نہ کہ خدا کی نظر میں اپنی کاوشوں سے مقبول ٹھہرنے کے لئے تگ ودَو کرتے رہیں۔

گلتیوں نے ایمان کی اس شاہراہ پر اپنا سفر شروع کیا تھا جس کا اظہار محبت کی راہ سے ہوتا ہے۔ انہوں نے اپنی گناہ اور بغاوت آلودہ زندگی میں خدا کی پُر فضل قبولیت کا تجربہ بھی کیا تھا۔ وہ اچھی طرح دَوڑ رہے تھے۔ لیکن پھر کسی نے رکاوٹ پیدا کر دی اور اُنہیں کسی اور غلط راہ پر ڈال دیا(7 آیت) پولس رسول نے اُنہیں یاد دہانی کرائی کہ " تھوڑا سا خمیر سارے گندھے ہوئے آٹے کو خمیر کر دیتا ہے۔"(8 آیت) ایسے لوگ جو انہیں شریعت کی تابع داری میں زندگی بسر کرنے سے خدا کے حضور مقبول ٹھہرنے کی تعلیم دیتے ہیں، وہ

خدا کے دشمن ہیں۔ گوندھے ہوئے آٹے میں خمیر کی طرح وہ اپنی گمراہی سے پوری کلیسیا پر اثر انداز ہو سکتے ہیں۔ ایک کے بعد دوسرا شخص اس ایمان کی سچائی سے گمراہ ہو رہا تھا جو محبت کی راہ سے اَثر کرتا ہے۔

10 آیت کے مطابق، وہ لوگ جو گلتیوں کو گمراہ کر رہے تھے اُنہیں اپنی بد اعمالیوں کی بھاری قیمت چکانی تھی۔ یہ درست تعلیم سے محض اختلاف رائے نہیں تھا۔ دراصل وہ مسیح کی صلیب کی اہمیت کو بے قدر کر رہے تھے۔ وہ شیطان کے ہاتھوں میں ایک آلہ کار بنے ہوئے تھے تاکہ لوگوں کی توجہ مسیح کے کفارہ اور نجات بخش کام سے ہٹادیں۔ وہ مجرمانہ کام کر رہے تھے اور اُنہیں اس بدی کا خمیازہ بھی بھگتنا تھا۔

پولس رسول نے 12 آیت میں اُن جھوٹے اُستادوں کے تعلق سے اپنے سخت جذبات کا اظہار بھی کیا ہے۔ "کاش کے تُمہارے بے قرار کرنے والے اپنا تعلق قطع کر لیتے" وہ خدا کے گلہ میں اضطراب اور پریشانی پیدا کر رہے تھے۔ وہ خدا کے لوگوں کے درمیان ذہنی اُلجھن اور تعلیمی گمراہی پھیلا رہے تھے وہ خداوند یسوع مسیح کے سرانجام دئے گئے کام کو بے قدر کرنے کی کوشش میں لگے ہوئے تھے۔ اُنہیں اِس لئے بھی برداشت نہیں کیا جاسکتا تھا کیونکہ مسیح کے بدن میں گویا زہر پھیلا رہے تھے۔ خدا نے اُن کی سخت عدالت کرنی تھی۔

کہیں گلتیوں پولس رسول کی بات کو غلط طور پر نہ سمجھ لیں، پولس رسول اُنہیں اِس حصہ کی اختتامی آیات میں یاد دہانی کراتا ہے۔ "اَے بھائیو! تم آزادی کے لئے بلائے تو گئے ہو مگر ایسا نہ ہو کہ وہ آزادی جسمانی باتوں کا موقع بنے۔، آزادی کا یہ مطلب نہیں کہ اُنہیں یہ حق حاصل ہو گیا ہے کہ وہ گناہ آلودہ فطرت میں جسمانی رغبتوں کے تسکین کرتے پھریں۔ (13 آیت) گناہ کی رغبتوں اور خواہشوں سے ہی تو مسیح نے اُنہیں رہائی دی تھی۔ اس کی

بجائے پولس رسول اُنہیں تلقین کرتا ہے کہ وہ محبت سے ایک دوسرے کی خدمت کے لئے کمربستہ رہیں اور اپنے ہمسایہ سے اپنی مانند پیار کریں۔ (14 آیت) اُن کے ایمان کا اظہار اپنے نجات دہندہ کے لئے اُن کی محبت سے ہونا تھا۔ اُنہیں محتاط رہنا تھا تاکہ وہ پر محبت انداز سے ایک دوسرے کی خدمت اور محافظت کریں۔ تاکہ مخالفین کلیسیا کو تباہ و برباد کرنے کی جسارت نہ کر سکیں۔

مسیح کی فراہم کردہ معافی کے وسیلہ سے آزاد ہو کر ہمیں خدا کی خدمت کی ایک نئی تحریک ملتی ہے۔ اب ہم خدا کی خدمت اُس کے حضور مقبول ٹھہرنے کی غرض سے نہیں کرتے۔ ہم مسیح کے کام کو قبول کرتے ہوئے خدا کی محبت سے سرشار اُس کی خدمت کے لئے کمر بستہ رہتے ہیں، ہم شکر گزاری سے معمور ہو کر بھی خدا کی خدمت کرتے ہیں کہ اُس نے ہمیں معاف کر دیا اور قبول کر لیا ہے۔ ہم شکر گزاری کے اظہار کے طور پر خدمت کرتے ہیں نہ کہ خدا کی معافی اور راستبازی پانے کے لئے۔

شریعت کے تقاضوں سے آزاد کر کے مسیح نے مجھے ایک نئے طور سے خدمت کرنے کا جذبہ عطا کیا ہے۔ اب میں اس ایمان سے سرشار اور معمور اس کی خدمت کرنے میں خوشی محسوس کرتا ہوں جو محبت کی راہ سے اثر کرتا ہے۔ اَب میرے لئے یہ خوشی کی بات ہے کہ میں روح القدس کی قوت اور قدرت سے معمور ہو کر اس کی خدمت کروں۔ تاہم میں ایسے کام ضرور کرتا ہوں جو خدا کی خوشنودی کا باعث ہوتے ہیں۔ لیکن اب میرا مقصد اور نیت بالکل فرق ہے۔ میں روح القدس کی تحریک سے اب نیک کام اُس کے جلال کے لئے سرانجام دیتا ہوں۔

چند غور طلب باتیں

☆۔ یہ تعلیم دینا کیوں کر ایک سنجیدہ معاملہ ہے کہ میں اپنے نیک اعمال اور مذہبی سرگرمیوں سے آسمان کی بادشاہی میں داخل ہو سکتا ہوں؟

☆۔ اس تعلیم سے کس طرح مسیح کے صلیبی کام کی بے قدری ہوتی ہے؟

☆۔ مقبول اور قبول ٹھہرنے کی غرض سے خدمت کرنا اور مقبول ٹھہرائے گئے روّیہ سے خدمت کرنے میں کیا فرق ہے؟

☆۔ اگر ہم مسیح میں پورے طور پر قبول اور مقبول ٹھہرائے جا چکے ہیں۔ تو کیا اس کا مطلب یہ ہے کہ ہم من چاہی زندگی بسر کرنے کے لئے آزاد ہیں؟ ہماری زندگیوں میں خدا کے روح کی حضوری کس طرح ہمارے طرزِ خدمت اور طرزِ عبادت میں تبدیلی کا باعث ہوتی ہے؟

☆۔ کیا آپ فرض جان کر خدا کی خدمت کرتے ہیں یا پھر اس کی شادمانی اور اُس کے انجام دئے گئے کام کی شکر گزاری کے جذبہ سے سرشار ہو کر اُس کی خدمت کرتے ہیں؟

چند اہم دُعائیہ نکات

☆۔ اگر آپ کی خدمت محض فرض اور ذمہ داری کی بنا پر ہے، خداوند سے دُعا کریں کہ وہ آپ کو شریعت اور مذہبی روح میں آزادی بخشے۔ خداوند سے دُعا کریں کہ وہ آپ کو توفیق دے تاکہ آپ اس کی شادمانی اور شکر گزاری سے معمور اُس کی خدمت کے لئے مستعد ہو جائیں۔

☆۔ اس کام کے لئے خداوند یسوع مسیح کی شکر گزاری کریں جو اُس نے صلیب پر آپ کے لئے سر انجام دیا ہے۔ اُس کی شکر گزاری کریں کہ مسیح یسوع میں آپ مکمل طور پر قبول کئے جا چکے ہیں۔

☆۔ ابلیس کے اُن حملوں کے خلاف ثابت قدم اور قائم رہنے کے لئے خدا سے حکمت مانگیں جو وہ آپ کی زندگی پر کر سکتا ہے کہ آپ اپنے کاموں سے خدا کے حضور مقبول اور قبول ٹھہرائے جانے کے لئے کوشاں ہو جائیں۔

☆۔ چند لمحات کے لئے اس حقیقت پر غور کریں کہ آپ پہلے ہی پورے طور پر مسیح یسوع میں قبول کئے جا چکے ہیں۔ خداوند کی شکر گزاری کریں کہ اس سے آپ کو اس کی خدمت محض فرض نہیں بلکہ محبت سے کرنے کی تحریک ملتی ہے۔

باب10

رُوح کے موافق چلنا

گلتیوں 5 باب 16 تا26 آیت کامطالعہ کریں

پولس رسول اس بات کو بالکل سادہ اور واضح الفاظ میں بیان کرتا ہے کہ ہم مسیح یسوع کی موت کے وسیلہ سے شریعت سے آزاد ہو چکے ہیں۔ لیکن یہ آزادی ہمیں یہ حق نہیں دیتی کہ ہم گناہ آلودہ فطرت سے من چاہی زندگی بسر کریں اور جسمانی خواہشوں اور رغبتوں کی تسکین کرتے رہیں۔ اس کے برعکس یہ آزادی ہمیں نیا طرزِ زندگی اور خدمت کا نیا جذبہ اور طریقہ کار بتاتی ہے۔ ہم ایسے دل سے خدا کی خدمت بخوشی و رضا کرتے ہیں تاکہ خدا کی مرضی کو اپنی زندگی سے پورا کریں۔ ہماری زندگی میں یہ تبدیلی کس چیز سے واقع ہوئی ہے ؟ روح القدس کی ہماری زندگیوں میں موجودگی کے سبب سے ایسا ہوا ہے۔ روح القدس ایمانداروں کے دلوں میں خداوند یسوع مسیح کے لئے جوش و جذبہ پیدا کرتا ہے۔ روح القدس ہی مسیح کے کلام کا فہم و ادراک بخشتا اور اس کے کلام کی روشنی عطا کرتا ہے۔ اپنے خط کے اس حصہ میں پولس رسول نے ایمانداروں کو روح کے موافق زندگی بسر کرنے کی تلقین و تاکید کی ہے۔

پولس رسول نے 16 آیت میں یہ بتانے سے آغاز کیا ہے کہ اُنہیں روح کے موافق زندگی بسر کرنی چاہیئے تاکہ گناہ آلودہ فطرت کی رغبتوں اور خواہشوں کی تسکین نہ کرتے رہیں۔ ایسا کہنے سے پولس رسول نے، اُنہیں ایک چناؤ کرنے کا موقع دیا۔ اگر وہ چاہتے تو اپنے جسم کی روشوں پر چلنا جاری رکھ سکتے تھے یا پھر اگر وہ چاہتے تو روح کے موافق زندگی بسر کرنے

کا چناؤ کر سکتے تھے۔ پولس رسول اُنہیں روح کے موافق زندگی بسر کرنے کے لئے ابھارتا ہے۔ پولس رسول 19 تا 21 آیت میں گناہ آلودہ فطرت کے چند ایک کاموں کی فہرست بیان کرتا ہے۔ یوں محسوس ہوتا ہے کہ پولس رسول نے چار اقسام میں اُن کاموں کو بیان کیا ہے۔ آئیں مختصر طور پر اِن کا جائزہ لیتے ہیں۔

جنسی کجروی

گناہ آلودہ فطرت اپنا اظہار جنسی بدی ، ناپاکی اور شراب نوشی کی صورت میں کرتی ہے۔ دشمن ابلیس کی پوری کوشش ہوتی ہے کہ وہ جنسی بے راہ روّی پیدا کرے۔ جنسی خواہش کا واجب اور معمول کے مطابق ہونا درست ہے۔ لیکن گناہ آلودہ فطرت مقررہ حدود میں رہنا پسند نہیں کرتی۔ اس کی بس یہی خواہش ہوتی ہے کہ کسی نہ کسی طرح سے جسمانی خواہش کی تسکین کی جائے۔ اُسے خدا کی راہوں کی بھی کچھ پرواہ نہیں ہوتی۔ یہاں پر اس بات کو بھی مدِ نظر رکھا جائے کہ یہاں پر جنسی بے راہ روّی سے مُراد صرف جسمانی طور پر جنسی گناہ نہیں بلکہ اِس میں ناپاک خیالات بھی شامل ہیں۔ خداوند یسوع مسیح نے متی 5 باب 28 آیت میں بیان کیا کہ ہم اپنے ذہن میں بھی جنسی گناہ کے مرتکب ہوسکتے ہیں۔ جب کہ جسمانی طور پر بھی ہم جنسی گناہ کر سکتے ہیں؛ پولس رسول نے ناپاک خیالات کو بھی جسم کے کاموں کی فہرست میں بیان کیا ہے۔ ہمارے دَور میں تفریح طبع انڈسٹری (فلمیں، ڈرامے، مزاحیہ اور فحش ڈرامے) نے بھی جسمانی خواہشات کی حوصلہ افزائی میں کچھ کسر نہیں چھوڑی۔ ناپاک اور فحش قسم کے رسائل، کتب اور کئی طرح کی جنسی ویڈیوز سے بھی جسمانی اور جنسی خواہشات کو فروغ ملا ہے۔ ہمارے دَور میں خاندانوں میں کس حد تک اس جنسی بے راہ روّی نے تباہی مچائی ہے؟ اس جسمانی خواہشات کی وجہ سے کتنے ہی گھرانے شکست وریخت کا شکار ہو کر رہ گئے ہیں؟

روحانی کجروی

گناہ آلودہ فطرے کے کام روحانی نوعیت کے بھی ہو سکتے ہیں۔ بُت پرستی اور جادوگری بگڑی ہوئی روحانیت کے پھل ہیں۔ بُت پرستی حقیقی اور زندہ خدا کے سوا کسی بھی چیز کی پوجا کا نام ہے۔ یہ بُت جگہ بہ جگہ مختلف طرح کے ہوتے ہیں۔ بعض اوقات یہ لکڑی یا پتھر کے بنائے جاتے ہیں، بعض ملکوں، معاشروں یا تہذیبوں میں، پُر آسائش گھروں اور بڑے بڑے بنک اکاؤنٹس کی صورت میں بھی پائے جاتے ہیں۔ ان بتوں کے نام مختلف بھی ہو سکتے ہیں لیکن ہر وہ چیز جو حقیقی خدا سے انسان کی توجہ ہٹائے وہ اس کا بُت ہی ہوتی ہے۔

جادوگری کا تعلق ذاتی مفاد کے پیشِ نظر روحانی عالم میں بدروحوں کو استعمال کرنے سے ہے۔ بُت پرستی تاریکی کی قوتوں کے ساتھ گفتگو و شنید کے ذریعہ داخل ہوتی ہے۔ اس میں زائچہ، ہاتھوں کی لکیروں کو پڑھنا بھی شامل ہو سکتا ہے، یہ سب کچھ بڑے معصومانہ انداز میں کیا جاتا ہے۔ بے شک ان چیزوں کی اپنی ایک حقیقت ہے جن کے پیچھے بدروحیں کام کرتی ہیں۔ فزکس بھی کئی طرح کی پیش گوئیاں کر سکتی ہے لیکن وہ بدی کی قوتوں سے ایسا کرنے کی قوت نہیں پاتی۔ پولس رسول ہماری گناہ آلودہ فطرت کے کاموں کی فہرست بیان کرتا ہے۔ ہماری گناہ آلودہ فطرت بگڑی ہوئی ایسی روحانی چیزوں کی طرف رغبت رکھتی ہے۔

شکستہ تعلقات

گناہ آلودہ فطرت کا ایک اور پہلو یہ بھی ہے کہ یہ تعلقات میں کشیدگی اور دراڑیں پیدا کرتی ہے۔ نفرت، نااتفاقی، حسد، قہر، خودغرضی پر مبنی خواہشات، تفرقے، جدائیاں، حسد، اور قہر و غضب، یہ سبھی کچھ جسم کا فطرتی پھل ہے۔ جسم تو کبھی بھی دوسروں کی ضروریات کا

خیال نہیں رکھتا۔ اسے دوسروں کے مفاد کا قطعاً خیال نہیں ہوتا۔ بلکہ یہ تو اپنی ضروریات اور مفاد کے لئے جدوجہد کرتا اور حاصل کر کے رہتا ہے خواہ اِس میں دوسروں کا نقصان ہی کیوں نہ ہو۔ جسم اپنی خوشی ہر قیمت پر پوری کرنا چاہتا ہے۔ جسم اپنی راہ میں رکاوٹ بننے والی چیز کو ناپسند کرتا اور خفگی کا اظہار کرتا ہے۔ آپ اس دنیا میں جنگ و جدل، تباہی اور افراتفری کو دیکھ سکتے ہیں جو اس بات کی واضح مثال اور ثبوت ہے۔ ہماری جیلیں ایسے لوگوں سے بھری ہوئی ہیں جنہوں نے اپنی جسمانی خواہشوں کی تکمیل کے لئے جسم کے سامنے ہتھیار ڈال دیئے تھے اور وہ آج اپنے کئے کا صلہ پا رہے ہیں۔ اُن میں ایسے لوگ بھی آپ کو ملیں گے جو اپنے قہر و غضب پر قابو نہ رکھ سکے اور آج اس کا خمیازہ بھگت رہے ہیں۔

معاشرتی برائیاں

جسم کے کاموں کے آخری حصے کا تعلق معاشرتی برائیوں سے ہے۔ جسمانی اور گناہ آلودہ فطرت رفاقت پسند کرتی ہے۔ پولس رسول گلتیوں کو یاددہانی کراتا ہے کہ جسم کا ثبوت معاشرے میں جاری شراب نوشی کی محفلوں اور پارٹیوں میں دیکھا جا سکتا ہے۔ 21 آیت میں پولس رسول نے گلتیوں کو جسم کے وہ کام دکھائے ہیں جو معاشرے کی جڑوں کو کھوکھلا کرنے کے لئے اپنا کام دکھا رہے ہیں۔ کچھ ایسے لوگ بھی ہیں جو شراب نوشی کو ہی اپنی زندگی کا مقصد سمجھ بیٹھیں ہیں۔ وہ اپنے ہم خیال لوگوں کے ساتھ میل جول رکھتے ہیں اور جسم کی خواہشوں کی تسکین اور تعمیل کے لئے ایک دوسرے کی حوصلہ افزائی اور مدد کرتے ہیں۔ شراب نوشی کی روح معاشرے کے تمام طبقات میں مصرُوف عمل دکھائی دیتی ہے۔ امیر ہو یا پھر کوئی غریب ہو، کوئی مشہور شخصیت ہو یا پھر عام بندہ، سبھی اسی لت میں پڑے دکھائی دیتے ہیں۔ پولس رسول نے گلتیوں کو بتایا کہ ایسی روح خدا کی طرف سے نہیں ہے۔ اور عادتاً ایسا طرزِ زندگی بسر کرنے والے لوگ ایماندار نہیں ہوتے۔ (21 آیت)

پولس رسول نے گلتیوں کو تلقین کی کہ وہ ایسی چیزوں کے پھندے میں نہ پھنسیں۔ اس نے اُنہیں تلقین کی کہ وہ جسمانی خواہشوں پر غالب آنے کے لئے روح کے موافق زندگی بسر کریں۔ 17 آیت میں رسول نے انہیں یاد کرایا تھا کہ جسم کی خواہشوں میں کس قدر کشش اور قوت پائی جاتی ہے۔ بعض اوقات نہ چاہتے ہوئے بھی انسان وہی کرتا ہے جو اُسے معلوم ہوتا ہے کہ یہ گناہ ہے۔

ہم میں سے ہر ایک کو شخصی تجربہ سے علم ہے کہ جسم کی رغبتوں اور خواہشوں کی یہ کشش کس قدر زور دار ہوتی ہے۔ اکثر ہمارا کوئی ارادہ اور منصوبہ نہیں ہوتا کہ ہم جنسی بے راہ روّی کا شکار ہوں یا پھر قہر و غضب کا مظاہرہ کریں۔ لیکن ایسا ہو جاتا ہے۔ اکثر اوقات ہم ایسے الفاظ بول جاتے ہیں جو بولنے کا ارادہ ہم بالکل نہیں رکھتے۔ ہم میں سے اکثر گناہ میں گرنے کا کوئی منصوبہ نہیں بناتے۔ لیکن بس نہ چاہتے ہوئے بھی ایسا ہو جاتا ہے۔ ہمارے جسم میں ایک زبردست اور زور آور دشمن چھپا بیٹھا ہے۔ پولس رسول نے گلتیوں کو بتایا کہ صرف ایک ہی راستہ ہے کہ وہ روح کے موافق زندگی بسر کریں۔ (16 آیت)

روح کے موافق زندگی بسر کرنے کا کیا معنی ہے؟ ہمیں معلوم ہے کہ جسم کی خواہشوں اور گناہ آلودہ رغبتوں کے مطابق زندگی بسر کرنا کیسا ہوتا ہے۔ یعنی گناہ کی پُر زور کشش کے سامنے ہتھیار ڈال دینا۔ یعنی اگر ہمیں روح کے موافق زندگی بسر کرنی ہے تو پھر اس کا مطلب ہے کہ ہمیں روح کی رہنمائی کے تابع ہونا ہو گا نہ کہ جسم کی خواہشوں اور اُس کے اَثر کے سامنے ہتھیار ڈالنا ہوں گے۔ اس کا مطلب، اپنے خیالات، جذبات اور خواہشات کو بالائے طاق رکھتے ہوئے خدا کے روح کے تابع ہو جانا۔ اس کا مطلب یہ بھی ہے کہ جو کچھ ہم کرتے ہیں اُس پر کم بھروسہ کرنا اور خدا کے پاک روح کا انتظار کرنا تاکہ وہ اپنا کام ہماری زندگی میں کرے۔ وہ لوگ جو روح کے موافق زندگی بسر کرتے ہیں خدا کے پاک روح کو

موقع دیتے ہیں تاکہ وہ ان کی زندگیوں پر مکمل اختیار رکھے۔ ایسا کرنے کے لئے ہمیں یہ سیکھنا ہو گا کہ کس طرح ہم نے اس کی رہنمائی کو سننا، قبول کرنا اور اس کے مطابق عمل کرنا ہے۔ جب خدا نے ہمیں ہمارے گناہ سے رہائی اور نجات بخشی تو اس نے ہماری زندگیوں میں اپنا پاک روح بھی رکھا تاکہ وہ ہمیں مسیح کی صورت اور شبیہ پر ڈھالتا اور بناتا چلا جائے اور خدا کی بادشاہی میں خدمت گزاری کا کام کرنے کے لئے ہمیں قوت عطا فرمائے۔ روح میں چلنے کے لئے ہمیں خدا کے پاک روح کی حضوری کو اپنی زندگیوں میں جاننا اور پہچاننا ہو گا اور اس کے ساتھ اُس کی قوت کو اپنی زندگی میں لے کر اُس کی مرضی اور رہنمائی کے مطابق زندہ رہنا ہو گا۔

اگر ہم خدا کے پاک روح کو موقع دیں کہ ہماری زندگیوں پر اپنا اختیار رکھے تو اس کا کیا نتیجہ ہو گا؟ وہ ہم میں اپنا پھل پیدا کرے گا۔ روح کا پھل جسم کی خواہشوں سے قطعی مختلف ہے جس کا ہم نے اس باب کے شروع میں جائزہ بھی لیا تھا۔ آئندہ آیات میں پولس رسول روح کے پھل کو وضاحت سے بیان کرتا ہے۔

خدا کا پاک روح ہم میں محبت کا پھل پیدا کرے گا۔ (22 آیت) یہ محبت بے لوث اور بے غرض ہوتی ہے۔ یہ محبت اس وقت بھی لوگوں تک رسائی حاصل کر کے اُن کی مدد اور اُن سے اظہارِ محبت کرتی ہے جب اسے علم ہوتا ہے کہ اِس کے بدلہ میں کچھ بھی نہیں ملے گا۔

روح القدس ہم میں خوشی اور اطمینان بھی پیدا کرے گا۔ یہ سب کچھ تب ہی ہو گا جب ہم خدا کے ساتھ درست رشتہ میں قائم ہوں گے۔ ہم خدا کے لئے خلق ہوئے تھے اور اس وقت تک ہم حقیقی خوشی اور اطمینان کو جان اور اپنی زندگی میں لے نہ پائیں گے جب تک ہم اس کے ساتھ درست رشتہ استوار نہ کر لیں۔ اس کے بغیر بے چینی، بے قراری اور ایک نہ ختم ہونے والا خلا ہماری زندگی میں باقی رہے گا۔

خدا کا پاک روح ہمیں صبر و تحمل سے بھی معمور کرتا ہے۔ صبر اس وقت بھی وفادار رہنے کا نام ہے جب ہماری مخالفت ہو رہی ہو۔ اگر ہم اس صبر کو اپنی زندگی میں کام کرنے کا موقع دیں تو یہی صبر ہمارے ارد گرد کے لوگوں کے ساتھ ہمارے تعلقات اور رشتے ناطوں میں اپنا کام دکھائے گا۔ روح القدس ہمیں خدا میں اعتماد اور بھروسہ عطا کرتا ہے، جس سے ہمیں اپنی مشکلات اور مسائل بھری صورتحال میں اس کا انتظار کرنے کی توفیق اور قوت ملتی ہے۔

مہربانی، نیکی، وفاداری اور پرہیز گاری بھی روح القدس کی خدمت کے نتیجہ میں ہماری زندگی میں پیدا ہوں گی۔ ہم بڑی سنجیدگی سے دوُسروں کے لئے فکر مند ہوں گے۔ ہم ان کی نیکی اور بھلائی کے خواہاں ہوں گے۔ ہم اپنے اِرد گرد کے لوگوں کے ساتھ اپنے تعلقات میں قابل بھروسہ ٹھہریں گے۔ اگرچہ جسم اپنی خواہشات کی فوری تکمیل چاہتا ہے، لیکن خدا کا پاک روح ایماندار کی زندگی میں پرہیز گاری پیدا کرتا ہے۔ ایک ایماندار کی زندگی میں اس کی جسمانی خواہشات اور رغبتوں کا اختیار نہیں ہوتا بلکہ وہ خدا کو عزت اور جلال دینے کی خواہش سے معمور ہوتا ہے۔

پولس رسول گلتیوں کو 23 آیت میں یاددہانی کراتا ہے کہ جو لوگ روح کی ہدایت اور رہنمائی سے زندگی بسر کرتے ہیں انہیں کسی شریعت کی ضرورت نہیں ہے۔ روح کے پھل سے ایمانداروں کی زندگیوں میں ایک جاری رہنے والی راستبازی پیدا ہو گی۔ ایمانداروں کو خدا باپ کی مرضی پوری کرنے کے لئے کسی بیرونی رہنما کی ضرورت نہیں ہے۔ کیونکہ ان کے باطن میں سکونت پذیر خدا کا پاک روح اُن کا رہنما ہوتا ہے اور باطنی لحاظ سے اُنہیں تبدیل کرتا اور مسیح کی صورت پر اُنہیں ڈھالتا اور بناتا چلا جاتا ہے۔ یہ سب کچھ اس وقت رونما ہوتا ہے جب وہ اپنے آپ کو خدا کے پاک روح کے تابع پر محبت دل کے ساتھ کرتے

ہیں۔

اگر میں مسیح یسوع کا ہوں، تو میں پرانی انسانیت کے اعتبار سے مر چکا ہوں۔ خداوند یسوع کے تابع ہوتے ہوئے، میں اپنا آپ اس کے سامنے پیش کرتا ہوں کہ جیسا وہ چاہتا ہے مجھے استعمال کرے۔ روح کی قوت کے وسیلہ سے میں اپنی پرانی سوچوں اور خیالوں کا انکار کرتا ہوں اور اس کے مقصد کے تابع ہو جاتا ہوں۔ میں خدا کے پاک روح کے کام کے تابع ہونے کا چناؤ کرتا ہوں، اور اس کے پاک روح کو اپنی زندگی میں خوش آمدید کہتا ہوں۔

جن ایمانداروں کو پاک روح مل چکا تھا پولس رسول نے ان ایمانداروں کو تاکید اور تلقین کی کہ وہ روح کے موافق چلیں بھی۔ ایسا کہنے سے پولس رسول اُنہیں باور کرا رہا تھا کہ ایسا ممکن ہے کہ پاک روح ان کی زندگی میں ہو لیکن وہ اس کے موافق زندگی بسر نہ کر رہے ہوں۔ یہاں پر زور اس بات پر دیا گیا ہے کہ وہ جسم کے مطابق نہیں اب روح کے موافق زندگی بسر کریں۔ بعض اوقات ہم روحانی سُستی اور اختلافِ رائے جیسی چیزوں کے سبب سے پیچھے رہ جاتے ہیں۔ ہمارے لئے یہ بہت آسان ہوتا ہے کہ ہم روح القدس کے ساتھ اپنا رابطہ ختم کر کے جسم کے پھل پیدا کرنا شروع کر دیں اور یوں ابلیس کے فریب کے پھندے میں پھنس جائیں۔ (26 آیت) بطور ایماندار بھی ہم جسم کے مطابق زندگی بسر کرنے کی طرف مائل ہو سکتے ہیں۔ اور یہ ممکن ہے کہ ہمارے دل میں زندہ روح کی رہنمائی اور اس کی قوت میں رہتے ہوئے اس کی اطاعت میں زندگی بسر کرنے کی اشتہا باقی نہ رہے۔ مجھے اس بات سے خوف محسوس ہوتا ہے کہ بہت سے ایماندار روح کے موافق زندگی بسر نہیں کرتے بلکہ اُنہوں نے جسم کو غالب آنے اور اُن کی رہنمائی کرنے کا اختیار دے دیا ہے۔

بطور ایماندار ہماری سب سے بڑی خواہش یہی ہونی چاہیئے کہ ہم روح کے موافق زندگی بسر

کریں۔ اس کا مطلب یہ ہوا کہ ہم ہر لحاظ سے اس کے ساتھ چلیں۔ جب ہم اُس کی اطاعت اور تابعداری میں زندگی بسر کرتے ہیں تو پھر ہی ہمیں اس کی قوت اور طرح طرح کی توفیق کا تجربہ ہوتا ہے۔ جب ہم روح القدس کے موافق زندگی بسر کرتے ہیں تو پھر ہی ہم خداوند کو جلال دیتے اور اس کے لئے زندہ رہ سکتے ہیں۔ یہ بہت اہم ہے کہ ہم دعا اور کلام میں وقت گزارنے والے لوگ ہوں تاکہ خدا کا پاک روح ہماری رہنمائی کرتا رہے۔ معمول کی مسیحی زندگی یہی ہے کہ خدا کی آواز سن کر اُس کی اطاعت اور تابعداری میں زندگی بسر کی جائے۔

حاصلِ کلام کے طور پر میں یہ کہنا چاہوں گا کہ روح القدس کی تعلیم کے موضوع پر بہت سی الجھن پائی جاتی ہے۔ پولس رسول کے خط کے اس حصہ میں ہمارے لئے یہ دیکھنا اہم ہے کہ روح القدس ایک حقیقی شخصیت ہے جو ہر ایک ایماندار میں سکونت پذیر ہونے کے لئے آتا ہے۔ اور مقصد یہی ہے کہ وہ خدا کی سچائی کی طرف ہماری رہنمائی کرے، ہمیں مسیح کی صورت پر ڈھالتا اور بناتا چلا جائے اور خدا کی بادشاہی میں خدمت کرنے کے لئے ہمیں قوت اور قدرت سے ملبس کرے۔ ہمیں اس کی رہنمائی کے لئے احساس ہونے کی ضرورت ہے۔ بہت ضروری ہے کہ خدا کے پاک روح کو جانیں جو ہم میں سکونت پذیر ہے۔ جب وہ کسی گناہ کے تعلق سے ہمیں یاد دلائے اور قائلیت بخشے تو توبہ کر کے اپنی زندگی اس کے تابع کر دیں۔ کسی کام کو کرنے کے لئے اس کی رہنمائی سے دلیرانہ قدم اٹھائیں۔ روح القدس کو جانے بغیر آپ حقیقی فتح کا تجربہ نہیں کر سکتے۔ اس کے ساتھ گہری رفاقت اور گفتگو سے ہی آپ فتح مند اور پھل دار مسیحی زندگی بسر کر سکتے ہیں۔

چند غور طلب باتیں

☆۔ گناہ آلودہ فطرت کی کیسی خواہشات ہوتی ہیں؟ کیا آپ اپنے معاشرے میں جسم کے ثبوت کو دیکھتے ہیں؟ چند مثالیں پیش کریں۔

☆۔ آپ کی زندگی میں روح القدس کی حضوری کا کیا ثبوت ہے؟ کیا آپ روز بروز اُس کی معرفت اور پہچان میں آگے بڑھ رہے ہیں؟

☆۔ بطور ایماندار ہم کس طرح اپنی زندگی میں جسم کے کاموں پر غالب آسکتے ہیں؟

☆۔ کیا آپ روح القدس کے موافق زندگی بسر کر رہے ہیں؟ کیا آپ روح کے کام اور اپنی زندگی میں اُس کی رہنمائی سے آگاہ ہیں؟

چند اہم دُعائیہ نکات

☆۔ خداوند کی شکر گزاری کریں کہ اُس نے اپنا پاک روح ہمیں دیا ہے جو ہماری زندگی میں سکونت پذیر ہے۔

☆۔ خداوند سے دُعا کریں کہ وہ آپ کے دل کو گہرے طور پر روح القدس کی اس خدمت کے لئے کھولے جو وہ ہمارے لئے سرانجام دیتا ہے۔ خداوند سے دُعا کریں کہ وہ پاک روح کی شخصیت کو اور بھی گہرے طور پر آپ کی زندگی میں آشکارہ کرے۔

☆۔22 آیت میں روح کے پھل پر غور کریں۔ آپ کی زندگی میں کس پھل کی کمی محسوس ہوتی ہے؟ خداوند سے دعا کریں کہ وہ آپ کی زندگی میں وہ پھل پیدا کرے۔

☆۔ خداوند سے مدد اور فضل چاہیں تاکہ آپ روح القدس کے موافق زندگی بسر کر سکیں۔

باب 11

حاصلِ کلام

گلتیوں 6 باب 1 تا 18 آیت کا مطالعہ کریں

پولس رسول نے گلتیوں کو یاد دہانی کرائی ہے کہ شریعت سے آزادی کا یہ ہر گز مطلب نہیں ہونا چاہئے کہ وہ گناہ آلودہ طرزِ زندگی اپنا لیں۔ اس نے ایمانداروں کو تلقین اور تاکید کی کہ وہ روح کے "موافق" چلیں۔ اگرچہ خداوند کے ساتھ ہمارا تعلق اور رشتہ بڑی شخصی نوعیت کا ہے۔ لیکن اس کا ہر گز یہ مطلب نہیں کہ ہم دیگر ایمانداروں سے الگ تھلگ زندگی بسر کریں۔ پولس رسول خط کے اس حصہ میں خدا کے ساتھ چلنے کے لئے مسیح کے بدن کی اہمیت کو اجاگر کرتا ہے۔

پولس رسول نے روحانی لوگوں کو یہ تاکید کی (روح کے موافق چلو) کہ جو گناہ میں پکڑے جائیں انہیں بحال کرو۔ پولس رسول کے مطابق ایسا کرنا ہر ایک ایماندار کی ذمہ داری ہے۔ یاد رہے، شیطان اس نیک عمل میں بے حد رکاوٹیں ڈالنے کی کوشش کرے گا۔ وہ کئی طرح سے ہمارے دلوں اور ذہنوں میں بہانے اور عُذر پیدا کرنے کی کوشش کرے گا تا کہ ہم دلیری سے آگے بڑھتے ہوئے اپنے بھائی یا بہن سے ان کے اس گناہ پر بات نہ کریں۔ پولس رسول نے گلتیوں کو بتایا کہ اگر وہ ایسا کریں تو بڑے پُر محبت انداز میں کریں نہ کہ بڑی دیدہ دلیری اور دوسروں کو ذلیل اور رسوا کرنے کی نیت سے۔ غور کریں کہ ہمیں گناہ میں رنگے ہاتھوں پکڑے جانے والے بھائی یا بہن سے بات کرنی ہے۔ اوّل۔ قبل اس سے کہ گناہ کے موضوع پر بات کرنے کے لئے آگے بڑھیں، ہم

روح کے ساتھ ہم آہنگ ہو کر چلیں۔ اناجیل میں خداوند یسوع مسیح نے اپنے بھائی کی آنکھ سے تنکا نکالنے کے تعلق سے خبر دار کیا جب کہ ہماری اپنی آنکھ میں شہتیر موجود ہو۔(متی 7 باب 3 آیت)اگر ہم خود اپنے خداوند کے لئے زندگی بسر نہیں کر رہے ہیں، تو پھر ہمیں کس نے اختیار دیا ہے کہ ہم اپنے کسی بھائی یا بہن سے گناہ کے موضوع پر بات کریں؟ جہاں تک ہم پہنچے ہیں، وہیں تک ہم دوسروں کی رہنمائی کر سکتے ہیں۔

دوئم۔ غور کریں۔ بحالی کا کام بڑی شائستگی سے عمل میں آنا چاہئے۔ کسی کی عدالت کرنا اور سختی سے پیش آنا بہت آسان معلوم ہوتا ہے۔ ہم بہت ہی کم گنہگاروں کے لئے رحم اور ترس دکھاتے ہیں۔ میں نے ایسے ایمانداروں کو دیکھا ہے جو دوسرے ایمانداروں کو گناہ میں گرنے کی وجہ سے کم تر جانتے ہیں۔ میں نے کلیسیاؤں کو بھی گناہ میں گرنے والے ایمانداروں سے سخت اور دُرشت روّیہ اختیار کرتے ہوئے دیکھا ہے۔ یاد کریں کہ خداوند یسوع مسیح نے زنا میں پکڑی جانے والی عورت کے ساتھ کیسا برتاؤ کیا تھا۔(یوحنا 8 باب) لوگ تو اسے سنگسار کرنا چاہتے تھے لیکن خداوند نے بڑے رحم اور ترس کا مظاہرہ کیا۔ خداوند بڑی شائستگی سے اس عورت سے پیش آیا۔ بعض اوقات گنہگار شخص کو ہمدردی اور ترس بھرے ہاتھ کی ضرورت ہوتی ہے جو اسے اس کی گری ہوئی حالت سے اُوپر اُٹھا دے۔ ہم سب نے دیکھا ہے کہ ایماندار ان کے گناہ کو کریدتے ہیں کیونکہ کلیسیا کا ردِ عمل ان کے گناہ کے تعلق سے بڑا درُشت اور سخت ہوتا ہے۔ محبت، شفقت سے پیش آتے ہوئے اُنہیں سہارا دے کر اُن کے پاؤں پر کھڑا کرنے کی بجائے ایماندار ان سے اظہارِ نفرت کرتے ہیں اور اُنہیں ایک طرف کونے میں لگانے کی کوشش کرتے ہیں۔ پولس رسول ہمیں اپنے بھائیوں اور بہنوں کو بحال کرنے کے لئے مسیح جیسا روّیہ اور مزاج اختیار کرنے کی تلقین کرتا ہے۔

سوئم۔ ہم 1 آیت میں دیکھتے ہیں کہ بحالی کا یہ عمل بڑی انکساری اور فروتنی سے آگے بڑھے۔ غور کریں کہ پولس رسول نے ایمانداروں کو بتایا کہ وہ اپنے بھائیوں اور بہنوں کو اس طرح بحال کریں گویا کہ اُنہیں بھی بحالی کی ضرورت ہے۔ وہ خود بھی بڑی آسانی سے گناہ میں گر سکتے ہیں۔ جب آپ اپنے بھائی یا بہن سے بات کریں، تو اس بات کو محسوس کریں کہ آپ بھی گناہ میں گرے ہوئے ہیں۔ ہم متکبرانہ انداز سے خود کو ان سے بہتر جانتے ہوئے ان سے بات چیت نہ کریں۔ کبھی نہ سمجھیں کہ آپ کسی بھی گناہ کی پہنچ سے دور ہیں۔ ہم سب گناہ آلودہ فطرت رکھتے ہیں۔ آپ جانیں کہ آپ بھی روحانی طور پر بڑی نازک حالت میں ہیں، اس سبب سے اپنے ان بھائیوں اور بہنوں سے شائستگی کا روّیہ اپنائیں جو گناہ میں گر چکے ہیں۔

چونکہ ہمارے اردگرد آزمائشیں ہی آزمائشیں ہیں، پولس رسول نے گلتیوں کو تاکید کی کہ وہ ایک دوسرے کا بوجھ اُٹھائیں۔ اس سے پولس رسول کا کیا مطلب تھا؟ اگر آپ اپنے بھائی کا بوجھ اٹھانا چاہتے ہیں تو پھر آپ کو یہ بھی علم ہونا چاہئے کہ آپ کے بھائی کا بوجھ ہے کیا۔ مجھے یہ احساس ہوتا جا رہا ہے کہ مسیح کا بدن بوجھوں سے لدا ہوا ہے۔ ہماری کلیسیاؤں میں آنے والے لوگ کئی طرح کے بوجھ اُٹھائے ہوئے ہوتے ہیں۔ وہ جیسے آتے ہیں ویسے ہی واپس لوٹ جاتے ہیں۔ اگر ہمیں ایک دوسرے کا بوجھ اُٹھانا ہے، تو پھر ہمیں اپنے دلوں کو بھی ایک دوسرے کے لئے کھولنا ہو گا۔ ہمیں لوگوں کے لئے مواقع فراہم کرنا ہوں گے تاکہ وہ گہرے طور پر ہمارے سامنے اپنے دلوں کا حال بیان کر سکیں۔ لوگوں کی صورتحال اور واقعات کو سمجھنے کے لئے ہمیں وقت درکار ہو گا۔

کیا آپ کا کوئی دوست ہے جس کے سامنے آپ اپنے دل کا حال بیان کر سکتے ہیں؟ کیا آپ کی کلیسیا میں کچھ ایسے لوگ ہیں جن کے سامنے آپ اپنا دُکھ بیان کر سکتے ہیں؟ کیا آپ کی

کلیسیا میں کچھ ایسے لوگ ہیں جو آپ کی ناگوار صورتحال اور پریشان کن حالات اور واقعات کو توجہ سے سننے کے لئے تیار ہیں؟ایک صحت مند بدن کو اسی طرح کے احتساب و محبت کی ضرورت ہے۔ مسیح کے بدن کا ایک اہم ترین کام یہ ہے کہ وہ اسی طریقہ سے ایک دوسرے کی خدمت کے لئے کمربستہ رہیں۔ جب اس اصول کو مدِ نظر نہیں رکھا جاتا تو پھر مسیح کا بدن کمزور ہوتا چلا جاتا ہے۔

ایمانداروں کو بحال کرنے اور ایک دوسرے کا بوجھ اُٹھانے کی خدمت میں، یہ آزمائش بھی ہے کہ ہم اپنا موازنہ دوسروں سے کرنا شروع کردیں۔ ہوسکتا ہے کہ ہم اپنے بھائیوں یا بہنوں کی مشکلات اور مسائل دیکھ کر خود کو ان سے بہتر سمجھنا شروع کردیں۔ جب ہم دوسروں کو گناہ میں گرا ہوا دیکھیں، تو ہمارے اندر تکبر آسکتا ہے، یہ آزمائش اور خیال بھی آسکتا ہے کہ ہم ان سے زیادہ روحانی ہیں۔ اسی لئے تو ہم گناہ میں نہیں گرتے۔ 4 آیت میں پولس رسول نے گلتیوں کو تاکید کی کہ وہ ایک دوسرے کے ساتھ اپنا موازنہ نہ کریں بلکہ اپنے احوال پر بھی نگاہ رکھیں۔ خدا اس بنا پر ہماری عدالت نہیں کرے گا کہ ہم اپنے کسی بھائی یا بہن سے اچھی زندگی بسر کرتے رہے۔ ہم خدا کے سامنے اپنی شخصی ذمہ داریوں اور خدمت کی بلاہٹ کے لئے جوابدہ ہوں گے۔

جب ہم اپنا موازنہ دوسروں سے کرتے ہیں تو پھر اس سے ہمارے اندر تکبر اور حسد پیدا ہوتا ہے۔ یہ سب کچھ خدا کی طرف سے نہیں ہے۔ 5 آیت میں پولس رسول نے گلتیوں کو بتایا کہ اُن میں سے ہر ایک دوسرے کا بوجھ اُٹھائے۔ بالفاظ دیگر، ہم اپنا معیار دوسروں پر نہیں ٹھونسنا۔ محض اس لئے نہیں کہ آپ ہر روز دو گھنٹے دُعا کرنے کی توفیق رکھتے ہیں تو آپ ان لوگوں کو کم روحانی سمجھیں جو صرف آدھا گھنٹہ ہی دُعا میں وقت گزارتے ہیں۔ آپ دو گھنٹے دُعا میں گزارنے کے لئے ہی خدا کے سامنے جوابدہ ہوں گے کیونکہ خدا نے

آپ کو دعا میں دو گھنٹے وقت گزارنے کے لئے بلایا ہے۔ ہو سکتا ہے کہ آپ کے کسی بھائی یا بہن کو یہ توفیق نہ ملی ہو اور اُن کی خدمت آپ سے فرق ہو۔ لازم ہے کہ آپ خدا سے ملنے والی ذمہ داریوں سے عہدہ براں ہوں اور وہی معیار دوسروں پر نہ ٹھونسیں۔ خدا ہم سب میں مختلف طرح سے کام کرتا ہے۔

پولس رسول 6 آیت میں اپنی توجہ کسی اور موضوع کی طرف مبذول کرتا ہے۔ وہ کلام کی تعلیم پانے والوں کو تلقین اور تاکید کرتا ہے کہ وہ کلام کی تعلیم دینے والوں کی مالی معاونت کریں۔ اُن دنوں، مبشر اور اُستاد علاقہ بھر میں سفر کر کے خدا کے کلام کی تعلیم دیا کرتے تھے۔ اُن کی مالی معاونت وہ ہدیہ جات اور شکر گزاریاں ہی ہوتی تھیں جو اُنہیں ان ایمانداروں کی طرف سے ملتی تھیں جنہیں وہ تعلیم دیتے تھے۔ پولس رسول نے کلیسیاؤں کو تاکید کی کہ وہ خدا کے کلام کی تعلیم دینے والے ایسے اساتذہ اکرام کی مالی معاونت کے لئے مستعد رہیں۔

7 تا10 آیت میں پولس رسول نے بیان کیا کہ ہر شخص وہی کاٹے گا جو اُس نے بویا ہے۔ پولس رسول گلتیہ کے ایمانداروں کو تعلیم دے رہا تھا کہ اگر اُنہوں نے خدا کے تقاضوں او رمعیار کے مطابق زندگی بسر کرنی ہے تو پھر وہ خدا کے روح کو اپنی زندگیوں میں کام کرنے کا موقع دیں۔ بعض لوگوں کے نزدیک ہاتھ پر ہاتھ رکھ کر بیٹھے رہنے کا نام تھا۔ روح کے تابع ہونے کا مطلب ہے محنت کرنا۔ جو کچھ ہم بوتے ہیں وہی کچھ ہم کاٹتے ہیں۔ اگر ہم ابلیس کی جھوٹی باتوں پر کان لگائیں، تو پھر کس طرح ہم یہ توقع کر سکتے ہیں کہ خدا ہمیں اپنی سچائی سے معمور کر دے؟ اگر ہم تلخی اور حسد کو اپنی زندگیوں میں بڑھنے کا موقع دیں، تو کیا اس سے خدا کا روح رنجیدہ نہیں ہو گا؟ اگر ہم گناہ کے بیج بوتے رہیں، تو پھر ہماری زندگی میں گناہ پر گناہ بڑھتا چلا جائے گا۔ لیکن اگر اس کے برعکس، ہم اپنا آپ خدا کے تابع کر

دیں، تو پھر ہم اپنی زندگی میں روح کے پھل کو جڑ پکڑتا ہوا دیکھیں گے۔

روح کے موافق چلنا ایک محنت طلب کام ہے۔ ہر روز ہمیں اپنی خودی کے اعتبار سے مرنا پڑتا ہے۔ ہمیں اپنے خیالات اور سوچوں کو دبانا پڑتا ہے۔ ہر روز ہمیں اپنی صلیب اٹھانا پڑتی اور اپنی گناہ آلودہ فطرت کو مصلوب کرنا پڑتا ہے۔ بعض اوقات، ہم کشمکش میں ہوتے ہیں کہ آیا ہمیں گناہ آلودہ فطرت پر غلبہ اور فتح حاصل ہو پائے گی۔ پولس رسول نے 9 آیت میں گلتیوں کو تاکید کی کہ وہ نیک کام کرنے میں ہمت نہ ہاریں۔ ابلیس کا ڈٹ کا مقابلہ کریں، اور وہ اُن سے بھاگ جائے گا۔ (یعقوب 4 باب 7 آیت) راستبازی کے بیج بوتے رہیں اور آپ مقررہ وقت پر فصل بھی کاٹیں گے۔ ہمارے لئے یہ کس قدر حوصلہ افزا بات ہے۔ راتوں رات کسی کو فتح نہیں ملتی۔ بعض اوقات طویل محنت کے بعد ہمیں فتح ملتی ہے۔ لیکن یہ سب کچھ خدا کے فضل ہی سے ممکن ہوتا ہے جو ہمیں غالب آنے کی قوت عطا کرتا ہے۔

10 آیت میں پولس رسول نے گلتیوں کو بتایا کہ جس قدر موقع ملے وہ ایک دوسرے سے نیکی اور بھلائی کریں۔ انہیں طویل اور سخت جنگ در پیش تھی۔ وہ تنہا دشمن کا مقابلہ نہیں کر سکتے تھے۔ انہیں ایک دوسرے کی ضرورت تھی۔ اُنہیں ایک دوسرے کی حوصلہ افزائی اور مدد درکار تھی۔ انہیں ایسے لوگوں کی ضرورت تھی جو ان کا بوجھ اٹھا سکتے۔ مسیحی زندگی ایک ٹیم کی صورت میں اجتماعی کاوش کا نام ہے۔ ہر ایک شخص کو اپنا اپنا کردار ادا کرنا پڑتا ہے۔ اگر ہمیں جنگ جیتنا ہے تو پھر ہمیں اپنے اپنے حصے کا کام بھی کرنا ہوگا۔

پولس رس 11 تا 18 آیت میں چند ایک آخری رائے پیش کرنے کے بعد خط کا اختتام کرتا ہے۔ اُس نے گلتیوں کو بتایا کہ اس نے یہ خط اپنے ہاتھ سے اور بڑے بڑے حروف سے لکھا ہے۔ اِس سے ہمیں یہ تاثر ملتا ہے کہ پولس رسول کی نظر کمزور تھی۔ کیا ممکن ہے کہ

دمشق کی راہ پر خداوند کے جلال کو دیکھنے کے بعد اُس کی آنکھیں چندھیا گئی تھیں؟ کیا یہ اس کے جسم میں چبھویا گیا کانٹا تھا؟ ہمیں اس تعلق سے کچھ واضح علم نہیں ہے۔

پولس رسول نے ایک بار پھر سے گلتیوں کو اُن جھوٹے اُستادوں کے تعلق سے خبردار کیا جو ختنہ کی تعلیم دے رہے تھے۔ یہ جھوٹے اُستاد اپنی چکنی چپڑی باتوں سے لوگوں کو متاثر کر رہے تھے۔ لیکن اُن کے محرکات اور نیت خراب تھی۔ وہ موسوی شریعت کی فرمانبرداری میں زندگی بسر کرنا چاہتے تھے تاکہ ظاہری طور پر لوگوں کو بڑے مذہبی دکھائی دیں۔ وہ مسیح کی صلیب کے پر فضل پیغام سے اجتناب کرتے تھے، اُنہیں ڈر تھا کہ اس کے سبب سے انہیں ایذا رسانی کا سامنا کرنا پڑے گا۔ خداوند یسوع مسیح کے لئے ثابت قدم اور قائم رہنے کے لئے اُن میں جرات نہیں تھی۔ وہ اس لئے بھی گلتیوں کو ختنہ کرانے پر مجبور کر رہے تھے تاکہ ایسے لوگوں کی تعداد بڑھا کر اپنا نام اور مقام پیدا کر سکیں جو اُن کی تعلیم کی وجہ سے موسوی شریعت کے پیروکار بن گئے تھے۔ (13 آیت) پولس رسول نے گلتیوں کو بتایا کہ ایمانداروں کو صرف اور صرف مسیح کی صلیب پر ہی فخر کرنا چاہئے۔ کیونکہ یہی اُن کی واحد اُمید اور جلال ہے۔ (14 آیت)

پولس رسول بیان کرتا ہے کہ اس سے کچھ فرق نہیں پڑتا کہ کسی شخص کا ختنہ ہوا ہے یا پھر نہیں۔ اہم بات تو یہ ہے کہ کوئی شخص مسیح یسوع کو قبول کرنے کے بعد نیا مخلوق بن گیا ہے۔ (15 آیت) کیا روح القدس ہمارے دلوں میں سکونت کرنے کے لئے آ گیا ہے؟ کیا ہم گناہوں کی معافی اور مسیح کے روح کی تقدیس کے باطنی کام کے سبب سے نئے مخلوق بن چکے ہیں؟ یہی سب سے اہم ہے۔ جب ہم روز آخر خداوند کے سامنے کھڑے ہوں گے تو اس وقت یہ جائزہ نہیں لیا جائے گا کہ کس کا ختنہ ہوا ہے اور کون ختنے کے بغیر ہے۔ خداوند کو اس بات سے بھی کچھ دلچسپی نہیں ہو گی کہ ہم کون سی کلیسیا میں عبادت

کرتے رہے۔ خداوند یہ بھی نہیں دیکھے گا کہ ہم نے اس دُنیا میں رہتے ہوئے کس قدر نیک کاموں میں اپنا وقت اور روپیہ پیسہ صرف کیا ہے۔ خداوند خدا صرف یہ دیکھے گا کہ آیا روح القدس ہمارے دلوں میں سکونت پذیر ہے اور آیا ہم نے اُس کے پر فضل نجات بخش منصوبے کو قبول کر لیا ہے۔

پولس رسول 17 آیت میں اس بات کی یاددہانی سے خط اختتام پذیر کرتا ہے کہ آیندہ کو کوئی اُسے تکلیف نہ دے کیونکہ وہ اپنے بدن پر مسیح کے داغ لئے پھرتا ہے۔ یہ زخم اُسے سچائی کی منادی کرنے کے سبب سے لگے تھے۔ وہ انجیل سے شرماتا نہیں تھا۔ وہ اُن زخموں کو اپنے لئے ایک اعزاز اور تمغہ جُرات کے طور پر دیکھتا تھا۔ وہ ان زخموں کو اپنے اُوپر ایسے ہی لئے ہوئے تھا جس طرح ایک سپاہی اپنی وردی پر بیج لگاتا ہے۔ یہ زخم اس شخص کے بدن پر تھے جو سچائی کے لئے ثابت قدم اور قائم رہا۔

خط کی ابتدائی آیات میں، پولس رسول نے گلتیوں کو رسالت کے لئے اپنی بلاہٹ سے آگاہ کیا تھا۔ اختتامی آیات میں، اُس نے اُنہیں بتایا کہ وہ اس بلاہٹ کے لئے وفادار اور ثابت قدم رہا۔ اُس نے اپنے بدن پر مسیح کے وفادار خادم کے طور پر زخم بھی کھائے وہ ان کے لئے مسیح کے فضل کو مانگتا ہے۔ "اَے بھائیو! ہمارے خداوند یسوع مسیح کا فضل تمہاری روح کے ساتھ رہے۔ آمین!

چند غور طلب باتیں

☆۔ کیا آپ مسیح میں کسی ایسے بھائی یا بہن سے واقف ہیں جو ابھی تک سچائی سے گمراہ ہے؟ ایسے شخص کے ساتھ کیسا تعلق اور برتاؤ کرنا چاہئے؟ اس باب میں ہم نے اس بارے کیا سیکھا ہے؟

☆۔ کسی کے سامنے اپنے دل کا حال بیان کرنا کیوں کر مشکل محسوس ہوتا ہے؟ اگر ہم اپنی

☆۔ زندگی الگ تھلگ گزارتے ہیں تو کس طرح ہم ایک دوسرے کا بوجھ اُٹھا سکتے ہیں؟

☆۔ ایک دوسرے کو بحال کرنے کے لئے انکساری اور فروتنی کی کیا اہمیت ہے؟ اس تعلق سے ہم نے یہاں پر کیا سیکھا ہے؟

☆۔ پولس رسول ہمیں اپنا بوجھ اُٹھانے کے لئے کہتا ہے۔ یہ کس قدر آسان ہے کہ ہم خدا سے ملنے والی ذمہ داریاں اور رویا دوسروں پر ٹھونس دیں؟ ایسا کرنا کیوں کر غلط بات ہے؟

☆۔ بطور ایماندار اپنا موازنہ دوسروں کے ساتھ کرنا کیوں کر خطرناک بات ہے؟

چند اہم دُعائیہ نکات

☆۔ خداوند سے دُعا کریں اور مدد چاہیں تاکہ آپ اس کے ساتھ اپنے تعلق کی مضبوطی کے لئے مسیح کے بدن کی ضرورت کو زیادہ سے زیادہ سمجھ سکیں۔

☆۔ خداوند سے دُعا کریں کہ وہ آپ کو ایسے لوگوں کے لئے اپنے رحم اور ترس سے بھر دے جو راہ حق سے گمراہ ہو چکے ہیں۔ چند لمحات کے لئے کسی ایسے بھائی یا بہن کے لئے دُعا میں وقت گزاریں۔

☆۔ جس طرح سے آپ اپنی زندگی میں جسم کے لئے بوتے رہیں ہیں، خداوند سے اس کے لئے معافی اور فضل چاہیں تاکہ ایسی خواہشیں اور رغبتیں آپ کی زندگی سے ختم ہو جائیں۔

☆۔ خداوند سے توفیق چاہیں تاکہ ہمارے دَور میں مسیح کے بدن میں جو تعلیمی اختلافات پائے جاتے ہیں ہم انہیں قبول کر سکیں۔

اِفسیوں کا خط

پیش لفظ

مصنف:۔

دیگر خطوط کی طرح پولس رسول نے یہاں بھی اپنا تعارف خط کے مصنف کے طور پر کرایا ہے۔(افسیوں 1:1) اِس خط میں افسس کے ایمانداروں کے لئے پولس رسول کی پاسبانی فکر بالکل عیاں ہے۔

پس منظر:۔

پہلی بار پولس رسول نے افسّس کا دورہ اُس وقت کیا تھا جب وہ عید پینتکوست کے لئے یروشلیم جا رہا تھا۔(اعمال 18 باب 18 تا 21) اگرچہ اس وقت پولس رسول کا قیام یہاں پر بہت مختصر تھا، تاہم بعد ازاں اُس نے افسس آکر تین برس قیام کیا اور منادی کرنے اور تعلیم دینے میں مصرُوف اور مشغول رہا۔(اعمال 20 باب 17 تا 31 آیت)

افسّس روم کا ایک بہت مشہور شہر تھا۔ اس میں ڈائیانہ دیوی کا بہت بڑا مندر بھی تھا(جو ارتمس دیوی کے نام سے بھی جانا جاتا تھا) افسّس کے دَورے کے دوران، پولس کی موجودگی سے اس وقت ہُلڑبازی ہو گئی جب اَرتّمس دیوی کے پوجاری پولس رسول کی تعلیم کے خلاف سیخ پا (سخت غصے میں آنا) ہو گئے تھے کیونکہ وہ لوگوں کو ارتمس دیوی کی منادی سے روک رہا تھا۔ افسّس شہر اپنے بہت بڑے تھیٹر کی وجہ سے بھی مشہور تھا۔ لوگ وہاں پر آدمیوں کے درمیان اور بعض اوقات آدمیوں اور جانوروں کے درمیان ہونے والی لڑائی کو دیکھنے کے لئے جایا کرتے تھے۔

افسس کی کلیسیا کو یہ خط اس وقت لکھا گیا جب پولس رسول روم کے ایک قید خانہ میں تھا۔ (3 باب 1 اور 4 باب 1 آیت، 6 باب 20 آیت) بنیادی طور پر یہ خط حوصلہ افزائی کے لئے لکھا گیا۔ یہ بات بہت دلچسپ ہے کہ افسّس کے بزرگوں سے مخاطب ہوتے ہوئے،(اعمال 20 باب 17 تا 31 آیت) پولس رسول اس بات سے باخبر تھا کہ افسس کی کلیسیا کے درمیان مسائل سر اُٹھائیں گے۔

اعمال 20 باب 29-31 آیت)

"میں یہ جانتا ہوں کے میرے جانے کے بعد پھاڑنے والے بھیڑیے تُم میں آئیں گے جنہیں گلہ پر کُچھ ترس نہ آئے گا۔ اور خود تم میں سے ایسے آدمی اُٹھیں گے جو اُلٹی اُلٹی باتیں کہیں گے تا کہ شاگردوں کو اپنی طرف کھینچ لیں۔ اِس لئے جاگتے رہو اور یاد رکھو کہ میں تین برس تک رات دن آنسو بہا بہا کر ہر ایک کو سمجھانے سے باز نہ آیا۔ "

مکاشفہ 2 باب 1 تا 7 آیت میں اس بات پر غور دلچپسی کا حامل ہے اگرچہ افسّس کی کلیسیا بڑی وفاداری سے مسیح کی تعلیمات پر قائم اور ثابت قدم تھی اور بڑی جانفشانی سے خداوند کی خدمت بھی کر رہی تھی، تاہم اپنی پہلی سی محبت بھول چکی تھی۔

محسوس ہوتا ہے کہ پولس رسول کو اِفسس میں موجود اس کلیسیا کی بڑی فکر تھی۔ اس کا خط مسیح یسوع میں ان کا مقام اور رتبہ یاد دلاتا ہے۔ افسیوں 3 باب 14 تا 21 آیت میں افسیوں کے لئے اس کی دُعا یہ ظاہر کرتی ہے کہ وہ مسیح کی قدرت میں مضبوط ہوں اور اس کی محبت میں جڑ پکڑتے چلے جائیں۔ وہ مسیح کی محبت کو گہرے طور پر سمجھیں اور اُس کی معموری سے معمور ہوتے چلے جائیں۔ وہ اُن کی حوصلہ افزائی کرتا ہے کہ وہ اپنے بلاوے کے لائق زندگی بسر کریں۔ خدا کے کلام کے مطابق چال چلیں اور اپنے اپنے گھرانے کی خبر گیری کریں۔ بالخصوص اس نے روحانی جنگ پر بھی زور دیا ہے جو بطور کلیسیا اُنہیں

در پیش تھی۔ وہ ابلیس کا مقابلہ کرنے اور خدا کے سب ہتھیار پہننے پر کافی زور دیتا ہے۔

دَورِ جدید میں کتاب کی اہمیت

افسّس کی کلیسیا کے نام یہ خط بڑی عملی نوعیت کا ہے۔ یہ خط ہمیں یاد دہانی کراتا ہے کہ ہم مسیح میں کون ہیں، ساتھ میں یہ خط اس بات کی وضاحت بھی کرتا ہے کہ روحانی رفاقت میں بطور ایماندار رہنے کا کیا مطلب اور مفہوم ہے۔ اس خط کی اہم خصوصیت روحانی جنگ سے متعلق تعلیم ہے جو ہم سب کو در پیش ہے۔ مسیحی زندگی بسر کرنے اور خدا کی بادشاہت کو فروغ اور وُسعت دینے کے لئے خدا کے سب ہتھیار پہننے کی اہمیت ہمارے فہم و فراست میں بہت اضافہ کرتی ہے کیونکہ اِن ہتھیاروں سے ہم ابلیس کا مقابلہ کر سکتے ہیں۔

باب 12

مسیح میں

افسیوں 1 باب 1 تا 14 آیت کا مطالعہ کریں

پولس رسول اس خط کا آغاز انہیں اس بات سے آگاہ کرنے سے کرتا ہے کہ وہ خدا کی مرضی سے مسیح یسوع کا رسول ہے۔ اُس کی رسالت اُس کا اپنا فیصلہ نہیں تھا جو اُس نے اپنے مستقبل کو بہتر بنانے کے لئے کیا تھا۔ یہ وہ خدمت تھی جس کے لئے خدا نے اُسے بلایا تھا۔ جو کچھ پولس رسول نے افسیوں کو لکھا وہ خدا کے اختیار سے لکھا تھا۔

پولس رسول کی یہ خواہش تھی کہ افسیوں اپنی زندگیوں میں خدا کے فضل اور اطمینان کا تجربہ کریں۔ اکثر اس فضل اور اطمینان کو نجات سے منسوب کیا جاتا ہے۔ لیکن پولس رسول کی افسیوں کے لیے یہی خواہش تھی کہ وہ روز مرہ کی بنیاد اور وسیع پیمانے پر ان برکات سے مستفید ہوتے رہیں۔ ہمارے لئے یہ کس قدر اہم ہے کہ ہم خدا کی مہربانی اور نظرِ عنائت کو بے قدر جانیں اور اس سے حاصل شدہ اطمینان سے بھی استفادہ نہ کر پائیں۔ دشمن کی یہی کوشش ہے کہ وہ ہمیں ان برکات کی آگاہی اور علم سے محروم رکھے۔

3 تا 14 آیت میں پولس رسول نے خداوند خدا اور خداوند یسوع مسیح کی تعریف اور ستائش کے لئے بہت کچھ کہا ہے کیونکہ اس کا دل اس بات کے لئے شکر گزاری سے معمور ہے کہ خداوند خدا کی انسان کے لئے محبت اُتم ہے اور جو کچھ خداوند یسوع مسیح نے بنی نوع انسان کے لئے کیا ہے وہ گراں قدر ہے۔ پولس رسول نے اپنے قارئین کو ابتدائی آیات میں بتایا ہے کہ خدا نے اپنی محبت میں خداوند یسوع مسیح کے وسیلہ سے آسمانی مقاموں پر ہر

طرح کی برکت بخشی ہے۔ یہاں پر پولس رسول نے زمینی برکات اور آسمانی برکات میں فرق واضح کیا ہے۔ اس زمین پر ہمیں بہت سی برکات ملی ہیں۔ ہماری صحت، مال و متاع سبھی کچھ محبت اور ترس سے بھرے ہوئے خدا کی طرف سے ملا ہے۔ یہ سب کچھ اپنی نوعیت کی بڑی زبردست اور بہت ضروری برکات ہیں۔ تاہم پولس رسول کا زیادہ زور زمینی برکات پر نہیں بلکہ اُن روحانی برکات پر ہے جو ہمیں مل چکی ہیں۔ یہ برکات کون سی ہیں؟ آئیں ان برکات کا فرداً فرداً جائزہ لیں۔

اُس نے بنائے عالم سے پیشتر ہمیں چن لیا (4 آیت)

بنائے عالم سے پہلے اس کائنات کے خالق و مالک کے پاس ایک منصوبہ تھا۔ اُس نے ہمیں اس لئے چنا تا کہ ہم اُس کے حضور پاک اور بے عیب ٹھریں۔ یہ شروع ہی سے خالق اور مالک کا ہمارے لئے منصوبہ تھا کہ ہم اُس کے لوگ ہو کر گناہ اور ابلیس پر فتح مند زندگی بسر کریں۔ پاک ہونے کا مطلب ہے مخصوص ہونا۔ بے عیب ہونے کا معنی ہے بے نقص ہونا۔ چونکہ ہم ایک مقصد کے لئے چنے گئے ہیں، اس لئے اگر ہم پاک اور مقدس زندگی بسر کریں گے تو تب ہی ہمیں حقیقی خوشی اور شادمانی ملے گی۔

ایمانداروں کے لئے خدا کی یہ مرضی ہے کہ وہ دُنیا کے نظام، جسم اور ابلیس پر فتح مند اور غالب زندگیاں بسر کریں۔ ہمیں شکست خوردہ زندگی بسر کرنے کی کوئی ضرورت نہیں ہے۔ ہم کتنی ہی بار گناہ کے آگے گھٹنے ٹیک دیتے ہیں اور پھر ہم یہ ایمان بھی رکھتے ہیں کہ ہمیں فتح کا تجربہ ہو گا؟ شیطان نے ہماری آنکھوں کو گناہ کے اعتبار سے اندھا کر دیا ہے اور ہمیں پتہ بھی نہیں چلتا اور گناہ ہماری زندگی میں موجود ہوتا ہے۔ وہ ہمیں یہی بتاتا ہے "چھوٹے موٹے گناہوں اور غلطیوں کے لئے زیادہ فکر مند ہونے کی کوئی ضرورت نہیں ہے۔" کتنی ہی بار ہم اس کے جھوٹ پر کان دھر لیتے ہیں اور گناہ میں زندگی بسر کرنا جاری

رکھتے ہیں؟ اگر ہم یہ جانتے ہیں کہ خدا نے ہمیں خلق کیا ہے، اور بنائے عالم سے پہلے چن لیا ہے تاکہ ہم اُس کے حضور پاک اور بے عیب ٹھہریں تو پھر ہمیں بڑی جانفشانی سے پاک اور مقدس زندگی بسر کرنے کے لئے کوشاں رہنا چاہئے۔ وہ دُنیا جو اس وقت گناہ میں گری پڑی ہے، اس میں خدا کی طرف سے بلاہٹ ہونا اور مسیح یسوع کے کام کے وسیلہ سے فتح مند زندگی بسر کرنے کی قوت اور قدرت ملنا کس قدر بڑے شرف و استحقاق کی بات ہے!!

اپنی محبت میں اس نے ہمیں پہلے ہی سے اپنے فرزند ہونے کے لئے چن لیا (5 آیت) نہ صرف ہمیں فاتح ہونے کے لئے چنا گیا ہے، خدا نے ہمیں اپنے بیٹے اور بیٹیاں ہونے کے لئے بھی چنا ہے۔ اس آیت میں ایک گہری رفاقت اور قربت کا احساس پایا جاتا ہے۔ خدا ہم سے بھی زیادہ اس بات میں دلچسپی لیتا ہے کہ ہم گناہ اور ابلیس پر فتح مند زندگی بسر کریں۔ وہ ہم سے ایک شخصی رابطہ اور رفاقت رکھنا چاہتا ہے۔ بطور بیٹے اور بیٹیاں ہمیں یہ شرف حاصل ہے کہ ہم اُس کی حضوری میں جا سکیں۔ خدا باپ کی برکات ہم پر نچھاور کی جاتی ہیں۔ اس کا وعدہ ہے کہ وہ اپنے بچے جانتے ہوئے ہماری فکر کرے گا، ہمارا خیال رکھے گا اور ہماری ہدایت اور رہنمائی کرتا رہے گا۔

کائنات کا عظیم خدا، خالق و مالک کیوں ہمارے ساتھ گہری رفاقت اور قربت میں رہنا چاہتا ہے؟ وہ اپنی محبت سے ہمارے ساتھ گہری قربت اور رفاقت میں رہنا چاہتا ہے۔ یہ محبت ہی تھی جس میں اس نے ہمیں اپنے بیٹے اور بیٹیاں ہونے کے لئے چن لیا۔ غور کریں کہ اس نے یہ سب کچھ اپنی خوشی ،، سے کیا۔ بالفاظ دیگر، خدا نے ہمیں اپنے بیٹے اور بیٹیاں ہونے کے لئے ہم تک رسائی اس لئے کی کیونکہ یہ اُس کی خوشی تھی کہ وہ ایسا کرے۔ اس سے ہمیں خدا کے بارے میں کچھ جانکاری ہوتی ہے۔ خدا کی یہی خوشی ہے کہ وہ ہمیں اپنے بچے

جانتے ہوئے ہم سے گہری رفاقت اور قُربت میں رہے۔ وہ ہمارے ساتھ گہری قربت اور رفاقت کا اس قدر مشتاق تھا کہ اُس نے اپنے بیٹے کو ہمارے لئے صلیب پر قربان ہونے کے لئے بھیجا تاکہ ہم اپنے گناہوں کی معافی پاسکیں۔ اب ہم اس پیارے آسمانی باپ کے طور پر جان سکتے اور اس کے ساتھ ایک رشتے میں بندھ سکتے ہیں۔

اس سے پہلے ہماری ملاقات کسی ایسی ہستی سے نہیں ہوئی ہے۔ یہ کس قدر بڑا فضل ہے۔ کہ وہ ہمارے لئے مرنے کو راضی ہو گیا تاکہ ہم اسے جان سکیں۔ یہ کس قدر بڑی برکت اور ہم پر مہربانی ہے کہ ہم اس کے لے پالک بچے بن چکے ہیں اور وہ ہمارا خدا اور آسمانی باپ ہے۔ ہم جان گئے ہیں کہ وہ ہم سے گہری رفاقت، گفتگو اور دوستانہ تعلقات رکھنا چاہتا ہے۔ ایسا کہ ہر روز ہم اس سے رفاقت رکھیں۔ اس سے ہمارے دل خدا کی تعریف، تمجید اور شکر گزاری سے بھر جانے چاہیئے۔ کہ وہ کس قدر فضل اور مہربانی کرنے والا خالق اور مالک ہے۔

اس میں ہم اُس کے خون کے وسیلہ سے چھڑا لئے گئے ہیں۔ (7 آیت)

پولس رسول نے افسیوں کو یاددہانی کرائی کہ خدا کے بچے ہوتے ہوئے انہیں خداوند یسوع مسیح کے خون کے وسیلہ سے مخلصی حاصل ہے۔ ہمیں اس لئے لے پالک بیٹے اور بیٹیاں ہونے کا حق نہیں ملا کیونکہ ہم نے اس کے لئے محنت کی یا کچھ ادا کیا۔ حقیقت تو یہ ہے کہ ہم خدا سے بہت دُور تھے۔ ہم کھوئے ہوئے گنہگار تھے۔ ہم قدوس اور پاک خدا سے الگ تھے۔ ہم گناہ کے غلام اور غضبِ الٰہی کے نیچے تھے۔ خدا نے اپنی محبت میں اپنے عزیز بیٹے خداوند یسوع مسیح کو اس دُنیا میں بھیجا تاکہ ہمیں گناہ کی غلامی سے چھڑا لے۔ اس کے لئے یسوع کو اپنی جان کی قیمت چکانا پڑی۔ لیکن اس نے بخوشی و رضا یہ قیمت ادا کر کے ہمیں آزاد کروالیا۔ خدا نے یہ منصوبہ اس لئے بنایا کیونکہ وہ فضل، مہربانی اور ترس کرنے والا خدا

ہے۔ ہم کبھی بھی خدا کے قہر و غضب کا سامنا نہیں کریں گے اور نہ ہی ہمیں خدا کی بغاوت کرنے پر بھاری قیمت ادا کرنی پڑے گی۔ کیونکہ خداوند یسوع نے ہر ایک قیمت ادا کر دی ہے۔ پولس رسول نے افسیوں کو وہ بھاری بوجھ یاد دلایا جو خداوند اپنے ساتھ صلیب پر لے کر گیا تھا۔ اسی وجہ سے خدا باپ نے ہم پر بھاری فضل کر کے ہمارے گناہ معاف کر دئے ہیں۔

اُس نے اُس کی مرضی کے بھید کو ہم پر منکشف کر دیا۔ (9 آیت)

8 آیت پر غور کریں کہ خدا باپ نے نہ صرف ایمانداروں کو مسیح یسوع کے خون کے وسیلہ سے رہائی بخشی ہے بلکہ انہیں حکمت اور معرفت سے بھی نوازا ہے۔ پولس رسول نے افسیوں کو بتایا کہ خدا کا فضل اس قدر زیادہ تھا کہ اس نے اپنی مرضی کے بھید کو بھی اسی فضل کے تحت ان پر آشکارہ کیا ہے۔ کہنے کا یہ مقصد ہے کہ اُس کی یہ خوشی تھی کہ وہ اُنہیں اپنے منصوبہ اور مقصد کا فہم و ادراک عطا کرے۔ یہ منصوبہ کیا ہے؟ 10 آیت ہمیں بتاتی ہے کہ یہ منصوبہ سب چیزوں کو مسیح کے اختیار کے نیچے لانے کا ہے۔ ایک دن ہر ایک چیز مسیح کی راست حکمرانی کے تابع ہو جائے گی۔

خدا اس دنیا میں یہی کچھ کر رہا ہے۔ یہی وجہ ہے کہ اُس نے مجھے گناہوں سے رہائی بخشی اور اپنی قربت میں لا رہا ہے۔ یہ منصوبہ خدا کے اپنے ٹھہرائے ہوئے وقت پر پورا ہو گا۔

11 آیت میں کتاب مقدس کا مضبوط ترین بیان موجود ہے۔ "اِسی میں ہم بھی اُس کے ارادہ کے موافق جو اپنی مرضی کی مصلحت سے سب کُچھ کرتا ہے پیشتر سے مُقرر ہو کر میراث بنے۔"

خدا نے پاک روح کے وسیلہ سے اس منصوبہ کو ہم پر منکشف کیا ہے۔ ہمیں یہ شرف حاصل ہے کہ ہم اس منصوبہ کو اپنی آنکھوں کے سامنے ظاہر ہوتا ہوا دیکھیں۔ یہ کس قدر

برکت کی بات ہے کہ خدا ہمیں اس کائنات کے لئے اپنے منصوبے کا حصہ بنانا چاہتا ہے!

پولس رسول نے اپنے دور میں اس خوبصورت منصوبے کی جزوی تکمیل دیکھی جب مرد و زن اس کی خدمت کے وسیلہ سے دشمن کے جبڑے سے چھڑائے جا رہے تھے۔ آج ہم اس دَور میں اس سے بھی بڑھ کر اس منصوبے کی تکمیل دیکھ رہے ہیں جب خدا کا پاک روح ابلیس کی قوت کو زیر کر رہا ہے۔ 12 اور 13 آیت میں، پولس رسول نے افسیوں کو یاد دہانی کرائی کہ یہودیوں کو سب سے پہلے چنا گیا تا کہ وہ مسیح میں ایک امید پائیں اور پھر یہودیوں کے وسیلہ سے خدا کا مقصد اور منصوبہ غیر اقوام کے وسیلہ سے پورا ہوا۔ اور یوں اس کے نام کی تمجید اور ستائش ہوئی۔ یہ کس قدر برکت اور شرف و استحقاق کی بات ہے کہ نہ صرف ہمیں خدا کے منصوبے کی سمجھ بوجھ دی گئی ہے بلکہ ہم خدا کے اس خوبصورت اور جلالی منصوبے کا حصہ بھی بن گئے ہیں۔

جب تم ایمان لائے تھے تو مسیح میں شامل کر دئے گئے تھے۔ (13 آیت)

جس روز ہم ایمان لائے تھے، ہم خدا کے خاندان کا حصہ بن گئے تھے۔ ہمیں مسیح کے بدن میں رکھا گیا تھا۔ بطور خدا کے بیٹے اور بیٹیاں، ہم پر خاص مہر لگا دی گئی اور وہ مہر ہے خدا کا پاک روح۔ ہماری زندگیوں میں خدا کے پاک روح کی موجودگی اس بات کی ضمانت ہے کہ اب ہم خداوند یسوع مسیح میں ہو کر خدا کی ملکیت ہو چکے ہیں۔ ساتھ یہ بھی حقیقت ہے کہ کوئی چیز ہمیں خدا سے جدا نہ کر پائے گی اور نہ ہی ہم سے کوئی ہماری روحانی میراث چھین پائے گا۔

14 آیت میں روح القدس کو بیعانہ سے تشبیہ دی گئی ہے جو ہماری میراث کی ضمانت ہے۔ روح القدس کی ہماری زندگیوں میں حضوری اور موجودگی خدا کے حضور مقبول اور منظور ہونے کی مہر ہے۔ روح القدس ہماری زندگیوں میں سکونت پذیر ہونے کے لئے آتا ہے۔

روح القدس ہی ہمیں خدا کے کام کے لئے قوت اور قدرت سے نوازتا ہے تاکہ ہم اپنی زندگی سے اُس کی مرضی اور منصوبے کو پایہ تکمیل تک پہنچا سکیں۔ وہ ہم میں مسیح کے کردار کو پیدا کرنے کے لئے آتا ہے۔ روح القدس ہم میں اس کام کو جاری رکھے گا۔ پولس رسول نے کہا، ہماری مخلصی کے دن تک۔

افسیوں کے خط کے اس ابتدائی حصہ میں، پولس رسول نے افسیوں کے لئے چند خوبصورت برکات کا بیان کیا ہے جو مسیح یسوع میں ان کے لئے دستیاب تھیں۔ اُنہیں گناہ اور ابلیس پر غالب اور فاتح زندگیاں بسر کرنے کے لئے چنا گیا تھا۔ انہیں خدا کے لے پالک بیٹے اور بیٹیاں ہونے کا حق مل گیا تھا۔ مسیح نے اپنے خون کی قیمت دے کر اُنہیں اپنے باپ کے لئے خرید لیا تھا۔ خدا نے اُنہیں اپنے خوبصورت منصوبے کا حصہ بنا لیا تھا تاکہ سب کچھ مسیح کی سربراہی میں آ جائے۔ اس نے اپنا پاک روح اُن میں رکھا تھا جو اس بات کو ظاہر کرتا تھا کہ وہ خدا کے مقبول و منظور ہیں۔ ہمیں ان ساری برکات کے لئے کس قدر شکر گزار اور ستائش سے بھر جانا چاہئے جو مسیح یسوع میں سب ایمانداروں کو مل چکی ہیں۔

چند غور طلب باتیں

☆ ۔ کیا آپ کی زندگی میں کچھ ایسے مخصوص گناہ ہیں جن پر غالب آنا آپ کو مشکل دکھائی دیتا ہے؟ خدا کی اس خواہش کے تعلق سے ہم نے یہاں پر کیا سیکھا ہے کہ آپ فتح مند زندگی بسر کریں؟

☆ ۔ مسیح یسوع کو شخصی طور پر قبول کرنے کے لئے آپ کی زندگی پر خدا کا ہاتھ تھا، اس کا کیا ثبوت ہے؟

☆ ۔ خدا ہمارے ساتھ گہری رفاقت اور قُربت رکھنا چاہتا ہے، خدا کی اس خواہش کے تعلق سے ہم نے یہاں پر کیا سیکھا ہے؟ کیا آپ خدا کے ساتھ ایسی گہری رفاقت کا تجربہ کر رہے ہیں؟ خداوند کو مزید جاننے اور اُس کے ساتھ گہری رفاقت میں کون سی چیز رکاوٹ بنی ہوئی ہے؟

چند اہم دُعائیہ نکات

☆۔ اُن برکات کے لئے شکر گزاری کریں جن کا پولس رسول نے اس حوالہ میں ذکر کیا ہے۔

☆۔ خداوند سے فضل اور توفیق چاہیں تاکہ آپ اس کے فرزند/ بیٹی کی طرح زندگی بسر کر سکیں۔ ایسے وقتوں کے لئے بھی خدا سے معافی مانگیں جب آپ دُنیا کی چیزوں کے پیچھے بھاگتے پھرے۔

☆۔ خدا کے پاک روح کے لئے بھی شکر گزاری کریں جو آپ میں سکونت پذیر ہے۔ خداوند سے فضل اور مدد چاہیں تاکہ اپنی زندگی میں روح القدس کے کام اور اس کی رہنمائی کے لئے حساس بن جائیں۔

☆۔ خداوند کی شکر گزاری کریں کہ وہ آپ کے تعلق سے مایوس نہیں ہوتا بلکہ جب تک آپ کے دل کو پورے طور پر جیت نہ لے آپ کے تعاقب میں رہتا ہے۔

☆۔ خداوند سے پاکیزہ زندگی بسر کرنے کا فضل مانگیں۔ کسی بھی ایسے گناہ پر فتح اور غلبہ چاہیں جو آپ کی زندگی میں اس وقت موجود ہے۔

باب 13

اُس میں بڑھتے جاؤ

افسیوں 1 باب 15 تا 23 آیت کا مطالعہ کریں

میرا ایک پسندیدہ گیت ہے " میرے یسوع میں تجھ سے محبت کرتا ہوں" اس گیت کا ایک مصرعہ یوں ہے۔ "میں نے واقعی اب تجھ سے محبت پہلے سے زیادہ محبت کی ہے" جب بھی میں یہ گیت گاتا ہوں، تو اپنے آپ سے یہ سوال پوچھتا ہوں۔" کیا واقعی میں اب یسوع سے پہلے سے زیادہ پیار کرتا ہوں؟ "کیا میں کل کی بہ نسبت آج اس سے زیادہ محبت کرتا ہوں؟" کیا واقعی میرا اس سے تعلق اور رشتہ روز بروز گہرا ہوتا چلا جا رہا ہے؟" یہ وہ اہم سوالات ہیں جو ہم میں سے ہر ایک کو اپنے آپ سے پوچھنے چاہئے۔ ہم میں سے بہت سے ایماندار روحانی طور پر بچے رہتے ہوئے بھی بہت خوش ہوتے ہیں۔ مسیحی ہونا تو محض ایک آغاز ہے۔ پولس رسول کی افسیوں کے لئے یہ خواہش تھی کہ وہ خداوند کے ساتھ اپنے رشتے اور محبت میں افزائش کرتے چلے جائیں۔ وہ اُنہیں بلوغت تک پہنچتے ہوئے دیکھنا چاہتا تھا۔ جب ہم اپنے بچوں سے پیار کرتے ہیں تو ہم کبھی نہیں چاہیں گے کہ وہ عمر بھر بچے ہی رہیں۔

خط کے اس حصہ میں پولس رسول نے افسیوں کو مسیح یسوع میں ان کا مقام اور رُتبہ یاد کرایا ہے۔ وہ چنے گئے تھے اور ان پر پاک روح کی مہر بھی لگ گئی تھی۔ خدا اس سے خوش تھا کہ اب وہ اُس کے گھرانے کے لوگ بن کر اس خوبصورت منصوبے کا حصہ بن گئے ہیں جس میں سب چیزیں مسیح یسوع کے تابع ہوں گی۔ افسیوں کو اُن کی برکات سے آگاہ کرنے کے

بعد، پولس رسول نے پھر ان مقدسین کے لئے دُعا کی۔ پولس رسول نے 15 آیت میں خداوند کی ستائش کی کہ افسیوں کا خداوند یسوع کے ساتھ ایک خوبصورت رشتہ قائم ہو گیا تھا۔ اسے بہت خوشی ہوئی جب اُس نے اُن کے ایمان اور اس محبت کا حال سنا جو وہ ایک دوسرے سے رکھتے تھے۔ پولس رسول یہ نہیں چاہتا تھا کہ وہ اسی مقام پر رُک جائیں۔ کیونکہ خدا افسیوں کے لئے اس سے بھی زیادہ گہرا منصوبہ رکھتا تھا۔ پولس رسول چاہتا تھا کہ وہ مسیح کی پہچان اور اُس کے عرفان میں آگے بڑھتے چلے جائیں۔

16 آیت پر غور کریں، پولس رسول اُن سب کاموں کے لئے خدا کی شکر گزاری کرنے سے باز نہیں آتا جو خدا نے افسیوں کی زندگیوں میں کر دئے تھے۔ اب وہ مزید دُعا کرتا ہے کہ خدا اپنے پاک روح کے وسیلہ سے اُن کی زندگیوں میں اور زیادہ گہرا کام کرے۔ اگلی چند آیات میں، پولس رسول نے انہیں اس دُعا کے بارے میں بتایا ہے جو وہ ان کے لئے کرتا ہے۔

خدا اُنہیں حکمت اور مکاشفہ کی روح بخشے (17 آیت)

پولس رسول خدا سے یہ درخواست کرتا ہے کہ وہ افسیوں کو حکمت اور مکاشفہ کی روح بخشے تاکہ وہ اور بھی بہتر طور پر مسیح کو جانیں۔ یہ حکمت اور مکاشفہ کی روح کیا ہے؟ پولس رسول انسانی فہم و ادراک کے لئے دُعا نہیں کر رہا تھا۔ وہ یہ دعا کر رہا تھا کہ افسیوں کی روحانی آنکھیں کھل جائیں تاکہ وہ ایک نئے انداز سے مسیح کو دیکھ سکیں۔ وہ یہ دُعا کر رہا تھا کہ خدا نہ صرف ذہنی اور عقلی طور پر کتابی علم سے ان پر مسیح کو ظاہر کرے بلکہ وہ اس کے ساتھ ایک گہرے رشتے کا تجربہ کریں۔ اس حکمت اور فہم کا مقصد معلومات یا علم نہیں تھا بلکہ مسیح کو گہرے طور پر جاننا تھا۔

کیا آپ کے پاس حکمت اور مکاشفہ کی روح ہے؟ کیا آپ کا دل خدا کو مزید جاننے کے بوجھ

سے معمور ہے؟ کیا آپ اور زیادہ اس کے کردار کو جاننے کے لئے اس کے حضور فریاد کرتے ہیں؟ کیا آپ اُس کی حضوری کے بھوکے اور پیاسے ہیں؟ پولس رسول خدا کے حضور افسیوں کے لئے یہی فریاد کر رہا تھا کہ وہ اپنے اُس روحانی مقام اور نشو و نما پر ہی مطمئن ہو کر نہ رہ جائیں جہاں پر وہ ہیں۔ بلکہ وہ خدا کے حضور اور زیادہ مسیح کو جاننے کے لئے بھوکے پیاسے ہو کر دُعا اور التجا کرتے رہیں۔

ان کے دل کی آنکھیں روشن ہو جائیں(18 تا23آیت)

پولس رسول نے یہ دُعا بھی کی کہ اُن کے دل کی آنکھیں تین اہم اور ضروری سچائیوں کو دیکھنے کے لے روشن ہو جائیں۔ پہلی سچائی جس کے لئے پولس نے دُعا کی کہ افسیوں اس امید کو دیکھیں جس کے لئے وہ بلائے گئے تھے۔(18 آیت) یہ اُمید کیا تھی؟اس باب کے پہلے حصہ میں پولس رسول اس سوال کا جواب پہلے ہی دے چکا ہے جب وہ افسیوں سے مسیح یسوع میں ان کی روحانی برکات کا ذکر کر رہا تھا۔ اُس نے اُنہیں یاد کرایا تھا کہ اُن کے بلائے جانے کا مقصد یہ ہے کہ وہ بے عیب اور بے نقص فرزند بنیں۔ اُنہیں خدا کے فرزند ہونے اور اُس کی بادشاہی کے وارث ہونے کے لئے بلایا اور چنا گیا تھا۔ وہ خدا کے اس منصوبے کا بھی حصہ تھے جس میں خدا نے سب چیزوں کو مسیح کے تابع کرنا تھا۔ اُن پر خدا کے پاک روح کی مہر بھی لگی تھی جو کہ آنے والی چیزوں کی ضمانت تھی۔ بطور ایماندار ان کے پاس ایک زبردست اُمید تھی۔ اُنہیں فتح مند زندگیاں بسر کرنے کے لئے بلایا گیا تھا۔ اس فتح کے علم سے ان میں مزید آگے بڑھنے کی اشتہا پیدا ہونی چاہیے تھی۔ پولس رسول یہ چاہتا تھا کہ افسیوں اس زبردست امید کو اپنے دل میں لیتے ہوئے زندگی بسر کریں جس کے لئے وہ بلائے گئے تھے۔

پولس رسول یہ بھی چاہتا تھا کہ افسیوں اپنی جلالی میراث کی دولت کی اُمید کے علم میں بھی

ترقی کریں جو انہیں مقدسوں کے ساتھ حاصل ہے۔(18 آیت) یہ دولت جس کا پولس رسول یہاں پر ذکر کررہا ہے یہ وہ دولت ہے جو ہمیں مقدسین کے ساتھ حاصل ہے۔ اس باب کے پہلے حصہ میں، پولس رسول نے مسیح یسوع میں حاصل شدہ ان روحانی برکات کا ذکر کیا ہے جو ہمیں آسمانی مقاموں پر حاصل ہیں۔ یہاں پر پولس رسول یہ چاہتا ہے کہ افسیوں اس دولت کو بھی پہچانیں جو اُنہیں ایک دوسرے میں حاصل ہے۔ کتنی ہی بار ہم اُن زبردست برکات کو دیکھنے میں ناکام رہ جاتے ہیں جو ہمیں ایک دوسرے میں حاصل ہوتی ہیں۔ خدا نے ہمیں ایک معاشرتی گروہ کی صورت میں رہنے کے لئے بلایا ہے۔ خدا نے معاشرے کو اس طرح سے تشکیل دیا ہے کہ اُس کا نظام اس وقت تک چل ہی نہیں سکتا جب تک ہر کوئی اپنا اپنا کردار ادا نہ کرے۔

مسیح کے بدن میں تمام روحانی نعمتیں، لیاقتیں اور صلاحیتیں خدا کی بادشاہی کی وُسعت کے لئے باہم مل کر کام کرتی ہیں۔ شیطان اس وقت کانپنے لگتا ہے جب اسے یہ علم ہوتا ہے کہ مسیح کا بدن یگانگت کے ساتھ مل کر کام کررہا ہے۔ کیا یہی وجہ ہے کہ ابلیس کلیسیا میں بے اتفاقی اور تفرقے پیدا کرنے کے لئے بہت زیادہ وقت صرف کرتا ہے؟

کیا آپ نے کبھی فارغ وقت میں بیٹھ کر اپنے جسم کے عجوبے پر غوروخوص کیا ہے؟ کیا آپ اس بات پر حیرت زدہ ہوئے ہیں کہ کس طرح آنکھیں دیکھ سکتی اور کانوں میں سننے کی صلاحیت موجود ہے؟ کیا آپ نے کبھی دماغ کے پیچیدہ نظام پر حیرت کا اظہار کیا ہے؟ انسانی جسم اپنے آپ میں ایک عجوبہ ہے جس پر غوروخوص کرنے کی ضرورت ہے۔ اگر آپ بچے کی پیدائش پر غور کریں تو آپ کی آنکھوں میں آنسو اُمڈ آئیں گے کہ کس طرح زندگی سے زندگی جنم لیتی ہے۔ مسیح کا بدن بھی ایسا ہی ہے کہ آپ محوِ حیرت ہو جائیں۔ حالیہ مہینوں میں، میں غوروفکر کرتے ہوئے حیرت میں ڈوب گیا کہ کس طرح مسیح کا بدن یگانگت اور

ہم آہنگی سے کام کر سکتا ہے۔ میں نے جہنم کے لشکروں کو راہ فرار حاصل کرتے دیکھا ہے جب مسیح کا بدن یک دل ہو کر اپنی روحانی نعمتوں اور صلاحیتوں کو اجتماعی برکت اور خدا کی بادشاہی کے لئے استعمال کرتا ہے۔ پولس رسول کی یہی دُعا تھی کہ افسیوں اس بات کو گہرے طور پر سمجھیں اور جانیں کہ انہیں ایک دوسرے میں کیسی برکات اور تقویت حاصل ہے۔

سوئم۔ پولس رسول یہ چاہتا تھا کہ افسیوں خداوند یسوع مسیح کی قدرت کے تجربہ اور اس کے فہم میں بھی ترقی کریں۔ خدا نے اپنا پاک روح ہمیں دیا ہے۔ اس نے اپنے نام سے ہمیں فتح کرنے اور غالب آنے کے لئے اختیار بھی عطا کیا ہے۔ اس نے ہمیں اس لئے چنا ہے تا کہ ہم اس دنیا میں اس کے ہتھیار بن کر استعمال ہوں۔ ہمیں ان سب باتوں کی کس قدر کم سمجھ بوجھ حاصل ہے۔ پولس رسول نے افسیوں کو یاد دہانی کرائی کہ خدا نے جو قوت اور قدرت انہیں عطا کی ہے یہ وہی قوت اور قدرت ہے جس سے اس نے مسیح یسوع کو مُردوں میں سے زندہ کیا تھا۔ (20 آیت)

یہ قدرت کسی بھی قدرت، رتبے اور اختیار سے اعلیٰ اور عظیم ہے، نہ صرف اس زمانہ میں بلکہ آنے والے دَور میں بھی۔ یہ وہ قوت ہے جو جہنم کی قوتوں کو پسپا کر سکتی ہے۔ اسی قوت نے فطرت اور قبر کو شکست دی تھی۔ یہ اسی کی قدرت ہے جس کی معموری ہر جگہ ہے۔ یہ خدا کی قوت اور قدرت ہے جو اس کائنات میں سما نہیں سکتی۔ یہ قوت اور قدرت چھوٹے سے چھوٹے خلیہ میں موجود ہے اور اُس کو زندہ کرتی ہے۔ یہ قوت اور قدرت کائنات کی وُسعت اور اُس کی دلکشی میں بھی دیکھنے کو ملتی ہے۔ اس دُنیا میں کوئی بھی ایسی جگہ نہیں جہاں پر یہ قوت اور قدرت دیکھنے کو نہ ملے۔ کوئی بھی ایسا کونہ اور گوشہ نہیں جہاں پر خدا کی یہ قدرت محسوس نہ کی جا سکے۔

یاد رہے کہ خدا کی یہ قوت اور قدرت ہمارے لئے دستیاب نہیں ہے کہ ہم جس طرح چاہیں اس قوت اور قدرت کو استعمال میں لائیں۔ جب خدا ہمیں اختیار اور قدرت دیتا ہے تو اس کو استعمال میں لانے کا ایک مقصد ہوتا ہے۔ کیا ہم اس اختیار اور قدرت کے مقصد کو سمجھتے ہیں جو ہمیں عطا کی گئی ہے؟ اکثر اوقات جب دشمن ہمارے گھروں، کلیسیاؤں اور شخصی زندگیوں پر حملہ آور ہو کر تباہی اور بربادی مچا دیتا ہے تو ہم ایک کونے میں لگ کر بیٹھ جاتے ہیں اور نہیں جانتے کہ ہم اس ناگوار صورتحال اور نامساعد حالات و واقعات میں کیا کریں۔ حالانکہ یہ قوت اور قدرت ہمارے پاس ہوتی ہے کہ ہمیں اسے شکست فاش دے کر فاتح اور غالب آ کر شادمان، شکر گزار اور پُر مسرت زندگی بسر کریں۔

افسیوں کے لئے پولس رسول کی یہی خواہش تھی کہ وہ اُنہیں اس اختیار اور قدرت کا گہرا علم و فہم حاصل ہو جو اُنہیں مسیح یسوع میں حاصل ہے۔ اور وہ دُشمن کی صفوں کے خلاف کمربستہ ہو جائیں۔ اُنہیں کسی طرح کا خوف اور شرم محسوس نہ ہو بلکہ وہ دلیر ہو کر دشمن کے جبڑے کو توڑ دیں۔ وہ یہ بھی چاہتا تھا کہ افسیوں خداوند کے ساتھ اپنا رشتہ اور تعلق مضبوط بناتے چلے جائیں۔ اس کی دُعا تھی کہ خدا ان کے دلوں میں اپنی گہری بھوک پیاس پیدا کرے اور اُنہیں مسیح یسوع میں حاصل شدہ اُمید کی اور بھی زیادہ گہری پہچان حاصل ہو اور وہ اس قوت، قدرت اور اختیار کو بھی جانیں جو انہیں خدا کی طرف سے مسیح یسوع کے وسیلہ سے حاصل ہو گیا ہے۔ خدا کرے کہ ہمیں ان سچائیوں کا گہرا فہم و ادراک اور مکاشفہ حاصل ہو جائے۔ آمین۔

چند غور طلب باتیں

☆۔ خداوند یسوع مسیح کے ساتھ آپ کے رشتہ کی جو گہرائی اور مقام ہے کیا آپ اس سے مطمئن ہیں؟ اس حصہ میں پولس رسول نے افسیوں کو کیا تلقین اور تاکید کی ہے؟

☆۔ آپ کی زندگی میں روحانی افرائش اور نشو ونما کے کون سے شواہد پائے جاتے ہیں؟

☆۔ ایمانداروں کے خاندان کا حصہ بن کر آپ کس برکت سے لطف اندوز ہو رہے ہیں؟

☆۔ آپ کی زندگی میں خدا کی قوت اور قدرت کا کون سا ثبوت موجود ہے؟ خدا نے آپ کو کون سی قوت اور قدرت سے نواز ہوا ہے؟ آپ کس طرح اس قوت اور قدرت کی برکت سے لطف اندوز ہو رہے ہیں؟

چند اہم دُعائیہ نکات

☆۔ خداوند کو جاننے کے لئے اور زیادہ بھوک اور پیاس کے لئے دُعا کریں۔

☆۔ خداوند سے اس قوت اور قدرت کی آگاہی کی گہری پہچان اور عرفان کے لئے خدا سے دُعا کریں جو خداوند یسوع مسیح کے صلیبی کام اور روح القدس کی آپ کی زندگی میں منسٹری کے سبب سے دستیاب ہے۔

☆۔ مسیحی گھرانے کے لئے خداوند کی شکر گزاری کریں جو اس نے آپ کو عطا کیا ہے۔ خداوند سے مدد چاہیں تاکہ آپ اس خاندان میں ایک دوسرے کی تعمیر و ترقی اور نشو و نما اور افزائش کا سبب بن سکیں۔

باب 14

مسیح میں زندہ

افسیوں 2 باب 1 تا 10 آیت کا مطالعہ کریں

پولس رسول کی افسیوں کے لئے یہ دُعا تھی کہ وہ خداوند یسوع مسیح کی صلیبی موت کے وسیلہ سے اپنی زندگی میں اس کام کو گہرے طور پر جانیں جو خدا نے ان کی زندگیوں میں کیا تھا۔ اس حصہ میں بھی پولس رسول نے افسیوں کو یاد دہانی کرانا جاری رکھا کہ اس وقت ان کی زندگیوں میں کیا تبدیلی واقع ہوئی تھی جب اُنہوں نے خداوند یسوع مسیح کو اپنا نجات دہندہ قبول کیا تھا۔

تم اپنے گناہوں قصوروں کے سبب سے مُردہ تھے (1 ، 2 آیت)

پولس رسول یہاں پر افسیوں کو مسیح کے پاس آنے سے پہلے اُن کی روحانی حالت کے بارے میں یاد دہانی کرانے سے آغاز کرتا ہے۔ پولس رسول نے اُنہیں بتایا " تم اپنے گناہوں اور قصوروں کے سبب سے مُردہ تھے۔) یہاں پر پولس رسول اُن کی روحانی طور پر مُردہ حالت کا ذکر کر رہا ہے۔ یعنی خدا کے ساتھ ان کی کوئی رفاقت اور شراکت نہ تھی۔ خدا کے کلام میں غیر ایماندار شخص کو مُردہ کہا گیا ہے۔ سچائی اور پاکیزگی کے لحاظ سے بیمار اور کمزور نہیں بلکہ مُردہ۔ یہ لفظ بہت سخت قسم کا ہے جو انسان کی زندگی میں سے روحانی چیزوں کی غیر موجودگی کو ظاہر کرتا ہے۔ اس سے یہ بھی علم ہوتا ہے کہ ایسے شخص کو مسیح سے کچھ تعلق نہیں ہوتا۔ اُن کی زندگیوں میں روحانی موت کے نتائج پر بھی غور کریں۔

2 آیت ہمیں بتاتی ہے کہ نجات پانے سے پہلے، افسیوں اپنے گناہوں اور قصوروں میں

زندگی بسر کرتے تھے۔ ان کی زندگیوں پر خدا کے خلاف بغاوت کا قبضہ تھا۔ 2 آیت پر غور کریں کہ پہلے وہ اپنی سوچ اور روّش کے مطابق زندگی بسر کرتے تھے۔ پہلے وہ دنیاداری کی سوچوں اور خیالوں کے پیروکار تھے۔ یہی ایسی سوچ ہوتی ہے جس میں خدا کو مرکزی حیثیت حاصل نہیں ہوتی اور نہ ہی اس کے مقصد کا زندگی میں کوئی عمل دخل ہوتا ہے۔ یہ ایسی سوچ ہوتی ہے جو انسانی خواہشوں اور حسرتوں کو اپنی زندگی میں مرکزی حیثیت دیتی ہے۔ اور خدا کی تقدیس اور اس کی مرضی اور خواہش کو نظر انداز کیا جاتا ہے۔ مسیح یسوع کے پاس آنے سے پہلے افسیوں ذہنی طور پر ایسی ہی سوچوں اور خواہشوں تلے دبے ہوئے تھے جس کے تحت خدا کو اُن کی زندگیوں میں مرکزی حیثیت حاصل نہ تھی۔

خداوند یسوع مسیح کے پاس آنے سے قبل، افسیوں ہوا کی عملداری کے حاکم کے زیرِ اختیار تھے۔ پولس رسول نے افسیوں کو یاددہانی کرائی کہ شیطان ان لوگوں کی زندگیوں میں کام کرنا جاری رکھتا ہے جو خدا کی راہوں پر چلنے میں نافرمانی کا مظاہرہ کرتے ہیں۔ شیطان نے افسیوں کو اپنے برے نظام اور بدخیالی میں مبتلا کر رکھا تھا۔ اس نے اُن کی آنکھوں کو اندھا کر رکھا تھا تاکہ وہ مسیح کے تعلق سے عظیم سچائیوں اور بلند حقائق کو پہچاننے سے قاصر رہیں۔ وہ بے قدر گناہ آلودہ جسمانی خواہشات اور جسمانی رغبتوں کے پھندے میں پھنس چکے تھے۔ کیونکہ شیطان نے انہیں دنیاوی خیالات اور جھوٹے فلسفوں میں اُلجھا کر رکھ دیا تھا۔ 2 کرنتھیوں 10 باب 4 اور 5 آیت میں دیکھیں کہ پولس رسول نے اس فلسوفی تعلیم کو ایک قلعہ سے تشبیہ دی ہے جس میں یہ غیر نجات یافتہ لوگ مقید ہو کر رہ گئے تھے۔

بطور انسان، ہمیں خدا کی صورت اور شبیہ پر پیدا کیا گیا ہے۔ اس لئے ہم میں خدا کے ساتھ گفتگو کرنے اور اس کے ساتھ رفاقت رکھنے کی صلاحیت بھی پائی جاتی ہے۔ یہی وہ خاصیت ہے جو ہمیں جانوروں سے منفرد بناتی ہے۔ کیونکہ جانوروں میں روح نہیں ہوتی۔ لیکن

مسئلہ یہ ہے کہ غیر نجات یا غیر روحانی شخص جانوروں جیسی زندگی گزارنے پر ہی راضی اور مطمئن رہتا ہے۔ اور اُس کی زندگی کا نصب العین جسمانی اور جذباتی خواہشات اور ضروریات کی تسکین ہوتا ہے۔ لیکن انسان کی زندگی کا مقصدِ حیات اس سے کہیں بڑھ کر ہے۔ مسیح کے پاس آنے سے قبل افسیوں کے لوگ ایسا ہی طرزِ زندگی اپنائے ہوئے تھے۔

تم خدا کے قہر و غضب کے نیچے تھے (3 آیت)

پولس رسول نے افسیوں کو بتایا کہ جب وہ خدا کے اعتبار سے مُردہ اور دُنیا کی روِش، جسم کی خواہشات اور ابلیس کے بتائے ہوئے راستوں پر چلتے تھے تو اس وقت وہ خدا کے قہر و غضب کے نیچے تھے۔ خدا کا غضب الٰہی واقعی ایک حقیقت ہے۔ اور ہر طرح کی بے دینی اور بغاوت کے خلاف بھڑکتا ہے۔ افسیوں نے اپنی جسمانی خواہشات کی تسکین کے لئے خدا سے منہ موڑ لیا تھا۔ اور اپنی زندگی میں اس کے مقصد کو نظر انداز کر رکھا تھا۔ اُنہیں اس بات کا احساس تک نہ تھا کہ وہ ایسی شاہراہ پر گامزن ہیں جو اُنہیں تباہی اور بربادی کی طرف لے جا رہی ہے کیونکہ شیطان اور دُنیا نے اُن کی آنکھیں اندھی کر رکھی تھیں تاکہ وہ سچائی کو نہ جانیں۔

اس بات کو محسوس کرنا واقعی ایک سنجیدہ عمل ہے کہ افسیوں کی طرح ہم بھی کبھی خدا کے قہر و غضب کے نیچے تھے۔ تمام غیر نجات یافتہ لوگ اسی خطرناک حالت سے دوچار ہیں۔ بعض لوگوں نے تو آج تک یہ بھی نہیں سنا کہ جس راہ پر وہ گامزن ہیں وہ انہیں ہمیشہ کے لئے خدا سے جدا کئے ہوئے ہے اور بالآخر وہ جہنم میں پہنچ جائیں گے۔ کچھ ایسے بھی ہیں جنہوں نے سچائی کو سن تو رکھا ہے لیکن اس پر ایمان نہیں رکھتے۔ لیکن لوگوں کی بے اعتقادی خدا کی سچائی کو باطل نہیں کر سکتی جس کا پولس رسول یہاں پر ذکر کر رہا ہے۔ دشمن انہیں اندھا کرتا ہے جو خدا سے جدا ہیں، اور انہیں اس بات کا علم بھی نہیں ہوتا کہ

وہ خدا کے قہر و غضب کے نیچے ہیں کیونکہ وہ مُجرم ٹھہرائے جا چکے ہیں۔

خدا نے ہمیں مسیح یسوع میں زندہ کیا(4 اور 5 آیت)

یہاں پر پولس رسول تمام ایمانداروں کے تعلق سے بیان کرتا ہے کہ ہمارے رحیم اور کریم خدا نے ہمیں خطرناک حالت سے چھڑا لیا۔ اس نے دیکھا کہ ہم دیکھنے سے قاصر، دشمن کے اسیر اور گناہ آلودہ فطرت کے غلام بنے ہوئے دنیا کی روش اور ڈگر پر چلتے چلے جا رہے ہیں۔ خدا نے اپنی محبت میں ہمیں دشمن کے جبڑے سے چھڑا لیا اور ہمیں موت اور جہنم سے بچا لیا۔ مسیح یسوع کے صلیبی کام کے وسیلہ سے ہمیں فضل سے گناہوں کی معافی مل گئی حالانکہ ہم روحانی طور پر مُردہ اور بے یار و مددگار تھے۔ ہمیں اس کے عزیز بیٹے یسوع مسیح کے صلیبی کام کی بدولت نئی زندگی مل گئی۔ اس نے ہماری مُردہ روحوں میں اپنی زندگی انڈیل دی۔ ہمیں روحانی زندگی اور تازگی مل گئی۔ خدا نے اپنے فضل ہی سے یہ سب کچھ کیا۔ ایسا بالکل نہیں کہ ہم اس لائق تھے۔

جب ہم خدا کی زندگی کے ساتھ زندہ ہو گئے تو انقلابی طور پر سب کچھ بدل گیا۔ ہم بالکل نئے مخلوق بن گئے۔ (2 کرنتھیوں 5 باب 17 آیت) خدا کے پاک روح نے ہمیں خدا کے کلام کی نئی بھوک و پیاس عطا کر دی اور ہم روحانی چیزوں کے مشتاق ہو گئے۔ ہمارے اندر پاکیزگی کا ایک نیا جذبہ جوش مارنے لگا۔ خدا کے پاک روح نے ہماری زندگی کا اختیار سنبھالتے ہوئے ہم میں روح کے پھل پیدا کرنے شروع کر دئے۔ (گلتیوں 5 باب 22 تا 26 آیت) ہمیں نئے طور سے زندگی بسر کرنے کی قوت مل گئی۔ یہ سب کچھ خدا کے پاک روح کے اس کام کا نتیجہ تھا جو اس نے ہم میں کیا اور دوسری طرف یہ نئی زندگی کا ثبوت تھا۔

خدا نے ہمیں اس کے ساتھ مُردوں میں سے زندہ کر کے آسمانی مقاموں پر بٹھایا (6 اور 7 آیت)

پولس رسول افسیوں کو بتاتا ہے کہ نہ صرف اُنہیں نئی زندگی کا تجربہ ہوا ہے بلکہ وہ آسمانی مقاموں پر بھی بٹھائے گئے ہیں۔ اس سے پولس رسول کا کیا مطلب ہے؟ اول۔ وہ یہ کہہ رہا تھا کہ اب وہ آسمانی شہری ہیں۔ (فلپیوں 3 باب 20) اُن کے گناہوں کی معافی کے وسیلہ سے انہیں نئی شہریت بھی مل گئی تھی۔ اب وہ خدا کے بیٹے اور بیٹیاں بن چکے تھے۔ خدا کے بچے ہونے کی حیثیت سے، اب وہ آسمانی میراث کی بھی توقع اور اُمید کر سکتے تھے۔ اب یہ دنیا ان کا گھر نہیں رہی تھی۔ اب وہ زمین پر مسافرانہ زندگی بسر کر رہے تھے۔

تمام ایمانداروں کے لئے یہ سب کچھ ایسی چیز نہیں ہے جس کے ہم مستقبل میں کسی وقت پر ملنے کی توقع کریں۔ اب اس وقت اس زمین پر ہم ان آسمانی چیزوں کی حقیقت کا تجربہ کرتے ہیں۔ ہماری خواہش اور روّیے دُنیاوی سے روحانی بنتے چلے جا رہے ہیں۔ اب ہمیں خدا باپ کی محبت اور اس کی رفاقت اور شراکت کا شخصی تجربہ ہو چکا ہے۔ اس کی خوشی، اطمینان اور محبت ہمارا شخصی تجربہ اور گواہی بن چکی ہے۔ ہم اس دُنیا کی خراب سوچ اور ذہنیت سے رہائی پا چکے ہیں۔ ہم اس دُنیا کی مُردوہ حالت اور اس دُنیا کے فلسفوں سے بہت بلند سوچ اختیار کر چکے ہیں کیونکہ ہم نے مسیح اور اُس کی راہوں سے یگانگت پیدا کر لی ہے۔

ان سب برکات کی بدولت، خدا اپنے فضل کی دولت اور رحم کو ظاہر کر رہا ہے۔ (7 آیت) یہ بہت اہم ہے کہ ہم اس بات کو محسوس کریں کہ خدا کی یہ خوشی ہے کہ وہ ہمارے وسیلہ سے اپنے نام کو جلال دے۔ ہمیں اپنی محبت اور قوت سے معمور کر کے، وہ اپنے نام کو عزت اور جلال دیتا ہے اور ہماری زندگیاں اُس کے نام کی تمجید کا باعث ہوتی ہیں۔ یہ سلسلہ

اب اور ہمیشہ کے لئے ابدیت میں بھی جاری رہے گا۔ وہ ہمارے وسیلہ سے دُنیا کو دکھاتا ہے کہ وہ ایک ترس بھرا اور محبت کرنے والا خدا ہے۔ وہ میرے اور آپ جیسے لوگوں کے وسیلہ سے اپنے کردار اور فطرت کو دُنیا پر ظاہر کرتا ہے۔ دوسروں کے لئے باعث برکت ہونے کے لئے ایک وسیلہ بننا کس قدر عزت اور شرف کی بات ہے! یہ ہمارے وہم وگمان اور سوچ و خیال سے بھی پرے ہے کہ پاک اور قدوس خدائے عظیم اپنا رحم اور فضل دوسروں تک پہنچانے کے لئے ہمیں استعمال کرنے کا خواہاں ہے۔

یہ نجات صرف اور صرف خدا کے فضل ہی سے ممکن ہے (8، 9 آیت)

ہم کس طرح نئی زندگی کا تجربہ کر سکتے ہیں؟ مسیح میں زندہ ہونے کی اس خوبصورت برکت میں شامل ہونے کے لئے ہمیں کیا کرنا ہوگا؟ 8 اور 9 آیت ہمیں یاد کراتی ہے کہ یہ سب کچھ خدا کے فضل سے ہی ممکن ہوا ہے۔ اس نئی زندگی اور برکت میں شمولیت کے لئے کوئی بھی شخص خدا کے معیار پر از خود نہیں پہنچ سکتا۔ یہ خدا ہی ہے جو روحانی مردہ گنہگاروں کو اپنے فضل سے روحانی زندگی سے نوازتا ہے۔ خدا اپنی مرضی کے ارادہ اور خوشی سے ایسا کرتا ہے۔ ہم اس سلسلہ میں اگر کچھ کر سکتے ہیں تو یہی کہ جو کچھ خداوند خدا ہمیں دیتا ہے، اسے ایمان سے قبول کر لیں۔

ہم میں سے بہتوں کے لئے یہ ایک عاجزانہ خیال ہوگا۔ ہمیں یہ سوچ پسند ہے کہ ہم اپنے گناہوں سے اس لئے نجات پا چکے ہیں کیونکہ ہم اس کے مستحق تھے۔ (رومیوں 3 باب 10 تا 20 آیت) ہمیں یہ سوچ پسند ہے، چونکہ خدا نے ہم میں کوئی اچھائی دیکھی اس لئے اس نے یہ سب کچھ کیا ہے۔ خدا نے ہمیں اچھا شخص جانتے ہوئے یہ کہا" ضرورت ہے کہ میں اس شخص کو نجات دوں کیونکہ یہ شخص کس قدر محنت اور کوشش کر رہا ہے۔"
بائبل مقدس ایسی کوئی تعلیم نہیں دیتی۔ جس قدر ہم خدا کے معیار تک پہنچنے کی کوشش

کرتے ہیں۔ اسی قدر ہم اس سچائی سے دور چلے ہوتے جاتے ہیں کہ فضل کیا ہے۔ یہ خدا کی مفت بخشش ہے جو ہمیں ہماری بے بسی کی حالت میں خدا کی طرف سے ملتی ہے۔ یہ سب کچھ خدا ہمارے لئے کرتا ہے۔ خدا ہمیں نجات کا یہ مفت اور خوبصورت تحفہ ہماری کسی خوبی اور لیاقت کے بغیر اپنی خوشی سے دیتا ہے۔

ہم نیک کاموں کے لئے خلق کئے گئے تھے۔ (10 آیت)

پولس رسول افسیوں کو یاد کراتا ہے کہ وہ مسیح یسوع میں نیک کاموں کے لئے خلق کیے گئے تھے۔ خدا نے اپنے برگزیدہ لوگوں کو اس دنیا میں سے اس لئے نجات بخشی تاکہ وہ اس دُنیا میں اس کے خادم ہوتے ہوئے اس کے نام کے لئے عزت اور بزرگی کا باعث ہوں۔ ایمانداروں کو اس دُنیا سے اس لئے چھڑایا گیا ہے تاکہ وہ اس دُنیا کو مسیح کی زندگی متعارف کرا سکیں۔ انہیں اس لئے نجات ملی ہے تاکہ وہ دُنیا پر اس کی مہربانی اور فضل کو ظاہر کر سکیں کیونکہ اس جہاں کے خدا نے ان کی آنکھیں اندھی کر رکھی ہیں۔ خدا نے اپنے لوگوں کو نیک کاموں کا وسیلہ بنایا ہے تاکہ لوگ اُن کے نیک کاموں کو دیکھ کر خدا باپ کے نام کی تمجید اور تعریف کر سکیں۔ (متی 5 : 16 آیت)

اگرچہ ہماری نجات خدا کی طرف سے مفت بخشش ہے۔ لیکن اس کے لئے ہمیں اپنی زندگی وقف کرنا ہوگی۔ ہم جو نجات پا چکے ہیں، خدا ہم سے یہ تقاضا کرتا ہے کہ اس کے لئے زندہ رہیں۔ ہم اس دُنیا میں اس کے چنے ہوئے وسیلے ہیں تاکہ اس دُنیا میں اس کے نام کے لئے عزت اور جلال کا باعث ہو۔

چند غور طلب باتیں

☆۔ دُنیا کے طرزِ فکر کا کیسا اثر آپ کی زندگی پر موجود ہے؟ یہ خدا کے طرزِ فکر سے کس طرح مختلف ہے؟

☆۔ کیا آپ نے مسیح کی نئی زندگی کا تجربہ کیا ہے؟ آج آپ میں اس زندگی کا کیسا ثبوت موجود ہے؟

☆۔ پولس رسول یہاں پر ہمیں بتاتا ہے کہ ہم مسیح کے ساتھ آسمانی مقاموں پر سرفراز کئے گئے ہیں۔ آج آپ کس طرح آسمانی مقاموں پر زندگی بسر کر رہے ہیں؟

☆۔ لوگوں کے لئے نجات کے مفت تحفہ کو قبول کرنا کیوں کر مشکل ہے؟ کسی بھی ایسی چیز کو قبول کرنا ہمارے لئے کیوں کر مشکل ہوتا ہے جس کے لئے ہم نے کوئی کام نہ کیا ہو یا خود کو اس کے مستحق نہ سمجھتے ہوں؟

☆۔ نجات کے حصول کے لئے کام کرنے اور خدا کی اس بات کے لئے شکر گزاری کے طور پر خدمت کرنے میں کیا فرق ہے کہ ہم پورے طور پر مسیح یسوع کے وسیلہ سے قبول کر لئے گئے ہیں؟

چند اہم دُعائیہ نکات

☆۔ اگر آپ نے مسیح کی نئی زندگی کا تجربہ نہیں کیا، تو خداوند سے دُعا کریں کہ اس نئی زندگی کو آپ میں منکشف کرے۔

☆۔ اگر آپ خود میں مسیح کی نئی زندگی سے واقف ہیں، تو پھر خدا سے دُعا کریں کہ آپ کے وسیلہ سے اس نئی زندگی کو دوسروں پر بھی آشکارہ کرے۔ از سر نو اپنی زندگی خداوند کے سپرد کر دیں تاکہ یہ دوسروں کے لئے برکت کا ایک وسیلہ بن جائے۔

☆۔ چند لمحات کے لئے ان تبدیلیوں کے لئے خداوند کی شکر گزاری کریں جو اس نے آپ کی زندگی میں پیدا کی ہیں۔

☆۔ خداوند سے فضل اور مدد چاہیں تاکہ آپ اپنے اردگرد کے لوگوں کے لئے نیک کاموں کی ایک اچھی مثال بن جائیں۔

باب 15

اَجنبی نہیں رہے

افسیوں 2 باب 11 تا 22 آیت کا مطالعہ کریں

خداوند یسوع مسیح نے ہمارے لئے بہت عجیب اور خوبصورت کام کئے ہیں۔ پولس رسول افسیوں کو وہ خوبصورت برکات، شرف و استحقاق اور خدا کی وہ مہربانیاں اور عنائتیں بتارہا تھا جو مسیح یسوع کے وسیلہ سے اُن پر ہوئی ہیں۔ اس حصہ میں، وہ اُنہیں ایک اور حقیقت کی یاددہانی کراتا ہے جو خداوند یسوع کے ساتھ ایک نئے رشتہ میں منسلک ہونے کی وجہ سے ممکن ہوئی ہے۔

شریعت کے نظام کے تحت غیر اقوام سے تعلق رکھنے والے افسّس کے باشندے خدا سے اجنبی تھے۔ اُن کا تعارف" نامختون" تھا۔ وہ خدا کے گھرانے سے بے دخل تھے اور عہد کی برکات میں بھی اُن کا کچھ حصہ نہ تھا۔ غیر اقوام خدا کے بغیر نا اُمیدی کی حالت میں زندگی بسر کرہی تھیں۔ وہ ابدی طور پر خدا سے جدا تھیں اور صرف یہی نہیں وہ خدا کے قہر وغضب کے نیچے بھی تھیں۔ وہ اپنی اس حالت کے تعلق سے کچھ بھی نہ کرسکتے تھے۔ یہ کس قدر المیہ تھا۔ ابدی جدائی، ابدی قہر وغضب اور آنے والی دُنیا میں ابدی سزا اُن کی منتظر تھی۔ میرے خیال میں ہم میں سے کسی شخص کو بھی حقیقی طور پر اس بات کا فہم و ادراک نہیں کہ یہ کس قدر المناک صورتحال تھی۔

جب ہم خدا کے فضل سے جدا تھے تو ہماری حالت اُن سے کسی طور پر بھی بہتر نہ تھی۔ ہم بھی ایسی ہی المناک، شرمناک اور افسوسناک صورتحال سے دوچار تھے۔ ہم خدا کے عہد

سے اجنبی ہونے کی وجہ سے خدا کی بادشاہی کی شہریت سے محروم تھے۔ خداوند یسوع کے اس دنیا میں آنے، صلیبی موت مرنے اور مُردوں میں سے زندہ ہونے کی بدولت، غیر اقوام جو خدا سے اجنبی اور ناواقف تھیں۔ جنہیں خدا کے عہد کے مقصد کا کوئی فہم و ادراک حاصل نہ تھا۔ اب خدا کی بادشاہی کا حصہ بن سکتی تھیں۔ مسیح کی موت نے معاشرتی، روحانی اور عہد کی اس دیوار کو گرا دیا جو یہودیوں کو غیر اقوام سے جدا کئے ہوئے تھی۔ (14 آیت) مسیح کا خون ہی تھا جس نے خدا کے قہر و غضب کو ٹھنڈا کر دیا جو یہودیوں اور غیر اقوام کے گناہوں کے خلاف بھڑک رہا تھا۔

خداوند یسوع مسیح کی صلیبی موت نے ایک نیا عہد قائم کر دیا۔ اس عہد کے تحت ہر ایک ایمان لانے والا مسیح یسوع میں برابر کا آسمانی شہری اور فرزندیت کا حق رکھتا ہے۔ روحانی طور پر ہم یہ کہہ سکتے ہیں کہ اب خداوند یسوع مسیح پر ایمان لانے کی وجہ سے نہ کوئی یہودی رہا ہے اور نہ کوئی غیر قوم، بلکہ سب مسیحی بن گئے ہیں۔ عہد کی برکات میں شامل ہونے کے لئے اب کسی کو یہودی کے طور پر پیدا ہونے کی ضرورت نہیں ہے۔ کسی شخص کو بھی خدا کے حضور مقبولیت اور قبولیت کے حصول کے لئے ختنہ کے نشان کو لینا ضروری نہیں ہے۔ کسی شخص کو بھی اپنے گناہوں کی معافی کے لئے بکروں اور بچھڑوں کا خون بہانے کی ضرورت نہیں ہے۔ خداوند یسوع مسیح نے ایک راہ پیدا کر دی ہے جس کے وسیلہ سے ہر کوئی شخص بلا امتیاز رنگ و نسل، مذہب اور قومیت گناہوں کی معافی حاصل کر سکتا ہے۔ اُس کی موت نے یہودیوں اور غیر اقوام کے درمیان حائل قدیم دیوار کو بھی گرا دیا ہے۔

پولس رسول کے مطابق، خداوند یسوع مسیح اس لئے موا تا کہ یہودی اور یونانی ایک بن جائیں۔ (15 اور 16 آیت) مسیح نے آ کر غیر اقوام کو بھی صلح کا پیغام سنایا جو کہ اس وقت خدا سے جدا تھیں۔ اُس نے یہی پیغام یہودیوں کو بھی سنایا جو اس کے برگزیدہ بچے تھے۔

مسیح میں اب یہودیوں اور غیر اقوام میں کوئی فرق باقی نہیں رہا۔ اب ہم سب مسیح یسوع کے وسیلہ سے خدا سے صلح کرکے اُس کی حضوری سے ابدیت کی اُمید حاصل کر سکتے ہیں۔ مسیح کی موت کے وسیلہ سے ہمیں خدا تک رسائی حاصل ہو گئی ہے۔(18 آیت) غیر اقوام جو کبھی خدا کے عہد سے اجنبی تھیں، اب اُنہیں یہودیوں کے ساتھ مساوی حقوق، شرف و استحاق اور ہر طرح کی برکت حاصل ہو گئی ہے۔ یہ سب کچھ مسیح یسوع پر ایمان لانے کے سبب سے ممکن ہوا ہے۔

کلیسیا ایسے ایمانداروں پر مشتمل ہوتی ہے جن کا تعلق مختلف شعبہ ہائے زندگی اور قوموں سے ہوتا ہے۔(19 آیت) یہ ایسے لوگوں پر مشتمل ہوتی ہے جو مختلف تنظیموں سے تعلق رکھتے ہیں۔ خداوند یسوع مسیح اپنے لوگوں کی اس بہت بڑی عمارت کا بنیادی اور کونے کے سرے کا پتھر ہے۔(29 آیت اور 1 پطرس 2 باب 5 ،6 آیت) رسول اور نبی مسیح اور اس کے کام کی بنیاد پر تعمیری کام کرتے ہیں۔ درجہ بدرجہ یہ عمارت ابتدائی شروعات سے اُوپر کی طرف اُٹھنا شروع ہو گئی۔ ہمارے دَور میں اب یہ ایک بہت بڑا حیرت انگیز ڈھانچہ بن چکی ہے۔ اب کلیسیا میں بپٹسٹ، پینٹی کاسٹل، پریسبٹرین اور دیگر تنظیموں کے لوگ شامل ہو گئے ہیں۔ خواہ کوئی امیر ہو یا پھر غریب سبھی کا اس عمارت میں حصہ ہے۔ افریقی، ہندوستانی اور کینڈا کے لوگ اس عمارت کے مختلف رنگ اور پہلو ہیں۔ ہر روز خدا زیادہ سے زیادہ انسانی پتھروں کو اس عمارت میں ترتیب دیتا جارہا ہے۔ جس عمارت کی پولس رسول افسیوں سے بات کررہا ہے وہ خدای قادر کا مسکن بن رہی تھی۔(21 آیت) وہ اپنے روح القدس کے وسیلہ سے اپنے لوگوں کے ساتھ سکونت پذیر ہوتا ہے۔ اس عالمگیر کلیسیا سے ابلیس کے دل میں خوف پیدا ہونا شروع ہو جاتا ہے۔ کیونکہ کلیسیا ہر اس چیز کی نمائندگی کرتی ہے جس کے خلاف ابلیس نبرد آزما رہا ہے۔

ایمانداروں کی جماعت کے وسیلہ سے، خدا ابلیس کے جبڑے اور اُس کی تاریکی کی بادشاہت سے لوگوں کو چھڑا رہا ہے۔ خدا اپنے لوگوں کو قوت اور قدرت سے ملبس کر رہا ہے تاکہ سانپ کے سر کو کچل کر خدا کی بادشاہی کو وسعت دیں۔ اس کلیسیا کے وسیلہ سے، خدا لوگوں کو تعمیر اور مضبوط کر رہا ہے جو اس کے قدوس نام کے لئے عزت اور بزُرگی کا باعث ہوں گے۔

ہمیں اس سے حیرت زدہ نہیں ہونا کہ شیطان کلیسیا کو تقسیم کرنے پر اپنی توجہ مرکوز کرتا ہے، ساتھ ہی اس کی یہ کوشش بھی ہوتی ہے کہ ہم اس قوت اور اختیار کو سمجھنے اور جاننے سے قاصر رہیں جو خدا نے ہمیں استعمال کرنے کے لئے دیا ہے۔ پولس رسول نے افسیوں کو بتایا کہ یہ بدن جس کی تعمیر خداوند کر رہا ہے وہ یہودی اور غیر اقوام کے لوگوں پر مشتمل ہے۔ اگر اُنہیں بلوغت کے درجہ تک پہنچ کر تاریکی کی بادشاہت میں انجیل کی روشنی سے تباہی اور بربادی لانی تھی تو پھر اُنہیں اپنے لڑائی جھگڑے ختم کر کے آپس میں اتحاد اور اتفاق پیدا کرنا تھا۔ خداوند یسوع مسیح اس لئے اس دُنیا میں آیا تھا تاکہ یہودی اور غیر اقوام میں فرق ختم کر دے تاکہ اس کی حضوری اس دُنیا پر اُن کے وسیلہ سے منکشف ہو جائے۔

اگرچہ ایماندار یہودی اور غیر قوم کے معاملہ پر زیادہ تقسیم نہیں تھے، تاہم آج کے دَور میں خداوند یسوع کی کلیسیا انتظامی، تعلیمی اور عملی پہلوؤں پر کئی طرح سے تقسیم کا شکار ہو گئی ہے۔ اکثر ہم ایک دوسرے پر تنقید کرتے اور ایک دوسرے کی عدالت کرنے کی حد تک بھی پہنچ جاتے ہیں۔ ایسے روّیوں سے خدا کے کام میں رکاوٹ پیدا ہوتی ہے۔ صرف یہی نہیں ہمارے درمیان سے خدا کی برکات بھی اُٹھ جاتی ہیں۔ ہمیں کس قدر زیادہ اس بات کو یاد رکھنے کی ضرورت ہے کہ خدا ہمیں اپنے پاک روح کا زندہ مسکن بنا رہا ہے۔ خدا کرے کہ ہم اپنے غلط رویوں اور تعصب کے باعث اس کے کام اور مقصد میں رکاوٹ کا

باعث نہ ہوں۔

چند غور طلب باتیں

☆۔ پولس رسول یہاں پر خداوند یسوع مسیح اور اُس کے صلیبی کام کے بغیر ہماری حالت بیان کرتا ہے؟

☆۔ چند لمحات کے لئے اپنی مقامی کلیسیا میں مختلف قسم کے لوگوں کا جائزہ لیں۔ آپ کی کلیسیا میں کیسے قبائل، قومیں اور نسلیں عبادت کے لئے آتی ہیں؟

☆۔ دورِ جدید میں مسیح کے بدن میں کس طرح کے تفرقے پائے جاتے ہیں؟ خدا کے کلام کا یہ حصہ ہمیں کیا تلقین و تاکید کرتا ہے؟

چند اہم دُعائیہ نکات

☆۔ خداوند کی اس بات کے لئے شکر گزاری کریں کہ وہ مختلف شعبہ ہائے زندگی سے لوگوں کو اپنی کلیسیا میں لا رہا ہے تا کہ وہ اُس کے پاک روح کا زندہ مقدس بن جائیں۔

☆۔ مسیح کے بدن کے دوسرے اعضاؤں کے لئے اپنے بُرے روّیہ پر خداوند سے معافی مانگیں۔

☆۔ خداوند سے دُعا کریں کہ وہ آج حقیقی ایمانداروں کے درمیان جدائی کی دیواروں کو گرا دے۔

باب 16

پولس، غیر قوموں کا رسول

افسیوں 3 باب 1 تا 13 آیت کا مطالعہ کریں

گزشتہ باب میں، پولس رسول نے افسیوں کو یاد دہانی کرائی کہ وہ مسیح کے بدن کا حصہ ہیں جو یہودیوں اور غیر اقوام کے لوگوں پر مشتمل ہے۔ خداوند یسوع مسیح نے اپنی صلیبی موت کے وسیلہ سے، ان دونوں گروپس کے درمیان حائل رکاوٹ کو ختم کر دیا۔ اس بات کو یقینی بنانے کے لئے تا کہ یہ غیر اقوام بھی اُس کے ساتھ ایک نئے رشتہ میں داخل ہو سکیں، خداوند یسوع نے پولس رسول کو خدمت میں بلا کر اسے نجات کے پیغام کا فہم بخشا جو ہر ایک کے لئے خدا کی طرف سے مفت بخشش تھی۔

پولس رسول نے افسیوں کو یاد دہانی کرائی کہ وہ غیر اقوام میں انجیل کے سبب سے قید میں ہے۔ وہ خدمت جس کے لئے خداوند نے اسے بلایا تھا آسان کام نہیں تھا۔ غیر قوموں میں نجات کی صداقت کو بیان کرنے کے لئے پولس رسول نے بہت دُکھ اٹھایا۔ (2 کرنتھیوں 11 باب 24 تا 28 آیت) اپنے مشنری سفر پر، اسے مارا کوٹا، ستایا اور حتیٰ کہ اُسے سنگسار کیا گیا۔ اکثر اسے ذلیل ور سوا کیا گیا۔ جن لوگوں کو وہ مسیح کے لئے جیتنا چاہتا تھا وہی اس کی مخالفت میں اُٹھ کھڑے ہوتے اور اُس پر لعن طعن کرتے تھے۔ جب پولس رسول غیر اقوام کے درمیان منادی کرتا تھا تو یہودی برادری کا اس کے تعلق سے ردِعمل بھی بڑا حوصلہ شکن تھا۔ جب پولس رسول نے یہ خط لکھا، تو وہ غیر اقوام میں انجیل کی منادی کرنے کے سبب سے قید خانہ میں تھا، اگرچہ رومی اربابِ اختیار نے اُسے گرفتار کر رکھا تھا،

پولس رسول اپنے آپ کو مسیح یسوع کا قیدی بیان کرتا تھا۔ (1 آیت) اسے اپنی زندگی کے ہر ایک پہلو کا علم تھا، وہ جانتا تھا کہ سب کچھ خداوند کے ہاتھوں اور اُس کے اختیار میں ہے۔

خدا نے پولس رسول کو ایک مخصوص رویا کے تحت بلایا تھا تا کہ وہ تاریخ کے اس مخصوص وقت میں خدا کے فضل کی منادی اس وقت کی دُنیا کے سامنے کر سکے۔ (2 آیت) اس نے افسیوں کو بتایا کہ خدا کی طرف سے براہ راست مکاشفہ ملنے کے سبب اس " بھید " کا فہم حاصل ہوا ہے (3 آیت)۔ لفظ " بھید " جو کہ 3 اور 4 آیت میں بیان ہوا ہے اس سے مُراد وہ سچائی ہے جو عہدِ عتیق کے دَور میں پوشیدہ تھی لیکن اب نئے عہد نامہ کے دور میں نبیوں اور رسولوں کے وسیلہ سے خدا کے لوگوں پر مسیح یسوع میں عیاں ہوگئی تھی۔ پولس رسول نے 6 آیت میں افسیوں کو یہ بھید وضاحت سے سمجھایا۔ ایمانداروں کی ایک نئے جماعت میں، غیر قوم کے لوگ بھی مسیح یسوع پر ایمان لانے کے سبب سے ابدی زندگی کے وعدہ میں شریک ہونے تھے۔ پولس رسول کے دل میں یہ پیغام پوری آب و تاب کے ساتھ جوش مار رہا تھا۔ وہ اس پیغام کی منادی کے سبب سے بہت دُکھ اُٹھا رہا تھا۔ اس کے دل کی نہ صرف یہ تڑپ تھی کہ غیر اقوام مسیح یسوع کو جانیں اور اپنا نجات دہندہ قبول کر کے ابدی زندگی حاصل کر لیں۔ بلکہ وہ یہ بھی چاہتا تھا کہ غیر اقوام یہودی ایمانداروں کے ساتھ وسیع پیمانے پر کلیسیا کا حصہ بھی بنتے چلے جائیں۔ پولس رسول اکثر اوقات غیر اقوام سے ایمان لانے والوں کے دفاع میں کھڑا ہوتا تھا جب انہیں اس بات پر زور دیا جاتا تھا کہ وہ نجات پانے کے لئے موسوی شریعت پر عمل پیرا ہوں۔

اگر چہ عہدِ عتیق میں بہت سے ایسے حوالہ جات موجود ہیں جو اس بات کا اشارہ دیتے ہیں کہ غیر قوموں میں سے بھی لوگ خدا کے فرزند بننے کا حق پائیں گے۔ یہودی قوم کو اس پیغام

کی واضح طور پر سمجھ نہ آئی۔ (پیدائش 12 باب 3 آیت اور یسعیاہ 49 باب 6 آیت)
بہت سے یہودی ایماندار اس بات پر ایمان رکھتے تھے کہ غیر قوم کے لوگوں کو پہلے یہودی بننا اور پھر وعدہ کی برکات میں شامل ہونا ہو گا۔ ان کے پلے یہ بات نہ پڑی کہ غیر اقوام بھی موسوی شریعت کی پیروی کے بغیر ان کے ساتھ ہم میراث ہو سکتی ہیں۔ ان نبوتی پیغامات کی اُنہیں بالکل بھی سمجھ نہ آسکی جب تک خداوند یسوع مُردوں میں سے زندہ نہ ہو گیا۔ رسولوں نے غیر اقوام تک جانے کے لئے پاک روح کی ہدایت اور رہنمائی کو محسوس کرنا شروع کر دیا۔ اس بات کی سب سے بڑی مثال وہ رویا ہے جو پطرس رسول نے گھر کی چھت پر کرنیلیس کے گھر جانے سے پہلے دیکھی تھی۔ اعمال 10 باب میں خداوند نے پطرس رسول کو بتایا کہ غیر قوم سے ایمان لانے والے لوگ بھی شریعت کے بغیر مسیح یسوع پر ایمان لانے کے سبب سے یہودیوں کے ساتھ میراث میں حصہ دار بن سکتے ہیں۔ پولس رسول نے پینتی کوست کے دن یہودیوں اور غیر قوموں پر ایک ہی طرح سے روح القدس کو دیکھ لیا تھا۔ (اعمال 2 باب 11 آیت اور پھر 38 اور 39 آیت)

اگرچہ پطرس رسول نے خدا کی طرف سے رویا دیکھا تھا جو کہ غیر قوموں کے لئے نجات کے بارے میں تھا، لیکن یہ پولس رسول ہی تھا جو زمین کی انتہا تک اس پیغام کو لے کر گیا۔ خدا نے پولس رسول کو ایک وسیلہ بنایا تاکہ غیر قوموں کو بھی کلیسیا میں یہودیوں کے ساتھ قبول کر لیا جائے۔ اُنہیں بھی مسیح کے بدن کا حصہ سمجھا جائے۔ پولس رسول نے 3 آیت میں بیان کیا ہے خداوند یسوع نے مکاشفہ کے وسیلہ سے اس خوبصورت سچائی کو اس پر منکشف کیا اور یہ سچائی اس کے لئے لفظوں سے بڑھ کر ایک حقیقت بن گئی ہے۔ ہمیں یہ تو علم نہیں کہ کب خدا کی طرف سے اُسے یہ مکاشفہ ملا تھا۔ لیکن یہ بات یقینی طور پر کہی جا سکتی ہے کہ پولس رسول کی زندگی اس مکاشفہ کی بدولت یکسر بدل گئی۔ یاد رہے کہ

پولس رسول ایک فریسی تھا اور شریعت کی تعمیل کے لحاظ سے بڑا کٹر مذہبی قسم کا شخص تھا۔ تبدیلی سے قبل، پولس رسول نے نجات کے تعلق سے اس طرح کے تمام عقائد کو اپنا رکھا تھا کہ غیر قومیں کسی طور پر بھی اس لائق نہیں ہیں کہ نجات پائیں۔ اس نکتہ پر اس کے طرزِ فکر میں یکسر تبدیلی خدا کی طرف سے براہ راست مکاشفہ کے سبب سے ہی آئی تھی۔ ہمیں یہ تو نہیں بتایا گیا کہ یہ مکاشفہ کس طرح پولس رسول کو ملا۔ لیکن ہم یہ ضرور جانتے ہیں کہ پولس رسول غیر قوموں کے مسیح کے بدن میں شامل ہونے کے تعلق سے اس قدر پر یقین تھا کہ اس نے اس پیغام کو پھیلانے کے لئے اپنی جان تک داؤ پر لگا دی تھی۔

پولس رسول کو یہ علم تھا کہ وہ اس لائق نہیں کہ وہ خداوند یسوع مسیح کا خادم ہو سکے۔ (8 آیت) اس نے کئی سال تک کلیسیا کو ستایا تھا۔ لیکن اپنے خراب ترین پس منظر کے باوجود، خداوند یسوع مسیح نے اسے اپنی خدمت کے لئے بلایا۔ اس بلاہٹ کے ساتھ خداوند نے اپنی قدرت کے وسیلہ سے اسے خاص خدمت اور غیر قوموں کے درمیان منادی کی نعمت سے بھی نوازا۔ (7 آیت)

ہمارے لئے یہ کس قدر اہم ہے کہ ہم پولس رسول کی طرح بلاہٹ اور مسیح کی قدرت کے سبب سے نعمتوں کو بھی اپنی زندگی میں لیں ۔ کئی سال تک میں اپنی زندگی میں خداوند کا خادم ہونے کی بلاہٹ محسوس کرتا رہا۔ میں نے کئی برس انسانی حکمت اور طاقت سے اس رویا کے مطابق خدمت کا کام سرانجام دینے کی کوشش کی اور کرتا بھی رہا۔ میں دعا اور خدا کے کلام کے مطالعہ میں بڑا مستعد تھا۔ میں دُکھ سُکھ، دھوپ چھاؤں، ناگوار صورتحال اور نامساعد حالات میں بھی اپنی بلاہٹ پر ثابت قدم اور قائم رہتے ہوئے خداوند کی خدمت اپنی بلاہٹ کے مطابق سرانجام دیتا رہا۔ لیکن مسئلہ یہ تھا کہ میں سب کچھ اپنی حکمت سے

کر رہا تھا۔ میرے پیغامات بالکل تیار ہوتے تھے، ان میں اچھے اچھے الفاظ، ترتیب اور متاثر کن باتیں بھی ہوتی تھیں لیکن زندگیوں کو بدلنے کے لئے خدا کی قدرت اُن میں بالکل موجود نہ تھی۔ میں نے انجیل کی منادی تو کی لیکن کسی روح کو نہ بچا سکا۔ مجھے اپنی بلاہٹ کا علم تھا لیکن اکثر اوقات اس بلاہٹ کی تکمیل کے لئے درکار نعمت کو پسِ پشت ڈالتا رہا جو کہ خدا کی طرف سے ملتی ہے اور خدمت کا لازمی حصہ ہوتی ہے تاکہ آپ وہ کچھ کر سکیں جس کے لئے خدا نے آپ کو بلایا ہے۔ میں اپنی خدمت میں خود ہی رکاوٹ بنا ہوا تھا، مجھے اپنی زندگی سے اس رکاوٹ پیدا کرنے والے روّیہ، خودسری اور اپنی کاوشوں کو رد کرنا تھا تاکہ خدا کی قدرت میرے وسیلہ سے ظاہر ہو۔ میں بائبل کالج، یونیورسٹی اور سیمنری بھی گیا تھا۔ مجھے بائبل مقدس کی سچائیوں کا علم تھا لیکن اپنی زندگی میں اور اپنی زندگی کے وسیلہ سے " خدا کی قدرت کے کام کرنے" کی اہمیت کو سمجھنے میں ناکام رہا۔

پولس رسول اچھا تعلیم یافتہ شخص تھا۔ لیکن خدا کو اس کی تعلیم کی ضرورت نہیں تھی۔ خدا نے پولس رسول کو اپنی قدرت کے کام کرنے کے وسیلہ سے نعمت عطا کی۔ (7 آیت) یہ نعمت اُسے اُس کی تعلیم اور تجربہ کی بنیاد پر نہیں ملی تھی۔ اس کی خدمت اس لئے مؤثر نہ ہوئی تھی کیونکہ اس نے کسی کانفرنس میں شرکت کی تھی یا پھر اس نے یہ سیکھا تھا کہ کس طرح منسٹری کے کام کو آگے بڑھانا ہے۔ وہ قوت اور قدرت جو اسے ملی تھی، وہ خدا کی قدرت کے اس کی زندگی میں کام کرنے کی وجہ سے ملی تھی۔ ضرورت تھی کہ اُسے اُس کی بلاہٹ کی تکمیل کے لئے وقت اور قدرت سے ملبس کیا جاتا ہے۔

پولس رسول نے یہودیوں اور غیر اقوام کے درمیان نجات کے بھید کو ظاہر کرنا اپنی خدمت سمجھا۔ (9 آیت) خدا اپنے اس منصوبہ کو بیان کر رہا تھا جو برسوں بلکہ صدیوں سے پوشیدہ رہا تھا۔ اب یہ منصوبہ ان کی آنکھوں کے سامنے عیاں ہو رہا تھا۔ پولس رسول

نے افسیوں کو بتایا کہ کلیسیا کے وسیلہ سے آسمانی مقاموں پر ہوا کی عملداری کے حاکموں پر خدا کا یہ منصوبہ ظاہر ہو جائے گا۔(10 آیت)

آسمانی مقاموں پر یہ ہوا کی عملداری کے حاکم کون ہیں؟اُس کے کئی ایک تفاسیر موجود ہیں۔ اوّل۔ اس سے مُراد فرشتگان یا وہ مقدسین ہیں جو اس وقت آسمان پر مسیح کے ساتھ ہیں۔ لیکن اگر ہم اس طرح سے اس کی تشریح اور تفسیر کریں تو ایک مسئلہ درپیش آتا ہے، اور وہ یہ کہ فرشتے کبھی بھی حاکم یا ارباب اختیار کے طور پر بائبل مقدس میں بیان نہیں ہوئے۔ بلکہ اُنہیں خدمت گزار روحوں کے طور پر بیان کیا گیا ہے۔

دوسری تفسیر یہ ہے کہ آسمانی مقاموں پر ہوا کی عملداری کے حاکموں سے مُراد شیطان اور اس کے فرشتگان ہیں۔ افسیوں 2 باب 2 آیت میں، شیطان کو ہوا کی عملداری کے حاکم کے طور پر بیان کیا گیا ہے۔ کیا ہو سکتا ہے کہ پولس رسول یہ کہہ رہا تھا کہ خدا مسیح یسوع کی کلیسیا کو شیطانی لشکروں پر اپنی فتح کے اعلان کے لئے استعمال کر رہا تھا؟ کلیسیا کے وسیلہ سے خدا اپنے جلال اور حشمت کو ہوا کی عملداری اور اس جہاں کے خدا(شیطان) پر ظاہر کر رہا تھا۔ کلیسیا وہ میدان جنگ ہے جہاں خدا اور شیطان ایک دوسرے کے خلاف نبرد آزما ہیں۔ خدا اپنی کلیسیا کے وسیلہ سے شیطان اور اُس کے فرشتگان پر اپنی جلالی فتح کو ظاہر کر رہا ہے۔

شیطان کلیسیا کو تاریکی میں رکھنے کی بے حد کوشش میں لگا ہوا ہے لیکن خدا کا روح مسیح یسوع کی کلیسیا کے وسیلہ سے انجیل کی روشنی کو پھیلا رہا ہے۔ لیکن خدا کا منصوبہ اور ارادہ اس کلیسیا کے وسیلہ سے پایہ تکمیل کو پہنچ رہا ہے جو مختلف قوموں اور قبیلوں پر مشتمل ہے۔ سب قوموں کے باشندے اس دُنیا کی تاریکی کے قبضہ سے چھڑائے جا رہے ہیں۔ وہ یسوع مسیح پر ایمان لا کر نجات پا رہے ہیں۔ وہ یہ علم حاصل کر رہے ہیں کہ صرف اور

صرف یسوع ہی واحد اُمید اور درمیانی ہے جس کے وسیلہ سے وہ خدا تک رسائی حاصل کر سکتے ہیں۔ اس سادہ سی سچائی سے تاریکی کی بادشاہی میں ہلچل اور تباہی پیدا ہو رہی ہے۔

غیر قومیں جو تاریکی میں مقید تھیں انہیں اس بات کا احساس اور علم ہو رہا ہے کہ مسیح یسوع میں آزادی اور فتح حاصل ہوتی ہے۔ ایک عرصہ سے دشمن غالب اور فاتح رہا، اس نے قوموں کا گناہ کا غلام بنائے رکھا۔ خدا نے پولس رسول کو چنا تاکہ وہ قوموں کو آزادی کا پیغام سنائے جو گناہ کی تاریکی کا شکار تھیں۔ اب خدا کی بادشاہی دنیا بھر میں پھیلتی چلی جارہی تھی۔ گناہ کی تاریکی بھاگنا اور انجیل کی روشنی پھیلنا شروع ہو گئی تھی۔ خداوند یسوع مسیح کی کلیسیا تاریکی کی بادشاہت پر حملہ آور ہو چکی تھی۔ ہم اپنے دَور میں شیطان کے علاقوں پر مسیح کی کلیسیا کی فتوحات کو دنیا بھر میں دیکھ سکتے ہیں۔

پولس رسول نے افسیوں کو یاد دہانی کرائی کہ نور کی بادشاہی کی تاریکی کی بادشاہی میں سرایت دُکھ، حادثات حتیٰ کہ موت کے بغیر ممکن نہیں ہے۔ پولس رسول نے بہت دُکھ اٹھایا تھا۔ کیونکہ دشمن آسانی سے اپنے علاقہ جات کو چھوڑنے پر راضی نہ تھا۔ پولس رسول نے افسیوں کو بتایا کہ وہ دُکھوں اور تکلیفوں کے سبب سے نہ گھبرائیں۔ (13 آیت) خدا نے پولس رسول کے ہر دُکھ اور تکلیف کو اپنے جلال کے لئے استعمال کیا۔

ہمیں اس بات میں خوشی منانی چاہئے کہ کس طرح خدا کی بادشاہت دنیا بھر میں پھیلتی چلی جارہی ہے اور جہاں کہیں انجیل کے پیغام کی روشنی پہنچتی ہے، وہاں پر تاریکی غائب ہوتی چلی جارہی ہے۔ خداوند ہمیں توفیق دے تاکہ ہم دُکھ اُٹھا کر بھی ثابت قدم اور قائم رہیں تاکہ مسیح یسوع پر ایمان کے سبب سے بدی پر فتح کے پیغام کو پھیلاتے چلے جائیں۔

چند غور طلب باتیں

☆۔ پولس رسول کو اس بات کا واضح رویا حاصل تھا کہ خدا اس سے کیا چاہتا ہے۔ آپ کو خدا نے کیا رویا دیا ہے؟ کیا آپ پولس رسول کی طرح اس رویا کی ترقی اور بڑھوتی کے لئے دُکھ اٹھانے کے لئے تیار اور رضامند ہیں؟

☆۔ آپ کو اس حقیقت سے کیا حوصلہ ملتا ہے کہ خدا نے پولس (ساؤل) کو معاف کر کے اسے استعمال بھی کیا جو پہلے کلیسیا کو ستانے والا شخص تھا؟

☆۔ آپ کے معاشرے میں اس بات کا کیا ثبوت ہے کہ خدا کی بادشاہی تاریکی کی بادشاہی پر غالب آگئی ہے؟

☆۔ کیا آپ اپنی طاقت سے مسیح یسوع کی خدمت میں مگن ہیں یا پھر اس کی اس قوت اور قدرت سے اس کا کام آگے بڑھا رہے ہیں جو آپ میں کام کرتی ہے؟ آپ کس طرح فرق بیان کر سکتے ہیں؟

چند اہم دُعائیہ نکات

☆۔ خدا کی شکر گزاری کریں کہ وہ اس دُنیا کی تاریکی میں اپنی بادشاہت کو وسعت دے رہا ہے۔ خداوند کی شکر گزاری کریں کہ وہ ہمیں اپنے اس عظیم کام میں استعمال کر رہا ہے۔

☆۔ خداوند سے دُعا کریں کہ وہ اپنی بادشاہت میں آپ کے کردار کو آپ پر منکشف کرے۔ خداوند سے دُعا کریں کہ وہ آپ کی زندگی کے لئے اپنے مقصد اور رویا کو واضح طور پر منکشف کرے۔

☆۔ خداوند کی شکر گزاری کریں کہ وہ ہمارے ماضی کے گناہ معاف کرنے کے لئے تیار رہتا اور ہمیں اپنے خادموں کے طور پر استعمال کرتا ہے۔

☆۔ خداوند سے دُعا کریں کہ وہ ایمانداروں کے درمیان کھڑی کسی بھی طرح کی دیوار کو گرا دے۔

باب 17

افسیوں کے لئے پولس رسول کی دُعا

افسیوں 3 باب 14 تا 21 آیت کا مطالعہ کریں

اس خط میں پولس رسول کی افسیوں کے لئے گہری فکر نمایاں پر طور دیکھی جاسکتی ہے۔ اسی فکر کے تحت وہ اکثر اوقات اس کلیسیا کے لئے دُعا کیا کرتا تھا۔ افسیوں 1 باب 15 تا 23 آیت میں ہم پہلے ہی پولس رسول کی اس دُعا کا جائزہ لے چکے ہیں۔ یہاں پر ایک بار پھر وہ افسیوں کو اپنی دُعا کے بارے یاددہانی کراتا ہے۔ اُس نے اُنہیں بتایا کہ وہ ایک بڑے گھرانے کا حصہ ہیں جہاں یہودی اور غیر قوم کا فرق باقی نہیں رہا۔ ایک ہی آسمانی باپ ہے جو اس گھرانے کا سربراہ ہے۔ وہ سب لوگ جو مسیح یسوع کے خون کے سبب سے اس گھرانے میں پیدا ہوتے ہیں آپس میں بھائی اور بہن کا رشتہ رکھتے ہیں۔ پولس رسول بھی اس گھرانے میں ان کے ساتھ شامل تھا۔ مسیح میں ان کا بھائی ہونے کی وجہ سے، وہ اُن کے لئے دُعا گو تھا۔ آئیں یہاں پر پولس رسول کی افسیوں کے لئے دُعا کا جائزہ لیں۔

خدا تمہیں اپنی قوت سے مضبوط کرے (16 آیت)

یہاں پر پولس رسول کی افسیوں کے لئے پہلی درخواست یہی تھی کہ وہ خدا کے اس روح کی قدرت سے مضبوط بنیں جو ان میں بسا ہوا تھا۔ خواہ وہ روحانی طور پر مسیحی زندگی میں کتنی بھی ترقی کر چکے تھے، انہیں اب بھی زیادہ سے زیادہ مضبوط بننے کی ضرورت تھی۔ کتنی ہی بار ہم اپنی مسیحی زندگی میں اس لئے بھی روحانی نشو و نما اور ترقی نہیں کر پاتے کیونکہ ہم

خداوند کے ساتھ چلنے اور اس کی خدمت میں ایک مقام پر مطمئن ہو کر بیٹھ جاتے ہیں۔ پولس رسول نے اُس روّیے کی پُرزور مذمت کی ہے۔ پولس رسول نے دعا کی کہ افسیوں خداوند کے ساتھ اپنے رشتے میں ترقی کرنا اور مضبوط ہونا جاری رکھیں۔ اس کے دل کی یہی لالسا تھی کہ وہ ایمان میں زیادہ سے زیادہ مضبوط ہوتے چلے جائیں۔

غور کریں کہ پولس رسول یہ چاہتا تھا کہ وہ قوت اور قدرت سے مضبوط بنیں۔ اس قوت اور قدرت کا منبع کیا تھا؟ اس قوت اور قدرت کا منبع وہ پاک روح تھا جو ان میں بسا ہوا تھا اور انہیں خدا کی جلالی دولت کے سبب سے ملا تھا۔ جس قوت اور قدرت کا پولس رسول یہاں پر ذکر کر رہا ہے، وہ جسمانی قوت نہیں تھی بلکہ ایک باطنی قوت تھی۔ انسان کا باطن ہی وہ مقام ہے جہاں پر خدا کا پاک روح ہر ایک ایماندار میں سکونت کرنے کے لئے آتا ہے۔ پولس رسول کی یہ دُعا تھی کہ افسیوں کے باطن میں زیادہ سے زیادہ خدا کا پاک روح ظاہر ہو۔ ایسا اسی وقت ممکن ہونا تھا جب اُنہوں نے زیادہ سے زیادہ پاک روح کی خدمت کو عاجزی سے اپنی زندگیوں میں قبول کرنا اور اُس کے تابع ہونا تھا۔ پولس رسول یہاں پر بڑی سے بڑی انسانی کاوش کا ذکر نہیں کر رہا تھا۔ بلکہ پولس رسول افسیوں کی زندگیوں میں پاک روح کے گہرے کام کا ذکر کر رہا تھا۔ یعنی ایمان میں ترقی کرنے کے لئے روح القدس کی طرف سے قوت اور قدرت ملنے ہی سے اُنہوں نے ایمان میں ترقی کرنا اور بڑھنا تھا۔

ایمان کے وسیلہ سے مسیح اُن کے دلوں میں سکونت کرے (17 آیت)

روح القدس کے وسیلہ سے قوت پانے کا مقصد یہی تھا کہ مسیح یسوع ایمان کے وسیلہ سے ان کے دلوں میں سکونت کرے۔ ہم اس آیت کو کس طرح سے سمجھیں؟ کیا خداوند یسوع مسیح ہر ایماندار کے دل میں سکونت پذیر نہیں ہے؟ اگرچہ خداوند یسوع ہر ایماندار کے دل میں موجود ہے تاہم ہر ایک ایماندار ایک ہی معیار سے مسیح یسوع کی حضوری کو

اپنے درمیان خوش آمدید نہیں کہتا۔ بعض ایماندار ایسے بھی ہیں جو دُنیاداری کی محبت کے اسیر ہو کر اپنے درمیان مسیح کی معموری کی راہ میں مزاحمت پیدا کرتے ہیں تاکہ وہ پورے طور پر ان کے درمیان ظاہر نہ ہو۔ پولس رسول کی یہ دُعا تھی کہ خدا باپ اُن ایمانداروں کو روح القدس کے وسیلہ سے مضبوط کرے تاکہ مسیح کی حضوری زیادہ سے زیادہ اُن کے درمیان سکونت کرے۔ یہی روح القدس کی خدمت ہے۔ اس کا مقصد ہماری زندگیوں میں یسوع کو سربلند کرنا اور ہمیں اُس کی قربت اور گہرے رشتے میں مضبوط کرنا ہے۔

وہ محبت میں جڑ پکڑتے اور مضبوط ہوتے چلے جائیں۔ (17 آیت)

مسیح کی معموری اُن کے دلوں میں پورے طور پر بسنے کے نتیجہ میں اُنہوں نے خدا کی محبت کی معموری میں جڑ پکڑتے اور مضبوط ہوتے چلے جانا تھا۔ ہمارے لئے یہ کس قدر اہم ہے کہ ہم مسیح کے ساتھ اپنے رشتے میں تحفظ اور محبت کو محسوس کریں۔ تحفظ کے بغیر ہم آزمائش میں پڑ سکتے ہیں۔ دشمن ہم پر حملہ آور ہو کر ہمارے طرزِ فکر کو آلودہ کر دے گا اور ایسی سوچیں، خیالات اور احساسات ہمارے ذہنوں میں بھر دے گا کہ خدا کو ہماری بالکل بھی فکر نہیں ہے۔ وہ ہماری سوچوں کو خراب کرتے ہوئے یہی بات ہمارے دلوں میں بھر دے گا کہ خدا نے ہمیں ترک کر دیا ہے اور مصیبت اور مشکل کے وقت وہ کبھی بھی ہمارے لئے آموجود نہیں ہو گا۔ خدا باپ کی یہ مرضی ہے کہ ہم اس کے عزیز بیٹے کی محبت میں جڑ پکڑتے جائیں اور اُس کی محبت کا تحفظ اپنی زندگی میں محسوس کر سکیں۔

بطور ایک شوہر، مجھے اس بات کا علم ہے کہ میرے لئے یہ کس قدر اہم ہے کہ میری اہلیہ کو میری محبت کی یقین دہانی اور گہرا احساس ہو اور وہ اس یقین سے بھری رہے کہ میں واقعی اس سے محبت کرتا ہوں۔ میں یہ چاہتا ہوں کہ خواہ کیسے بھی حالات اور صورتحال کیوں نہ پیدا ہو جائے، اس کے لئے میری محبت کبھی تبدیل نہ ہو۔ خدا کی بھی یہی خواہش ہے کہ

ہم اس کے بیٹے کے ساتھ اپنے تعلق اور رشتے میں ایک تحفظ اور محبت کو محسوس کریں۔ اس کا یہ وعدہ ہے کہ کوئی چیز بھی ہمیں اس کی محبت سے جدا نہ کر پائے گی۔ (رومیوں 8 باب 39 آیت) وہ ہمیں آج بھی یہی کہہ رہا ہے کہ وہ نہ تو ہمیں چھوڑے گا اور نہ ہی ہم سے دستبردار ہو گا۔ (عبرانیوں 13 باب 5 آیت) وہ ہمیں یاد دلاتا ہے کہ کس طرح وہ ہمیں ہمارے قصور معاف کرنے کے لئے تیار رہتا ہے۔ پولس رسول کی افسیوں کے لئے یہی دُعا تھی کہ وہ اپنے لئے خداوند یسوع مسیح کی لاتبدیل محبت کو جانیں اور محسوس کریں۔ اس بات کے مکاشفہ اور فہم سے انہیں معافی اور دشمن کا مقابلہ کرنے کے لئے دلیری حاصل کرنے کی جرات ملنی تھی۔ پولس کی یہ دُعا تھی کہ اس محبت کے سبب سے وہ خداوند کی فرمانبرداری اور اس کی خدمت میں نئی بلندیوں کو چھونا شروع کر دیں۔

تاکہ وہ مسیح کی محبت کو سمجھیں (18، 19 آیت)

پولس رسول نے صرف یہ دُعا نہ کی کہ وہ مسیح یسوع میں اپنے مقام کے سبب تحفظ کو سمجھیں بلکہ وہ اپنے لئے مسیح کی محبت کی شدت کو بھی جان جائیں۔ 19 آیت میں، پولس رسول نے انہیں بتایا کہ یہ محبت کسی بھی علم سے بالاتر ہے۔ بالفاظ دیگر، وہ انسانی عقل سے اپنے لئے خدا کی اُس محبت کی شدت اور وُسعت کو کبھی بھی جان نہ پائیں گے۔ وہ چاہتا تھا کہ انہیں پورے طور پر مسیح کی محبت کا تجربہ ہو۔ اس کے دل کی یہی لالسا تھی کہ وہ مسیح کی اپنے لئے محبت کے گہرائی میں ڈوبے رہیں جس نے اپنا آپ ان کے لئے قربان کر دیا۔ وہ لوگ جنہیں بہتر طور پر مسیح کی پہچان حاصل ہو جاتی ہے، وہ اس کی محبت پر محوِ حیرت رہتے ہیں۔ جب گنہگاروں کے لئے اُس کی محبت کی گہرائی اور وسعت پر غور کریں تو ہمیشہ ہی ہمارے دل میں ایک حیرت اور تعجب کا گہرا احساس موجود ہونا چاہئے۔ روز بروز ہم اُس کی محبت کے لئے گہری تعریف اور تمجید سے معمور ہوتے جائیں۔

تاکہ تم خدا کی ساری معموری سے معمور ہوتے جاؤ (19 آیت)

پولس رسول کی یہی خواہش تھی کہ وہ افسیوں کی زندگیوں میں خدا کی حضوری کو بھرپور طور سے دیکھے۔ وہ اُنہیں اپنی خودی کے اعتبار سے مرتے اور خدا کی قدرت، محبت اور اپنے اعمال اور خیالات میں اُس کے جلال اور حشمت سے معمور ہوتے دیکھنے کا خواہاں تھا۔ وہ چاہتا تھا کہ جب لوگ اُنہیں دیکھیں تو ان کے وسیلہ سے خدا کو اُن کی زندگیوں میں چمکتے ہوئے دیکھیں۔ پولس رسول چاہتا تھا کہ افسیوں اپنی زندگیوں میں خدا کی معموری کا تجربہ کریں۔

جیسا کہ ہم اکثر سوچتے ہیں کہ پولس رسول یہاں پر یہ کیا کہہ رہا تھا۔ ہم محوِ حیرت یہ سوچتے ہیں کہ آیا ہم کبھی ایسی زندگی کا تجربہ کر پائیں گے۔ کیا واقعی یہ ممکن ہے کہ ہم اپنی زندگیوں میں خداوند کی قدرت اور جلال کے تجربہ کو اپنی زندگی میں لے سکیں؟ پولس رسول افسیوں کو اس بات کی یاد دہانی کراتے ہوئے اس حصہ کو بند کرتا ہے کہ خدا ان کے مانگنے اور سوچنے سے بھی زیادہ کچھ کرنے کی قدرت رکھتا ہے۔ (20 آیت) اُن میں موجود روح القدس کی قوت اور قدرت ان کی سوچ اور خیالات سے بڑھ کر کچھ کرنے کی قدرت رکھتی تھی۔

ہم ہر اس چیز کا تجربہ کر سکتے ہیں جس کا پولس رسول نے یہاں پر ذکر کیا ہے۔ لیکن یاد رہے کہ ہم اپنی حکمت اور طاقت سے کبھی بھی ایسا نہ کر پائیں گے۔ خدا کے ساتھ اس قسم کا گہرا رشتہ صرف اور صرف روح القدس کے ہماری زندگیوں میں کام کرنے اور ہمیں قوت دینے سے ہی ممکن ہو گا۔

جو کچھ خدا روح القدس کے وسیلہ آپ کی زندگی میں کرنا چاہتا ہے، اس کی ہدایت اور

رہنمائی کے تابع ہونا سیکھیں۔ آپ دُعا، کلام اور دوسرے ایمانداروں کے ساتھ رفاقت رکھنے کے وسیلہ سے ایسا کر سکتے ہیں۔ خدا باپ پر بھروسہ کریں کہ وہ آپ کی رہنمائی کرے اور مسیح کی محبت کا آپ کو اور گہرا فہم عطا کرے۔ پھر ہی آپ پولس رسول کے یہاں پر بیان کردہ تجربہ کو عملی طور پر سمجھ پائیں گے۔

خدا پولس رسول کے وسیلہ سے افسیوں کو عبادت اور ستائش کے اصل مقام پر لانا چاہتا تھا۔ پولس رسول ستائش کے ساتھ اس باب کا اختتام کرتا ہے۔

" کلیسیا میں اور مسیح یسوع میں پشت در پشت اور ابدالآباد اس کی تمجید ہوتی رہے۔ آمین۔

چند غور طلب باتیں

☆۔ آج کون سی چیز ہے جو ہمیں پورے طور پر خدا کی محبت کا تجربہ کرنے میں رکاوٹ بن جاتی ہے؟ کون کون سی چیزیں رکاوٹ کا باعث ہوتی ہیں؟

☆۔ کیا آپ اپنے باطن میں مضبوط ہو رہے ہیں؟ کیا آج آپ کی زندگی میں خداوند یسوع مسیح کی حضوری کا کوئی ثبوت موجود ہے؟ خدا نے کس طرح سے اپنی قوت اور قدرت کو آپ کی زندگی میں منکشف کیا ہے؟

☆۔ خداوند یسوع مسیح میں ہم اپنے محفوظ مقام کے تعلق سے کیا سیکھتے ہیں؟

☆۔ بطور ایماندار یہ حوالہ ہمیں خدا کی خواہش کے تعلق سے کیا سکھاتا ہے؟ آپ کس حصہ میں شخصی طور پر کمزور ہیں؟

چند اہم دُعائیہ نکات

☆۔ اس حقیقت کے لئے خدا کی شکر گزاری کریں کہ اس کی آپ کے لئے محبت یقینی ہے۔ کیا آپ کسی ایسے وقت کے تعلق سے سوچ سکتے ہیں جب اس کی محبت کا تحفظ آپ کے لئے حوصلہ افزائی کا باعث ہوا تھا؟ ایسے وقتوں کے لئے خدا کی شکر گزاری کریں۔

☆۔ خداوند سے دُعا کریں کہ وہ آپ کے دل کو آپ کے باطن میں روح القدس کی منسٹری کے لئے کھول دے۔ ایسے وقتوں کے لئے خدا سے معافی چاہیں جب آپ نے اپنی زندگی میں روح القدس کے کام میں رکاوٹ اور مزاحمت پیدا کی۔

☆۔ خدا سے دُعا کریں کہ آپ کی زندگی کے وہ حصے آپ پر منکشف کرے جو ابھی پورے طور پر بخوشی ورضا یسوع مسیح کے تابع نہیں ہوئے۔ خدا سے اپنی زندگی کے اُن حصوں کو خداوند یسوع کے تابع کرنے کے لئے فضل چاہیں۔

باب 18

اپنی بلاہٹ کے لائق زندگی بسر کریں

افسیوں 4 باب 1 تا 6 آیت کا مطالعہ کریں

اس خط کے پہلے تین ابواب میں پولس رسول نے افسیوں کو وضاحت سے بتایا کہ مسیح یسوع میں اُن کا کیا مقام ہے۔ اُنہیں دُشمن کے جبڑے سے چھڑا کر خدا کے خاندان کا حصہ بنا لیا گیا تھا۔ خدا کے فرزند ہوتے ہوئے اُن پر کچھ ذمہ داریاں بھی عائد ہوتی تھیں۔ اس حصہ میں پولس رسول اُنہیں یہ تاکید اور تلقین کرتا ہے کہ وہ اپنے بلاوے کے مطابق زندگی بسر کریں۔ وہ مسیح یسوع کا قیدی ہونے کی حیثیت سے کلام کر رہا تھا۔ اس لئے اُسے معلوم تھا کہ بلاوے کے مطابق زندگی بسر کرنے کے لئے کیسی قیمت ادا کرنا پڑتی اور کیسے نتائج کا سامنا کرنا پڑتا ہے۔ جس طرح ان کا خداوند اُن کے لئے مرنے کو بخوشی و رضا تیار ہو گیا تھا، اب اسی طرح سے اُنہیں بھی اس کے لئے جان دینے تک وفادار رہنے کے لئے بلایا گیا تھا۔

غور کریں کہ پولس رسول نے افسیوں کو یاد دہانی کرائی کہ اُن میں سے ہر ایک کو خدا کی طرف سے ایک بلاہٹ ملی ہے۔ (1 آیت) یہ کیسی بلاہٹ تھی؟ یہ خدا کے فرزند ہونے کی بلاہٹ تھی۔ مسیحی ہونا محض ایک رُتبے یا مقام کو حاصل کر لینے کا شرف و استحقاق نہیں ہے۔ بلکہ یہ ایک پاک زندگی بسر کرنے کی بلاہٹ ہے۔ ہم میں سے ہر ایک جو مسیح یسوع کے پاس آ کر اس کی زندگی کا تجربہ کر چکا ہے، اس کے لئے لازم ہے کہ وہ اس کے لئے اور اس میں زندہ رہے۔ جب میں یہ دیکھتا ہوں کہ اب میں خدا کا فرزند بن چکا ہوں تو اس سے

میرے اندر ایک ذمہ داری اور فرض کا احساس جوش مارنا چاہئے۔ مجھے اس دُنیا سے اس دُنیا میں خدا کا خادم ہونے کے لئے چنا گیا ہے۔ پولس رسول بیان کرتا ہے کہ خدا کے لائق زندگی گزارنے کے لئے لازم ہے کہ پاک روح ہماری زندگیوں پر اپنا اختیار رکھے۔ یہی وہ مرکزی خیال ہے جو اس خط کے آنے والے تین ابواب کا احاطہ کئے ہوئے ہے۔

خداوند مسیح اور روح القدس کو جاننے سے ہمارے طرزِ زندگی اور روّیوں میں گہری تبدیلی واقع ہونی چاہئے۔ خدا کا پاک روح ہماری زندگیوں میں کام کرنا چاہتا ہے۔ وہ ہمارے کردار کو ایک خاص شکل دینا چاہتا ہے۔ اگر ہم چاہتے ہیں کہ ایسا ہو تو پھر ہمیں موقع دینا ہوگا کہ پاک روح ہماری زندگیوں میں کام کرے۔ لازم ہے کہ ہم خدا کے مقصد کے تابع ہو جائیں۔ افسیوں 4 باب میں پولس رسول نے افسیوں کے سامنے چند ایک ایسے کاموں کا بیان کیا ہے جو خدا بطور ایماندار اُن کی زندگیوں میں کرنا چاہتا تھا۔ آئیں ان کاموں کے تعلق سے غور کریں۔

فروتن بنیں (2 آیت)

پولس رسول نے افسیوں سے کہا، "یعنی کمال فروتنی اور حلم کے ساتھ تحمل کر کے محبت سے ایک دوسرے کی برداشت کرو۔" انکساری کا یہ روّیہ خداوند یسوع مسیح کی زندگی میں بہتر اور واضح طور پر دیکھا جا سکتا ہے۔ اگرچہ وہ خدا تھا، وہ بخوشی و رضا اس زمین پر اُتر آیا اور خادم کی صورت اختیار کر لی۔ وہ اپنے شاگردوں کے پاؤں دھونے کے لئے زمین تک جھک گیا۔ جب دوسروں لوگوں نے سامریہ کی طرف جانے سے اجتناب اور انکار کیا، تو خداوند یسوع مسیح نے ترس اور محبت سے بھرے ہوئے وہاں جانے کا چناؤ کیا۔ وہ گلی کوچوں میں چلتے پھرتے عام آدمیوں کے درمیان خدمت کرتے ہوئے ناپاک ہونے سے نہ ڈرا۔ جب دوسرے تکبر سے بھرے سر اونچا کر کے وہاں سے گزر گئے، خداوند ان کی ضروریات

پوری کرنے کے لئے فروتن بن گیا۔ اس نے دلی خوشی سے اپنے اردگرد کے لوگوں کی نفرت، طعن و تضحیک برداشت کی۔ وہ اپنے دشمنوں کے لئے صلیبی موت مرنے سے نہ جھجکا۔ وہ اپنے اندر ایک خادمانہ دل رکھتا تھا۔ اُس نے کائنات کے خالق اور مالک ہوتے ہوئے کبھی اپنے حقوق کا مطالبہ نہ کیا۔ اس نے بخوشی و رضا اپنی سہولت اور آرام کو ایک طرف رکھ دیا اور آسمانی شان و شوکت کو بھی فراموش کر دیا۔ اُس نے دوسروں کو اپنے سے زیادہ عزیز اور اہم جانا۔ پولس رسول نے افسیوں کو تلقین و تاکید کی کہ وہ خداوند یسوع مسیح جیسا روّیہ اور مزاج اپنائیں۔

تکبر ایک بھیانک اور ہولناک گناہ ہے۔ یہی وہ گناہ تھا جس کے باعث شیطان اور اس کے فرشتگان آسمان سے گرا دئے گئے تھے۔ تکبر کبھی اصلاح قبول نہیں کرتا۔ تکبر خود کو دوسروں سے مقدم مقام پر رکھتا ہے۔ تکبر کو صرف اپنی خواہشات اور اغراض و مقاصد کی تسکین سے

غرض ہوتی ہے۔ یہ سب کچھ خدا کے کلام کی تعلیم کے متضاد ہے۔ انسانی تکبر خدا اور انسان کے درمیان ایک رکاوٹ ہے جو کہ اس کی برکات کو پورے طور پر ہم تک پہنچنے نہیں دیتا۔ خدا ہمیں حلیم اور فروتن بنانا چاہتا ہے تاکہ ہم اُس کے ہاتھوں میں ایک مفید اور کارآمد وسیلہ اور ہتھیار بن جائیں۔

شائستہ روّیہ اپنائیں (2 آیت)

پولس رسول نے افسیوں کو شائستگی اپنانے کی بھی تلقین کی۔ شائستگی کئی طرح سے فروتنی اور عاجزی بھرے روّیہ کے اضافہ سے شائستگی آتی ہے۔ اگرچہ فروتنی اور عاجزی دل کا ایک روّیہ ہوتا ہے، جبکہ شائستگی اپنے اِردگرد کے لوگوں کے لئے ایک فروتن دل کا ردِ عمل ہوتا ہے۔ شائستگی ایک ایسے دل سے پیدا ہوتی ہے جو دوسروں کو اپنی باتوں اور روّیے

سے دُکھی نہیں کرنا چاہتا۔ ایک شائستہ مزاج رکھنے والا شخص بڑی احتیاط سے "پہلے تولو پھر بولو" والا روّیہ اختیار کرتا ہے، وہ بہت محتاط وہتا ہے کہ اس کے الفاظ اور افعال دوسروں کی تعمیر و ترقی، حوصلہ افزائی کا باعث ہوں۔ شائستہ مزاج رکھنے والا شخص اپنے بھائی یا بہن سے ترس اور محبت بھرا رویہ اختیار کرتا ہے۔ یہ دوسروں پر اپنے فیصلے، روّیے اور چناؤ ٹھونستا نہیں۔ بلکہ اپنے ارد گرد کے لوگوں کے چناؤ، پسند ناپسند اور عزتِ نفس کا خیال رکھتا ہے۔ ایک فروتن اور عاجز دل سے پیدا ہونے والی شائستگی مہربانی اور محبت کا ردِ عمل دکھاتی ہے۔ ایسا شخص آگے بڑھ کر دوسروں کے لئے شفاا، بحالی ور برکت کا باعث ہوتا ہے۔ خدا کا پاک روح ہم میں شائستگی پیدا کرنا چاہتا ہے۔

صبر سے ایک دُوسرے کی براشت کرو۔ (2 آیت)

حقیقی عاجزی اور فروتنی دوسروں کے ساتھ صبر و تحمل سے پیش آتی ہے۔ یہاں پر استعمال ہونے والا یونانی لفظ میکرو تھومیہ makrothumia ہے۔ جو کہ دو الفاظ پر مشتمل ہے۔ اور اس کا معنی ہے ایک لمبے عرصہ تک دوسرے کے قہر و غضب کو برداشت کرنا۔ صبر کا معنی ہے کشمکش سے دوچار ہونا۔ صابر شخص دوسروں کی فلاح کے لئے دُکھ اٹھانے پر بھی راضی ہو جاتا ہے۔ صابر لوگ بدلہ نہیں لیتے، خواہ ان کے ساتھ برا سلوک ہی کیا جائے۔ صابر لوگ جن سے محبت کرتے ہیں، ان سے دستبردار نہیں ہوتے۔ صابر لوگ معاف کرنے اور محبت میں ثابت قدم رہنے والے ہوتے ہیں، خواہ دوسرا شخص اُن کے خلاف جارحانہ روّیہ ہی کیوں نہ اپنائے ہو۔ صبر و تحمل کی خاصیت رکھنے والے لوگ دوسروں سے کاملیت کی توقع نہیں کرتے بلکہ دوسروں کے قصوروں اور غلطیوں کے باوجود اُن کے ساتھ کام کرتے رہتے ہیں۔

رُوح کی یگانگی قائم رہے (3 آیت)

روح القدس کی خدمت کا ایک پہلو مسیح کے بدن میں یگانگت پیدا کرنا ہے۔ جہاں روح القدس کام کرتا ہے وہاں پر خوبصورت یگانگت ہوتی ہے۔ جہاں روح القدس کام کرتا ہے وہاں پر اختلافات کی برف پگھلنے لگتی ہے۔ غصہ کافور ہونا شروع ہو جاتا ہے جبکہ خفگی اور ناراضگی کے نشانات بھی مٹنے شروع ہو جاتے ہیں۔ ہر شخص دوسروں کو معاف کرنے کے لئے تیار ہو جاتا ہے۔ پرانی مخالفتیں یسوع کے نام سے ختم ہونا شروع ہو جاتی ہیں۔ کشیدہ تعلقات میں بحالی آنا شروع ہو جاتی ہے۔ روح القدس کو ٹوٹے رشتوں کی دراڑیں ختم کرنے میں خوشی محسوس ہوتی ہے۔ روح القدس مسیح کے بدن میں یگانگت، اطمینان اور صلح پیدا کرتا ہے۔ یہ اتفاق اور یگانگت اس وقت برباد ہونا شروع ہو جاتا ہے جب ہم گناہ آلودہ فطرت کی تسکین کرنا شروع کر دیتے ہیں۔ ہمارے لئے یہ ممکن ہے کہ ہم پاک روح کے کام کے درمیان رکاوٹ بن جائیں اور اس کی بجائے ہم جسم کے کاموں کو فروغ دینا شروع کر دیں۔

پولس رسول نے افسیوں کو یہی تلقین کی کہ وہ جسم کی گناہ آلودہ خواہشوں اور رغبتوں کے اعتبار سے مر کر روح القدس کو موقع دیں کہ وہ اُن کے درمیان اتفاق اور یگانگت پیدا کرے۔ انہیں ایک دوسرے کے ساتھ پیار اور اتفاق کی ڈوریوں میں بندھے رہنے کی ضرورت تھی۔ یہ وہ اطمینان ہے جو اپنے بھائیوں اور بہنوں کے ساتھ صلح کے بندھ میں بندھنے سے پیدا ہوتا ہے۔ ایسا تب ہی ہوتا ہے جب ہم اپنے قصورواروں کو بخوشی و رضا معاف اور قبول کر لیتے ہیں۔ بالکل ایسے ہی جیسے خداوند یسوع نے ہمیں معاف کر کے قبول کر لیا۔ ہم کئی ایک پہلوؤں پر مختلف سوچ رکھتے ہوئے بھی یکدل اور یک خیال ہو سکتے ہیں۔ یگانگت اور اتفاق کا مطلب یہ نہیں ہے کہ ہم ایک دوسرے کی سوچ کو اپنائیں، کئی

ایک باتوں پر ہم ایک دوسرے سے مختلف رائے رکھ سکتے ہیں۔ ہم ایک دوسرے سے مختلف ہوتے ہوئے بھی مسیح اور ایک دوسرے کے لئے محبت اور سوچ میں ایک ہو سکتے ہیں۔ پولس رسول نے افسیوں کو تلقین کی کہ وہ مسیح کے بدن میں یگانگت اور اتفاق کو قائم رکھنے کے لئے جانفشانی اور جدوجہد سے کام لیں۔

پولس رسول نے اس تاکید اور تلقین کو انہیں وہ برکات اور نعمتیں یاد کراتے اختتام پذیر کیا جو اُنہوں نے مسیح یسوع میں باہم حاصل کی اور ان سے لطف اندوز ہوئے تھے۔ 4 تا 6 آیت میں، پولس رسول نے اُنہیں اس اکائی کی یاد دلائی جس میں وہ بندھے ہوئے تھے۔ پولس رسول نے یہاں پر اکائی اور یگانگت کے مخصوص پہلو بیان کئے ہیں۔

مسیح کے بدن کی اکائی

ایک بدن

مسیح یسوع میں ایماندار ہوتے ہوئے، افسیوں دُنیوی سوچ سے آزاد ہو کر خدا کے گھرانے کا حصہ بن چکے تھے۔ پولس رسول نے افسیوں کو یہ بھی یاد دلایا کہ یہودی اور یونانی اور غیر اقوام سبھی مسیح کے بدن کا حصہ ہیں۔ پولس رسول یہ چاہتا تھا کہ افسیوں اپنی آنکھیں اُٹھا کر اس بات کو سمجھیں کہ وہ اپنی مقامی رفاقت اور اپنے سے بھی بڑی کسی چیز کا حصہ بن چکے تھے۔ وہ ایمانداروں کی جماعت کا حصہ تھے۔ خواہ ایماندار اس زمین پر کہیں بھی جائیں، ہمیں ایسے لوگ مل جائیں گے جو روحانی بدن میں ہماری طرح شامل ہیں کیونکہ اُنہوں نے بھی خداوند یسوع مسیح کو قبول کر کے اسے اپنا نجات دہندہ تسلیم کر لیا ہے۔ اگر ہم ایک ہی خاندان کا حصہ ہیں، تو پھر کیوں ہم ایک دوسرے کے خلاف مقابلہ بازی کریں؟ ہماری کسی بھائی یا بہن کی کامیابی یا ناکامی ہماری کامیابی یا ناکامی ہوتی ہے۔ ہم خداوند کی کلیسیا کو اس طور

سے دیکھیں اور قبول کریں کہ وہ بھی ایک ہی بدن کا حصہ ہے۔ اگرچہ ہم اکثر ایک ہی طرح کے کام نہیں کرتے، تو بھی اگر ہم نے مسیح خداوند کو نجات دہندہ قبول کر لیا ہے تو پھر ہم ایک ہی بدن کا حصہ ہیں۔ ایک دوسرے کو کاٹے اور پھاڑے کھانا گویا اپنے آپ کو ہی پھاڑنے اور کاٹنے کے مترادف ہے۔

ایک روح

نہ صرف ہم ایک بدن کا حصہ ہیں، بلکہ ایک ہی روح ہے جو ہمیں خداوند کے ساتھ گہری رفاقت اور قربت میں لے جاتا ہے۔ یہ پاک روح کلیسیا میں کام کرتا ہے، اس لئے ہر ایک ایماندار کی زندگی کا ایک ہی نصب العین ہوتا ہے۔ ہم سب مسیح کے بدن میں متحد ہیں اور یہ خدا کے پاک روح کے ہمارے دلوں میں کام کرنے کے سبب سے ممکن ہے۔

ایک اُمید

خواہ ہم کسی بھی طور پر خداوند کی پرستش کریں، ہمارا طرزِ زندگی ایک دوسرے سے مختلف ہو، تو بھی ہم سب کی ایک ہی اُمید ہے۔ اور وہ اُمید یہ ہے کہ ایک دن خداوند یسوع اس زمین پر دوبارہ واپس لوٹے گا اور پھر خدا کے حقیقی فرزندوں کو اپنے ساتھ ابدیت میں لے جائے گا تاکہ ہمیشہ ہمیشہ اس کے ساتھ آسمان پر رہیں۔ تمام ایمانداروں کو یسوع کے خون کے وسیلہ سے گناہوں کی اُمید حاصل ہے۔ ہم سب آسمان پر خداوند کے ساتھ ابدی زندگی گزارنے کی اُمید رکھتے ہیں جو ہمارے لئے صلیب پر قربان ہوا تھا۔ یہی مشترکہ اُمید بطور ایماندار ہمیں ایک دوسرے کے ساتھ متفق اور متحد رکھتی ہے۔

ایک خداوند

ہم ایک ہی خداوند کی خدمت گزاری کرتے ہیں، اگرچہ ہماری خدمت اور پرستش کا انداز

ایک دوسرے سے مختلف ہو سکتا ہے۔ تو بھی ہماری خدمت اور پرستش کا مرکز و محور ایک ہی خداوند ہے جو کہ کلیسیا کا سر ہے۔ ہمیں یہ دیکھ کر خوشی ہونی چاہئے کہ ہمارے بہن بھائی بھی ایک ہی ایمان اور اُمید کے ساتھ خداوند کی پرستش اور ستائش بہ دل و جان کر رہے ہیں اور خداوند کی خدمت کے لئے شب و روز کمر بستہ رہتے ہیں۔ ہمیں اس بات سے خوش و شادمان ہونا چاہئے کہ ہر طرح سے خداوند کو عزت اور جلال مل رہا ہے۔

ایک ایمان

اگرچہ ہم سب ایک ہی تعلیمی پہلو پر متفق نہ بھی ہوں، ہم سب کا یہی ایمان ہے کہ خداوند یسوع مسیح خدا کا عزیز بیٹا ہے جو اس زمین پر گنہگاروں کے لئے صلیب پر قربان ہونے کے لئے آیا تھا۔ ہم سب کا یہ ایمان ہے کہ اس نے ہمارے پاس اپنا کلام اور پاک روح چھوڑا ہے جو ہماری ہدایت اور رہنمائی کرتا ہے۔ ہم اس بات پر ایمان رکھتے ہیں کہ وہ سب جو اس کی صلیبی موت کو اس طرح سے قبول کرتے ہیں کہ وہ ہمارے گناہوں کے لئے موا تھا، نجات اور گناہوں کی معافی پاتے ہیں۔ ہمارا یہ بھی ایمان ہے کہ وہ ایک روز اپنے لوگوں کو لینے کے لئے واپس دنیا میں پھر آئے گا۔ وہ انہیں آسمان پر لے جائے گا اور اُن سب کی عدالت کرے گا جنہوں نے اس کی قربانی کو قبول کرنے سے انکار کیا جو اس نے صلیب پر ان کے لئے دی تھی۔ ایمان کے ان معاملات میں، ہم خدا کے فرزند اور حقیقی ایماندار ہوتے ہوئے متحد اور متفق ہیں۔

ایک بپتسمہ

پولس رسول نے یہ بھی کہا ہے کہ ایک ہی بپتسمہ ہے۔ ابتدائی کلیسیا کا یہی طریقہ تھا کہ وہ ان سب کو بپتسمہ دیتے تھے جو مسیح یسوع پر ایمان لاتے تھے۔ یہ بپتسمہ خدا باپ، خدا بیٹے

اور خدا روح القدس کے نام سے دیا جاتا تھا۔ اگرچہ اپلوس، پولس اور پطرس سبھی نے بپتسمہ دیا۔ انہوں نے یسوع کے نام سے ایسا کیا، اور اس کے حکم کے مطابق کیا۔ (متی 28 باب 19 آیت) پولس رسول کا بپتسمہ بھی پطرس اور اپلوس سے مختلف نہیں تھا بلکہ سبھی ایک ہی طرح سے اور ایک ہی نام سے بپتسمہ دیتے تھے۔

1 کرنتھیوں 1 باب 13 اور 14 آیت میں ہم دیکھتے ہیں کہ بپتسمہ کے سبب سے کلیسیا میں تفرقہ پیدا ہو گیا تھا۔

اگر کسی شخص کو کسی خاص شخص نے بپتسمہ دیا ہوتا تھا، تو وہ اپنے آپ کو اسی شخص کا پیروکار سمجھ لیتے تھے۔ اسی طرح سے، ہمارے دَور میں بھی اگر کوئی شخص کسی خاص تنظیم سے بپتسمہ پالیتا ہے، تو وہ اُسی کا پیروکار ظاہر کرنا پسند کرتا ہے۔ پولس رسول ہمیں یہ دکھارہا ہے کہ ایسا طرزِ فکر بیوقوفی ہے۔ ہم بپٹسٹ، پریسبٹرین، یا پینتی کاسٹل کلیسیا کے نام سے بپتسمہ نہیں پاتے۔ ہم خداوند یسوع کے نام سے بپتسمہ پاتے ہیں۔ بہت اقسام کے بپتسمے نہیں بلکہ ایک ہی بپتسمہ ہے۔ ہم سب خداوند یسوع کے نام سے اور اُس کے نام سے بپتسمہ پاتے ہیں۔

کچھ ایسے لوگ بھی ہیں جو پولس رسول کے اس بپتسمہ کو جس کا وہ یہاں پر ذکر کر رہا ہے، روح القدس کے بپتسمہ کے طور پر لیتے ہیں۔ اس سے مراد روح القدس کا نزول ہے جس میں وہ ایک ایماندار کی زندگی میں سکونت کرنے کے لئے آتا ہے تاکہ اسے نجات کے منصوبے کا فہم و ادراک بخشے۔ روح القدس مسیح یسوع میں اسے نئی زندگی عطا کرتا اور ایماندار کو خدا کی مرضی پوری کرنے کی توفیق اور قوت عطا کرتا ہے۔ اگر پولس رسول روح القدس کے بپتسمہ کا ہی ذکر یہاں پر کر رہا ہے، تو پولس رسول انہیں یاددہانی کرارہا تھا کہ ایک ہی روح ہے جس نے ہمیں نجات کا فہم عطا کیا اور مسیح کے ساتھ چلنے کے لئے ہمیں

قوت بخشی۔ روح القدس ہی مسیح کے بدن میں یگانگت اور اتفاق پیدا کرنے کا وسیلہ ہے۔

ایک خدا جو سب کا باپ ہے

خدا کا کلام واضح تعلیم دیتا ہے کہ ایک ہی خدا ہے جو سب کا باپ ہے۔ یہ خدا اور باپ ہی سب کچھ ہے۔ وہی حقیقی اور زندہ خدا ہے۔ اسی کے سامنے ہر ایک گھٹنہ جھکتا ہے۔ ہم کسی خاص تعلیم یا رہنما کے سامنے گھٹنے نہیں ٹیکتے۔ کسی خاص قسم کے اندازِ پرستش کے سامنے بھی نہیں جھکتے۔ ہم ایک ہی خدا باپ کے سامنے اپنے گھٹنے ٹیکتے ہیں جو سب کا باپ ہے۔ اس کے علاوہ کسی کے سامنے جھکنا بُت پرستی ہے جس کی بائبل مقدس میں سخت ممانعت کی گئی ہے۔

یہی خدا سب میں سب کچھ ہے۔ ہمارا وجود اسی کا مرہونِ منت ہے۔ اس کے بغیر کچھ بھی پیدا نہیں ہوا۔ ہمارے دل کی ہر ایک دھڑکن اور ہمارے پھیپھڑوں سے نکلنے والی ہر ایک سانس اسی کے سبب سے ہے۔ اس کے بغیر ہمارا کوئی وجود اور حقیقت نہیں ہے۔ ہم زندگی اور ہر ایک سانس کے لئے اسی پر بھروسہ اور انحصار کرتے ہیں۔

یہ کہہ کر پولس رسول نے ایمانداروں کو یہ تاکید کی کہ وہ غور کریں کہ ان میں بہت سے باتیں مشترک ہیں۔ (خواہ یہودی ہوں یا غیر اقوام) اپنے اختلافات پر غور کرنے اور ایک دوسرے سے لڑنے جھگڑنے کی بجائے، انہیں محبت میں ایک دوسرے کے ساتھ گھٹے اور بندھے رہنا تھا۔ انہیں ایک دوسرے کے ساتھ فروتنی کا روّیہ اپنا کر محبت کرنا تھی۔ کیونکہ وہ آپس میں ایک ہی خاندان کے لوگ تھے۔ وہ آپس میں ایک دوسرے کے بھائی اور بہنیں تھیں۔ وہ ایک ہی گھرانے کا حصہ اور ایک ہی مقصدِ حیات رکھتے تھے۔ تاکہ خداوند کو اپنی زندگیوں سے عزت اور جلال دیں۔ خدا کرے کہ ہم آج بھی کلیسیا میں اسی یگانگت اور اتفاق کے لئے کوشاں ہو جائیں۔ آمین۔

چند غور طلب باتیں

کیا آپ اپنے بھائیوں اور بہنوں کے تعلق سے وہ عاجزی اور شائستگی سے محسوس کرتے ہیں جس کا پولس رسول نے یہاں پر ذکر کیا ہے۔؟ کس طرح یہ روّیہ مزید واضح طور پر آپ کی زندگی میں منکشف ہو سکتا ہے ؟

☆۔ آپ کے خیال میں آج ایمانداروں کے درمیان اس قدر تفرقے بازی کیوں کر پائی جاتی ہے ؟ بطور ایماندار خاص طور پر کون سی چیز ہم میں تقسیم اور نفاق پیدا کرتی ہے ؟

☆۔ پولس رسول کے مطابق کس چیز نے افسیوں کو دُنیا کے دیگر ایمانداروں سے الگ کر دیا تھا؟

☆۔ کیا آپ کی کلیسیا علاقے میں موجود دُوسری کلیسیا کے لئے فکر اور دلچسپی رکھتی ہے ؟ کس طرح آپ کے علاقہ میں آپ کی کلیسیا مسیح کے بدن میں یگانگت کا مظاہرہ کر رہی ہے ؟

چند اہم دُعائیہ نکات

☆۔ اپنے علاقہ میں موجود کسی دوسری کلیسیا کے لئے خداوند کی تعریف و تمجید کریں۔ اس کلیسیا میں خدا کی برکت کا کون سا ثبوت موجود ہے؟ اس برکت کے لئے خدا کی شکر گزاری کریں۔

☆۔ مسیح کے بدن میں جو تفرقے بازی اور نفاق پیدا ہو چکا ہے، خداوند سے دُعا کریں کہ وہ ہر ایک رکاوٹ کو نابود کر دے۔

☆۔ خداوند سے دُعا کریں کہ وہ مسیح کے بدن کے لئے آپ کو گہری فکر اور دلچسپی سے معمور کر دے۔ اپنے ارد گرد کے لوگوں کے لئے خداوند سے مسیح یسوع جیسا ایک عاجز اور نرم دل مانگیں۔

☆۔ خداوند کی شکر گزاری کریں کہ آپ مسیح کے بدن کا حصہ ہیں۔ خداوند سے مدد چاہیں تاکہ آپ ہر اس شخص سے پیار کر سکیں جو اس کا بیٹا یا بیٹی بن چکا ہے۔

باب 19

اُس نے آدمیوں کو انعام دیئے

افسیوں 4 باب 7 تا 16 آیت

پچھلے باب میں پولس رسول نے افسیوں کو تلقین و تاکید کی تھی کہ وہ مسیح کے بدن میں یگانگت کے لئے کوشاں رہیں۔ اُس نے اُنہیں وہ تمام روحانی حقائق سے آگاہ کیا جو وہ آپس میں مشترکہ طور پر رکھتے تھے۔ اس باب میں، مصنف نے مسیح کے بدن میں یگانگت اور اتفاق کے لئے جدوجہد کرنے کی ایک اور وجہ بیان کی ہے۔ 7 آیت میں پولس رسول نے اُنہیں یاد دہانی کرائی کہ بطور ایماندار، اُن میں سے ہر ایک پر خاص فضل ہوا ہے۔ لفظ "فضل" جسے پولس رسول نے یہاں پر استعمال کیا ہے، وہ لفظ کیرس Charis ہے۔ یہ وہی لفظ ہے جسے وہ روحانی نعمتوں کا ذکر کرتے ہوئے استعمال کرتا ہے جو خدا نے مسیح کے بدن میں تقسیم کی ہیں۔ (رومیوں 12 اور 1 کرنتھیوں 12) متن سے یہ بات بالکل واضح ہو جاتی ہے کہ پولس رسول نے یہاں پر روحانی نعمتوں کا ذکر کیا ہے جو خدا نے انہیں عطا کی تھیں۔ (11 آیت دیکھیں)

پولس رسول نے افسیوں کو بتایا کہ خدا نے بدن کے ہر ایک اعضا کو ایک خاص نعمت عطا کر کے اسے کلیسیا میں ایک خاص کردار ادا کرنے کے قابل بنایا ہے۔ اگر ہمیں خدا کے ارادہ کے موافق کلیسیا میں فعال کردار ادا کرنا ہے تو ہمیں ایک دوسرے کی ضرورت ہے۔ خدا نے بدن کو اس طرح سے تخلیق کیا ہے کہ جسم کے اعضاؤں کو ایک دوسرے کی ضرورت ہوتی ہے۔ یہ ایک عملی محرک ہے۔ (تحریک دینے والی چیز)

اس ہم آہنگی اور ترتیب کے بغیر، جسم کمزور ہو کر ابتری کا شکار ہو جائے گا۔ اس بات کو وضاحت سے پیش کرنے کے لئے مصنف زبور 68 کا حوالہ دیتا ہے جب خداوند آسمان پر گیا۔ اور اپنے ساتھ قیدی روحوں کو بھی لے گیا۔ اور اپنے لوگوں کو تحائف دئے۔ یہاں پر ایک ایسے فاتح کمانڈر کی تصویر کشی کی جا رہی ہے جو اپنے ساتھ بہت سے دشمنوں کو اسیر کر کے لے آیا ہے۔ اور وہ بیڑیوں میں جکڑے ہوئے اس کے پیچھے پیچھے چل رہے ہیں۔ گلیوں اور بازاروں میں لوگ ترتیب سے کھڑے خوشی سے اسے خراجِ تحسین پیش کر رہے اور خوشی سے نعرے مار رہے ہیں۔ وہ اپنے فاتح بادشاہ کو شہر میں داخل ہوتے ہوئے دیکھ رہے ہیں۔

خداوند یسوع مسیح نے ہمارے لئے ایسا ہی کیا ہے۔ زمین پر آ کر آسمان سے گرائے گئے دشمن سے روحانی جنگ کی۔ صلیب پر اپنی موت کے وسیلہ سے اس نے فتح پائی اور آسمان پر فتح مند جنگی مرد کی طرح واپس لوٹ گیا۔ یہاں پر اس تصویر کا ایک اور خوبصورت پہلو بھی ہے جس پر ہمیں غور کرنے کی ضرورت ہے۔ فاتح جنگجو کی طرح جس نے اپنے دشمنوں کو مغلوب اور اسیر کر لیا تھا، اس نے اپنے لوگوں پر شکست خوردہ دشمن سے چھینی ہوئی دولت بھی نچھاور کی۔ ہمیں بھی خداوند کی طرف سے نعمتیں اور تحائف ملے ہیں۔ ضروری نہیں کہ یہ نعمتیں اور تحائف جسمانی یا مادی ہوں بلکہ روحانی نعمتیں ہیں۔

9 آیت میں، پولس رسول نے افسیوں کو بتایا کہ اس فتح کو ممکن بنانے کے لئے، مسیح زمین کے نیچے کے علاقہ میں بھی اترا تھا۔ یہ بات ذہنی اُلجھن کا سبب ہو سکتی ہے۔ پولس رسول کی زمین کے نچلے علاقہ سے کیا مراد ہے؟ کئی ایک ممکنہ تشریحات ہو سکتی ہیں۔ اوّل۔ بعض لوگوں کا کہنا ہے کہ اس سے مراد یہ ہے کہ خداوند یسوع آسمان چھوڑ کر زمین پر آنے کے لئے تیار ہو گیا تا کہ اپنے لوگوں کو گناہ اور شیطان پر فتح بخشے۔ بعض لوگ اس بات پر

ایمان رکھتے ہیں کہ زمین کے نچلے علاقہ سے مراد قبر ہے۔ شیطان اور گناہ پر فتح پانے کے لئے، خداوند یسوع مسیح صلیب پر قربان ہو گیا اور پھر زمین کے نچلے علاقہ تک گیا۔ یعنی وہ قبر میں دفنایا گیا۔ ایک اور ممکنہ تشریح یہ ہے کہ زمین کے نچلے علاقہ سے مراد پاتال ہے جہاں خداوند یسوع مسیح ہمارے گناہوں کے سبب اُترا تھا۔ (1 پطرس 3 باب 18 تا 20 آیت)

زمین کے اس نچلے علاقہ کی تشریح و تفسیر کرتے ہوئے ہم حاصل کلام کے طور پر یہ کہہ سکتے ہیں کہ خداوند یسوع مسیح نے گناہ، شیطان، قبر اور پاتال پر فتح پائی ہے۔ جب وہ آسمان پر اپنے باپ کے پاس گیا، تو اُن تمام دشمنوں کو زنجیروں میں جکڑ دیا گیا۔ اس کے خوبصورت اور فتح بخش کام کے سبب سے، وہ آسمان پر تمام مخلوقات سے بلند مقام پر رہنے کے لئے گیا۔ اس کا جلال اب پوری دُنیا کو معمور کرتا ہے۔ حتیٰ کہ پاتال کے پھاٹک بھی اس کی قدوسیت اور خداوندیت کے سامنے جھک گئے ہیں۔

یہی فاتح یسوع ہے جو اب کلیسیا کو طرح طرح کی نعمتوں سے نوازتا ہے۔ وہ اُنہیں فاتح ہونے کے لئے اپنے نمائندگان کے طور پر میدان جنگ میں بھیجتا ہے تاکہ وہ تاریکی کی اُن قوتوں پر غالب آئیں جن پر وہ خود بھی غالب آچکا ہے۔ پولس رسول یہاں پر نعمتوں کا ذکر کرتا ہے۔ اگرچہ انہیں نعمتیں کہا گیا ہے اور واقعی وہ نعمتیں ہیں بھی۔ ہم اُنہیں کلیسیا میں مختلف ذمہ داریاں / خدمات کہہ سکتے ہیں۔ آئیں کلیسیا کو دی جانے والی مختلف ذمہ داریوں کو نعمتوں کے طور پر دیکھیں۔

رسول

سب سے پہلے رسول کا ذکر ہے، یہی وہ کردار تھا جسے ادا کرنے کے لئے خدا نے پولس رسول کو چنا اور خدمت کے لئے بلایا تھا۔ بارہ دوسرے شاگرد بھی تھے۔ (متتیاہ کو یہوداہ

کی جگہ لینے کے لئے چنا گیا تھا۔ اعمال 1 باب 12 تا 23 آیت) انہی بارہ آدمیوں کو کلیسیا کی بنیاد رکھنے والے خدا کی طرف سے بلائے گئے خدام کہا جاتا ہے۔ انہیں خاص طور پر خدا نے توفیق دی تھی کہ اس سچائی کو دوسروں تک پہنچائے جو خدا نے شخصی طور پر انہیں عطا کی تھی۔ رسول ہونے کے لئے اُمیدوار کے لئے اس خاصیت کا ہونا بھی ضروری تھا کہ وہ جسمانی طور پر خداوند کے ساتھ رہا ہو جب وہ اس زمین پر خدمت کرتا تھا۔ رسول ہونے کے لئے یہ بھی بنیادی شرط تھی کہ وہ اُس کے مُردوں میں سے جی اُٹھنے کا چشم دید گواہ ہو۔ (اعمال 1 باب 22 آیت) ابتدائی کلیسیا رسولوں کی تعلیمات کے مطابق ہی تعلیم دینے کا عمل جاری رکھتی تھی۔ کیونکہ یہ وہ تعلیم تھی جو براہ راست خداوند یسوع مسیح نے انہیں دی تھی۔ اور پھر خدا کے پاک روح نے بھی انہیں تعلیم دینے کی توفیق اور قابلیت بخشی تھی۔ (اعمال 2 باب 42 آیت) رسول ہی کلیسیا کی بنیاد رکھنے والی شخصیات تھے۔ خدا کی ہدایت اور اس کی توفیق کے مطابق ٹھوس بنیاد پر اُنہوں نے کلیسیا قائم کی۔

نبی

کلیسیا میں دوسرا عہدہ یا مقام نبی کا تھا۔ نبی کا کردار یا ذمہ داری خدا کے کلام کو اس کے لوگوں تک پہنچانا تھا۔ وہ خدا کی طرف سے بولتے تھے۔ کتاب مقدس میں نبوت کا زیادہ تر حصہ پیش گوئیاں نہیں ہیں بلکہ خدا کی طرف سے اس کے لوگوں کے لئے ایک مخصوص کلام ہے جو اس وقت ان کے لئے خدا نے کیا تھا۔ نبیوں کو خاص طور پر خدا کی طرف سے بولنے کی توفیق ہوتی تھی۔ اور وہ خدا کے دل کی باتیں لوگوں کو کہہ سناتے تھے۔ وہ اُستادوں سے قطعی مختلف ہوتے تھے کیونکہ وہ اُستادوں کی طرح کتاب مقدس سے باقاعدہ طور پر تعلیمی سلسلہ جاری نہیں رکھتے تھے۔ بلکہ زندگی کے حالات وواقعات کے مطابق خداوند کی طرف سے کلام کرتے تھے۔

بے شک آج بھی ایسی باصلاحیت شخصیات کی کلیسیا کو ضرورت ہے۔ روح القدس کی تحریک سے، وہ لوگوں کو گناہ کے اعتراف کے لئے قائل کرتے، انہیں تسلی دیتے اور اُن کے لئے حوصلہ افزائی کا باعث ہوتے ہیں۔ نبیوں کے وسیلہ سے جب وہ کلام کلیسیا تک پہنچتا ہے جو خدا نے ان کے دلوں پر رکھا ہوتا ہے تو اس سے کلیسیا کی ترقی ہوتی ہے۔ (1 کرنتھیوں 14 باب 3 آیت) یہاں پر اس بات کا ذکر ہونا بھی ضروری ہے۔ کسی بھی نبی، استاد یا منادی کرنے والے کا کلام خدا کی طرف سے تحریک شدہ ہونا چاہئے، اور بائبل مقدس کے عین مطابق ہو۔ کوئی بھی نبوتی کلام اگر خدا کے تحریری کلام کے عین مطابق نہ ہو تو اُسے رد کر دیا جائے۔

مبشر

تیسرا عہدہ یا ذمہ داری جس کا یہاں پر ذکر کیا گیا ہے وہ مبشر ہے۔ یہ بات بالکل واضح ہے کہ مبشر کی ذمہ داری یہ ہے کہ وہ انجیل کی سچائی کو اعلانیہ اُن لوگوں تک پہنچائے جو ابھی تک گناہ کی تاریکی میں ڈوبے ہوئے ہیں۔ ایسے لوگوں کو خدا کی طرف سے ایک خاص توفیق ملتی ہے تا کہ وہ سادگی سے لوگوں تک نجات کا پیغام پہنچا سکیں اور اس طرح سے نجات بخش کلام لوگوں کو سنائیں کہ لوگ وہ پیغام سن کر اپنی زندگیاں نجات دہندہ کے تابع کر دیں۔ مسیح کے بدن میں یہ بہت اہم نعمت اور خدمت ہے۔

پاسبان

کلیسیا کو دیا جانے والا چوتھا عہدہ یا ذمہ داری پاسبانی خدمت ہے۔ پاسبان کا کردار یہ ہوتا ہے کہ وہ ایمانداروں کے ایک مخصوص گروپ کی گلہ بانی کرتا ہے۔ وہ کئی ایک طریقوں سے ایسا کرتا ہے۔ پاسبان ایمانداروں کو روحانی خطرات اور نقصانات سے بچاتا ہے۔ وہ ان

کی روحانی صحت کا بھی خیال رکھتا ہے۔ زخمی ہونے کی صورت میں اُن کی مرہم پٹی کرتا ہے اور روحانی خوراک سے اُن کی پرورش بھی کرتا ہے تاکہ وہ خداوند میں بڑھتے اور ترقی کرتے رہیں۔ پاسبان کا کردار دیگر ذمہ داریوں یا عہدوں سے قطع مختلف ہوتا ہے کیونکہ وہ ایک چرواہے کی طرح کلیسیا کی گلہ بانی کرتا ہے۔ نہ صرف یہ بلکہ وہ کئی ایک کردار ادا کرتا ہے۔(مبشر، استاد، صلاح کار اور منتظم)

اُستاد

آخری عہدہ، نعمت یا ذمہ داری جس کا یہاں پر ذکر کیا گیا ہے، وہ اُستاد ہے۔ ایک اُستاد کا کردار یہ ہوتا ہے کہ وہ کلام کی صداقت کو صحت کلامی کے ساتھ بیان کرتا ہے تاکہ سننے والے ایماندار اُسے سمجھ کر اپنی زندگیوں پر اس کا اطلاق کر سکیں۔ جب لوگ ایک اُستاد کی زیر قیادت بیٹھ کر سیکھتے ہیں تو اُنہیں خدا کے کلام کی سچائیوں کا گہرا فہم و فراست حاصل ہوتا ہے، پھر وہ خدا کی ستائش اور تمجید سے بھر جاتے ہیں جس نے اپنے روح کی تحریک سے وہ کلام لکھوایا۔ اساتذہ ہمیں خدا کے کلام پر قائم رہنے میں ہماری مدد کرتے ہیں۔ وہ ہمیں کلام کے تقاضوں کے بارے جانکاری دیتے ہیں۔ اُستاد ہمیں کلام مقدس کی واضح تعلیم اور ہدایت ور ہنمائی سے مضبوط کرتے اور گمراہی میں پڑنے سے بچاتے ہیں۔

12 آیت میں پولس رسول نے افیسوں کو بتایا کہ کیوں خدا نے کلیسیا کو یہ عہدے یا ذمہ داریوں سے نوازا ہے۔ خدا نے کلیسیا میں ایسی نعمتوں سے معمور لوگ اس لئے نہیں رکھے کہ وہ ہاتھ پر ہاتھ رکھ کر دوسروں کو کام کرتا ہوا دیکھیں۔ بلکہ اُن کا کام تو کلیسیا کو مضبوط کرنا اور مسیح کے بدن کو تعمیر و ترقی ہے۔ رسول، نبی، مبشر، پاسبان اور اُستاد کا کردار یہی ہے کہ وہ ایمانداروں کو آگے بڑھنے اور ترقی کرنے میں مدد کریں۔ ایمانداروں کو اس بات کے لئے اُبھاریں اور اُن کی تربیت کریں کہ وہ اپنی نعمتیں اور صلاحیتیں دوسروں کی تعمیر و

ترقی کے لئے استعمال کریں۔

پولس رسول نے افسیوں کو بتایا کہ ایک دوسرے کی خدمت کرنے کا کام اس وقت تک پایہ تکمیل کو نہیں پہنچ سکتا جب تک وہ خداوند یسوع مسیح کے ایمان اور علم و معرفت میں یک دل نہ ہو جائیں۔ اور اپنی زندگی میں اس کی پوری معمور سے معمور ہو جائیں۔ بالفاظ دیگر، جب تک ہماری زندگی کا کوئی بھی کونہ اور گوشہ ایسا ہے جو خداوند یسوع کی معموری سے نا آشنا ہے، تو پھر ابھی تک آپ کی زندگی میں کام اور تبدیلی کی ضرورت ہے۔ ہماری محنت اس وقت تک تمام نہ ہو گی جب تک ہم خداوند میں بلوغت اور پختگی کے درجہ تک نہیں پہنچ جاتے۔

جب یہ سب نعمتیں اور صلاحیتیں (کلیسیائی عہدے) مناسب اور واجب طور پر کام کرتی ہیں، تو کلیسیا میں کئی ایک چیزیں رونما ہوتی ہیں۔

ہم مزید بچے نہیں رہیں کہ اُچھلتے بہتے پھریں

یہ دنیا جس میں ہم رہتے ہیں مختلف خیالات اور فیلسوفی تعلیم سے بھری ہوئی ہے۔ ہمارے دور کی کلیسیا ایسے بے دینی پر مبنی خیالات اور تعلیم سے محفوظ نہیں ہے۔ بعض جھوٹے استاد اپنی غلط تعلیمات کے باعث کلیسیا میں مکاری سے داخل ہو جاتے ہیں۔ حتیٰ کہ ایماندار بھی ان کی چکڑی چپڑی باتوں سے متاثر ہو سکتے ہیں۔ کتنی ہی بار ہم اپنے بھائیوں اور بہنوں کو راہ حق سے گمراہ ہو کر ناراستی اور بے دینی کی ڈگر پر جاتے ہوئے دیکھتے ہیں۔ کبھی ایک وقت ہوتا ہے کہ وہ خدا کے لئے بڑے پر جوش ہوتے ہیں، لیکن پھر وقت گزرنے کے ساتھ ساتھ وہ اپنی گناہ آلودہ روشوں اور بدعتوں کی صفائی پیش کرنے میں لگ جاتے ہیں۔ خداوند نے کلیسیا میں ایسی نعمتیں اور لیاقتیں اس لئے رکھی ہیں تاکہ ایمانداروں کی بائبل کے معیار اور انداز سے تعمیر و ترقی ہو۔ وہ بائبل مقدس کا طرزِ فکر اور

طرزِ زندگی اپنائیں۔ ان روحانی نعمتوں کے استعمال سے، خدا اپنے بچوں میں ایک تحریک اور ولولہ پیدا کرنا چاہتا ہے کہ وہ ایمان میں پرجوش ہو کر دُنیاداری کے خیالات اور غلط تعلیمات کے خلاف ثابت قدم اور قائم ہو جائیں۔

ہم اُس میں بڑھیں اور ترقی کریں کہ جو کہ سر ہے (15 آیت)

تمام نعمتوں، خدمتوں اور لیاقتوں کا مقصدِ کلی یہی ہے کہ خدا کے لوگ اور زیادہ اُس کی قربت اور رفاقت میں بڑھیں۔ ہم پختہ اور مضبوط ہو کر
مسیح یسوع کی مانند بنتے چلے جائیں۔ جب ہم اپنے آپ کو مسیح کی محبت اور سچائی کے تابع کر دیتے ہیں، تو پھر یہ نعمتیں اور لیاقتیں ہمارے اندر ایک تحریک اور ولولہ پیدا کرتی ہیں۔ ہم خداوند کو اور بھی زیادہ گہرے طور پر جاننا شروع ہو جاتے ہیں۔ اس کے ساتھ ہماری رفاقت اور شراکت کی گہرائی بڑھنا شروع ہو جاتی ہے۔ خداوند یسوع ہمارے لئے مزید شخصی اور حقیقی بنتا چلا جاتا ہے۔ ہم اس کی معرفت، عقیدت اور پہچان میں ترقی کرنے لگے ہیں۔

ہم مسیح کے بدن کی تعمیر و ترقی کے لئے محبت کے ساتھ مشترکہ کوشش کریں گے۔
(16 آیت)

آخر میں، پولس رسول افسیوں کو یاد دہانی کراتا ہے کہ جب یہ تمام نعمتیں مناسب طور پر کلیسیا میں کام کریں گی تو پھر وہ متحد ہو کر ایک ہی مقصد کے لئے کام کریں گے۔ اور وہ مقصد ہے مسیح کے بدن کی پر محبت پرورش اور ترقی۔ سارا بدن اس وقت ترقی کرتا ہے جب جسم کا ہر ایک اعضا اپنا اپنا کام اور کردار ادا کرتا ہے۔ یہ دیکھنا کس قدر خوبصورت بات ہے کہ مسیح کا بدن یعنی کلیسیا باہم مل کر کام کرے۔ ہمارے اردگرد کی دُنیا کے لئے یہ ایک

زبردست گواہی ہوگی۔ جب دُنیا یہ دیکھے گی کہ کس طرح ہم ایک دوسرے سے محبت کرتے اور ایک دوسرے کا خیال رکھتے ہیں۔ پھر اُنہیں احساس ہوگا کہ مسیح یسوع ہم میں زندہ ہے۔ ایسی پر محبت اور ترقی پذیر مسیحی جماعت کا حصہ ہونا کس قدر خوشی اور مُسرت کی بات ہے!!

چند غور طلب باتیں

☆۔ پولس رسول افسیوں کو کیا بتاتا ہے کہ خدا نے اُن کے لئے کر دیا ہے؟

☆۔ کلیسیا میں خدا نے آپ کو کون سے عہدے اور ذمہ داری پر فائز کیا ہے؟ خدا نے اجتماعی طور پر کلیسیا کی بہتری اور ترقی کے لئے آپ کو کون سی نعمتوں اور برکتوں سے نوازا ہے؟

☆۔ آپ کو روحانی طور پر پختگی اور بلوغت تک پہنچانے کے لئے خدا نے کون کون سے لوگوں کو استعمال کیا ہے؟ خدا نے ان کو کونسی نعمتوں سے نوازا ہوا تھا؟

چند اہم دُعائیہ نکات

☆۔ اس مقامی کلیسیا کے تعلق سے چند لمحات کے لئے سوچیں جہاں آپ عبادت کے لئے جاتے ہیں۔ وہ کلیسیا کس حد تک بلوغت اور مسیح میں یگانگت کا مظاہرہ کر رہی ہے؟ اپنی کلیسیا کے لئے چند لمحات دُعا میں جھکیں۔

☆۔ آپ کی کلیسیا میں کون کون سی نعمتیں کام کرتی ہوئی دکھائی دیتی ہیں؟ کون کون سی نعمتیں ابھی ملنا باقی ہیں؟

☆۔ اُن نعمتوں کے لئے خدا کی شکر گزاری کریں جو خدا نے آپ کو عطا کی ہوئی ہیں۔ خدا سے دُعا کریں کہ وہ دیگر نعمتوں سے معمور لوگوں کو آپ کی کلیسیا میں بھیجے تا کہ آپ کی کلیسیا ویسی ہی مضبوط اور پختہ ہو جائے جیسی خدا اُس کو بنانا چاہتا ہے۔

باب 20

نئی انسانیت کو پہن لو

افسیوں 4 باب 17 تا 32 آیت

اس خط سے یہ بات روزِ روشن کی طرح عیاں ہو جاتی ہے کہ خدا کلیسیا میں مختلف نعمتیں اس لئے تقسیم کرتا ہے کہ ایماندار خداوند یسوع مسیح میں پختگی، بلوغت اور محبت میں پروان چڑھتے چلے جائیں اور روحانی طور پر ناسمجھ بچے نہ رہیں۔ اس حقیقت کی روشنی میں، پولس رسول نے افسُس میں موجود کلیسیا کو یہ تاکید کی کہ وہ اس کام سے متفق ہوں جو خداوند اُن کی زندگیوں میں کرنا چاہتا ہے۔ اس نے انہیں یہ بھی بتایا کہ کس طرح وہ خداوند کے ساتھ اپنی زندگی کے لئے اس کے منصوبے کے ساتھ متفق ہو سکتے ہیں۔ یعنی وہ پرانی انسانیت کو اُتار کر نئی انسانیت کو پہن لیں۔

پولس رسول نے خداوند میں ہو کر افسیوں سے اس بات پر اصرار کیا کہ وہ غیر قوموں کی طرح زندگی بسر کرنا چھوڑ دیں۔ (17 آیت) یاد رہے کہ پولس رسول نے زیادہ تر ان ایمانداروں کو خط لکھے جو غیر اقوام سے مسیح یسوع پر ایمان لائے تھے۔ کیونکہ پولس رسول کی خدمت اور بلاہٹ ہی غیر اقوام کے لئے تھی۔ جب پولس رسول غیر اقوام کی بات کرتا ہے تو اس سے مراد قومیت نہیں بلکہ اس سے مُراد اُن کا طرزِ زندگی ہے جو بے دینی اور بت پرستی پر مبنی تھا۔ پولس رسول نے افسیوں کو بتایا کہ انہیں بے دین غیر قوموں جیسا طرز زندگی نہیں اپنانا۔ بلکہ ایماندار اور غیر ایماندار میں فرق ہونا چاہئے۔ جب بے دین اور ایمان سے محروم دُنیا افسیوں کو دیکھتی تو انہیں اپنے اور ان کے طرزِ زندگی اور طرزِ فکر میں

ایک نمایاں فرق دیکھنے کو ملنا چاہئے تھا۔

پولس رسول نے افسیوں کو بتایا کہ غیر ایماندار یا بے دین لوگوں کا طرزِ فکر کھوکھلا، بے معنی اور بے مقصد ہوتا ہے۔ 18 اور 19 آیت میں، پولس رسول نے ایمان سے خالی طرزِ فکر کو بیان کیا ہے۔

اُن کی عقلیں تاریک ہو چکی ہیں (18 آیت)

جب تک آپ خداوند یسوع مسیح پر ایمان نہیں لائے تھے تو آپ کیسی عقل کے مالک تھے؟ آپ خداوند کی شادمانی کے بارے میں کیا سمجھ بوجھ رکھتے تھے؟ آپ کو خدا کے کلام میں یا اُس کے نام کی پرستش اور عبادت میں کس قدر خوشی اور شادمانی ملتی تھی؟ جب تک روح القدس ہمارے دلوں میں سکونت کرنے کے لئے نہ آگیا ہم تاریکی میں زندگی بسر کرتے تھے۔ ہمیں روحانی باتوں کا کوئی فہم حاصل نہ تھا۔ خدا کی باتیں ہماری سمجھ میں بالکل نہ آتی تھیں۔ ہمیں بالکل بھی اس بات کی سمجھ نہ تھی کہ ایماندار کس طرح خداوند اور اس کی راہوں کے طالب ہوتے ہیں۔ لیکن یہ سب کچھ اس دن بدل گیا جب ہم نے خداوند یسوع کو اپنا نجات دہندہ اور خداوند اور مالک کے طور پر پہچان لیا۔ گویا کہ اس کی جلالی روشنی ہمارے دلوں میں منور ہو گئی اور تاریکی بھاگ گئی۔ پھر اچانک سے ہمیں روحانی باتوں کا فہم و ادراک حاصل ہونا شروع ہو گیا جو کہ اس سے پہلے ہمارے وہم و گمان میں بھی نہ تھا۔

وہ خدا کی زندگی سے خارج ہیں (18 آیت)

غیر ایماندار اپنے دلوں اور زندگیوں میں خدا سے الگ اور جدا ہیں۔ ایک ایماندار اور غیر ایماندار میں فرق خدا کی حضوری ہے۔ خدا کی زندگی اور اُس کی حضور روح القدس کے

وسیلہ سے ایماندار میں موجود رہتی ہے۔ تاہم ایمان نہ لانے والے لوگ خدا سے الگ اور جدا ہی ہوتے ہیں۔ گناہ ہے جو خدا اور انسان کے درمیان جدائی کی دیوار کھڑی کرتا ہے۔ یہ رکاوٹ اور جدائی کی دیوار صرف اور صرف خداوند یسوع مسیح کی موت اور اس معافی کو قبول کرنے سے ہی ختم ہو سکتی ہے جو خداوند یسوع مسیح بنی نوع انسان کو دینے کے لئے اس دنیا میں آیا تھا۔ وہ لوگ جنہوں نے خداوند یسوع مسیح کی معافی کو قبول نہیں کیا وہ کبھی بھی خدا کے ساتھ گہری رفاقت اور شراکت پیدا نہیں کر سکتے۔ خدا کی زندگی ان میں موجود نہیں ہوتی۔ وہ ابدیت میں بھی خدا سے جدا اور الگ ہی رہیں گے

وہ بے حسی کا شکار ہو چکے ہیں (19 آیت)

چونکہ ایک بے ایمان دل خدا کی چیزوں کے تعلق سے سخت ہوتا ہے، اس لئے وہ روحانی باتوں کے اعتبار سے بھی بے حسی کا شکار ہوتا ہے۔ گناہ اُن کے دلوں کو سخت کر دیتا ہے۔ وہ خدا کی صداقتوں اور اُس کے جلال کی خوبصورتی کو دیکھ اور سن نہیں سکتے، کیونکہ وہ روحانی طور پر اندھے اور بہرے ہوتے ہیں۔ ایمان سے خالی دل کبھی بھی خدا کی آواز نہیں سن پاتا۔ روح کی باتوں کے لئے اُس کا دل مُردہ ہوتا ہے۔

وہ شہوت پرستی میں پڑ گئے ہیں۔ (19 آیت)

پولس رسول نے افسیوں کو بتایا کہ غیر ایماندار شہوت پرستی میں پڑ چکے ہیں۔ یہ شہوت پرستی کیا ہوتی ہے؟ شہوت پرستی کا تعلق جسم کی خواہشوں اور رغبتوں کی تسکین ہوتا ہے۔ غیر ایمانداروں کے اعمال و افعال کے پیچھے یہی محرک ہوتا ہے۔ وہ ایسی چیزوں میں خوشی محسوس کرتے ہیں جو جسمانی طور پر ان کے لئے لطف کا باعث ہو۔ وہ روحانی طور پر کچھ بھی کرنے، سمجھنے اور اپنانے کے قابل نہیں ہوتے۔ بلکہ وہ جسمانی اور جذباتی سطح پر ہی سب

کچھ کرتے ہیں۔ اور اس کے پیچھے جسم کی رغبتیں اور خواہشیں انہیں تحریک دے رہی ہوتی ہیں۔

پولس رسول نے افسیوں کو یہ تاکید اور تلقین کی کہ وہ ایسا طرزِ فکر چھوڑ دیں۔ مادی اور رنگ برنگی خواہشوں کے پیچھے بھاگنے والا ہمارا معاشرہ

ہمیں دُنیا کی خواہشوں اور رغبتوں کی طرف لے کر جارہا ہے۔ ہمیں یہی بتایا جاتا ہے کہ ہم جسمانی خواہشات کی تسکین کریں۔ اس کے برعکس مسیح ہمیں جسم کی خواہشات اور رغبتوں کے لحاظ سے مرنے کے لئے بلاتا ہے۔ ہر ایک ایماندار جسم کی رغبتوں اور خواہشوں کو اتار پھینکنے کے لئے تیار نہیں ہوتا۔ بہت سے ایسے ایماندار ہیں جو دُنیا اور اُس کی چیزوں اور جسم کی خواہشوں اور رغبتوں میں مسرُور اور مصروف رہتے ہیں۔

پولس رسول نے افسیوں کو 23 اور 24 آیت میں بتایا کہ جب وہ پرانا طرزِ زندگی چھوڑ دیں گے تو پھر دو چیزیں رونما ہوں گی۔

اُن کا روّیہ اور مزاج نیا بن جائے گا(23 آیت)

جب تک ہم دُنیا اور اس کی چیزوں سے لپٹے رہتے ہیں، اس وقت تک ہم اپنے ذہنوں کی تجدید کا تجربہ حاصل نہیں کرسکتے۔ اپنی عقلوں کو مسیح کی مانند بنانے کے لئے ہمیں اپنے ذہنوں سے دُنیاوی خیالات کو ختم کرنا ہوگا۔ اگر ہمارا طرزِ زندگی دُنیا دار لوگوں جیسا ہی رہے گا تو کس طرح ہم مسیح جیسا روّیہ اور مزاج اور اس کی عقل کی توقع اپنی زندگی میں کرسکتے ہیں؟ پرانی انسانیت کو اتارنے کا مطلب یہ ہے کہ آپ اپنی تفریح طبع سرگرمیوں کے لئے ایسی چیزوں میں کم سے کم وقت صرف کرنا شروع کردیں جو خداوند کے لئے عزت اور جلال کا باعث نہیں ہیں۔

جب ہم دُنیا پر سے اپنا دھیان اُٹھا کر خدا کی باتوں پر اپنی توجہ مرکوز کرنا شروع کردیتے ہیں

تو پھر ہم اپنے رویوں اور مزاج میں ایک گہری تبدیلی محسوس کریں گے۔ جس قدر ہم خداوند یسوع مسیح کی ذات اقدس پر اپنی توجہ اور دھیان مرکوز کریں گے اسی قدر ہم اس کے جمال اور جلال کو سمجھنا شروع ہو جائیں گے۔ جس قدر ہم زیادہ سے زیادہ یسوع مسیح پر دھیان دیں گے ، اسی قدر ہم دُنیاداری اور اس کے معاملات میں کم دلچسپی لینا شروع ہو جائیں گے۔ جب ہم پرانی انسانیت کو اس کی دُنیاداری کے ساتھ اُتار پھینکنے کے لئے راضی ہو کر خدا کے مقصد اور ارادے کے طالب ہوں گے، تو پھر خدا کے لئے راہ پیدا ہو جائے گی کہ وہ ہماری ذہنوں اور عقلوں کی تجدید کرے۔ اور اُنہیں اپنے دل اور مرضی کے مطابق بناتا چلا جائے گا۔

وہ راستبازی اور پاکیزگی سے ملبس ہوں گے (24 آیت)

جب ہم خدا کے کلام کی سچائی کے مطابق زندگی بسر کرنے کی ذمہ داری قبول کریں گے تو اس وقت ایک دوسری چیز بھی واقع ہو گی، اور وہ یہ کہ ہم اپنی ذات کو راستبازی اور پاکیزگی سے ملبس ہوتا ہوا محسوس کریں گے۔ جب خیالات اور سوچیں پاک ہو جاتی ہیں تو پھر ایک نئی انسانیت پیدا ہونا شروع ہو جاتی ہے۔ ہمارے روّیے اور اعمال و افعال یکسر بدل جاتے ہیں۔ گناہ کے لئے ہماری خواہش اور رغبت اسی صورت میں بڑھتی ہے جب ہم اس کی آبیاری کرتے ہیں۔ جب ہم گناہ کے اعتبار سے مر جاتے ہیں اور جسم کی رغبتوں اور خواہشات کا انکار کر دیتے ہیں تو پھر یہ آہستہ آہستہ دم توڑنا شروع ہو جاتی ہیں۔ (یعقوب 4 باب 7 آیت) ہمارا سارا وجود ہی بدل جاتا ہے۔ ہم پہلے جیسے نہیں رہتے۔ ہماری زندگی پہلے سے بھی زیادہ پاک اور راست ہو جاتی ہے۔

پولس رسول یہاں پر مذہبی کاموں کو فروغ نہیں دے رہا، وہ تو سادہ انداز میں صرف یہ بیان کر رہا ہے کہ مسیحی زندگی میں فتح تب ہی آتی ہے جب ہمیں بڑی عاجزی اور انکساری

سے اپنے پرانے طور طریقوں اور جسم کی خواہشوں کے اعتبار سے مر جاتے ہیں۔ اپنی زندگی میں تبدیلی کا واحد راستہ تابعداری اور فرمانبرداری کی شاہراہ ہے۔ پولس رسول ہمیں اس بات کے لئے ابھار رہا ہے کہ جو کچھ خدا ہماری زندگیوں میں کر رہا ہے، ہمیں اس کے ساتھ تعاون کرنا چاہیئے۔ وہ ہمیں بتا رہا ہے کہ حقیقی پاکیزگی اور راستبازی کا تقاضا یہی ہے کہ ہم خدا کی تابعداری کے لئے اس کے سامنے جھک جائیں اور روح القدس کو موقع دیں کہ وہ ہماری زندگی میں کام کرے۔

اس بات کو روشنی میں، پولس رسول نے افسیوں کو مختلف طریقوں سے نصیحت کی۔(25 تا32 آیت) اوّل۔ اُنہیں جھوٹ بولنا چھوڑ کر سچ بولنا شروع کرنا تھا۔ اگر آپ چاہتے ہیں کہ کلیسیا میں امن و شانتی رہے اور وہ بڑے ہموار طریقہ سے آگے بڑھتی اور چلتی رہے تو پھر دیانتداری بہت ضروری ہے۔ جھوٹ میں، مبالغہ آرائی، دھوکہ دہی، احمقانہ وعدے اور جھوٹے بہانے بھی شامل ہوتے ہیں۔

دوئم۔ انہیں غصہ کی حالت میں گناہ کی آزمائش کے خلاف نبرد آزما ہونا تھا۔(26 آیت) ایک ایسا غصہ بھی ہوتا ہے جو بے انصافی اور بدی سے نفرت کرتا ہے۔ لیکن ایک ایسا غصہ ایسا بھی ہے جو اس وقت جوش مارتا ہے جب خود غرض خواہشات کی تسکین نہیں ہو پاتی۔ یاد رہے کہ راست غصہ بھی تلخی کی شکل اختیار کر سکتا ہے، اگر اس پر بروّقت قابو نہ پایا جائے۔ پولس رسول انہیں یہ تجویز دیتا ہے کہ وہ ہر دن کے اختتام پر اپنا غصہ اُتار پھینکیں تاکہ ابلیس کو ان کے دلوں اور کلیسیاؤں میں جگہ بنانے کا کوئی موقع نہ ملے۔

بلا شبہ ہم سب یہ جانتے ہیں کہ جب شیطان تلخی اور کڑواہٹ اور قہر و غضب جیسے بیج ہمارے دلوں میں بونے کے لئے کامیاب ہو جاتا ہے تو پھر کیا ہوتا ہے۔ بہت سی کلیسیائیں اس وقت تباہی اور بربادی کا شکار ہو جاتی ہیں جب کوئی شخص اپنی زندگی میں ابلیس کے لئے

دروازہ کھول دیتا ہے۔ شخصی گواہیاں داغ دار ہو جاتی ہیں، ایماندار لوگ گلہ سے باہر چلے جاتے ہیں، مسیح کے نام پر کفر بکا جاتا ہے، کاش یہ سب کچھ نہ ہوا گر لوگ اپنے غصے پر قابو پانا سیکھ جائیں۔ ہم تو اپنی زندگی میں کبھی بھی شیطان کو ایسا موقع نہیں دے سکتے کہ وہ ہماری گواہی اور خدمت کو برباد کر کے رکھ دے۔ اگر ہم اپنے غصے پر قابو پالیں تو ہم بڑی مُستعدی سے دشمن کا مقابلہ کر سکتے ہیں۔

سوئم، افسیوں کو دوسروں کے مال و متاع کے ناحق استعمال سے بھی اجتناب کرنا تھا۔

(28 آیت) چوری کرنے والوں کو اپنی روزی کمانے کے لئے محنت کرنا تھی۔ خدا محنت کرنے والوں، دیانتدار اور اپنے کام سے محبت کرنے والے لوگوں کو پیار کرتا اور اُنہیں برکت بھی دیتا ہے تاکہ ان کے پاس دوسروں کی ضروریات پوری کرنے کے لئے بھی کچھ نہ کچھ موجود رہا کرے۔

انہیں اس بات کا بھی پابند ہونا تھا تاکہ کوئی ناپاک گفتگو اُن کے منہ سے نہ نکلے۔

(29 آیت) اس کی بجائے اُنہیں صرف وہی کچھ کہنا تھا جو دوسروں کی حوصلہ افزائی اور رہنمائی کا باعث ہو۔ اُنہیں دوسروں کو پاکیزگی اور سچائی کی راہوں پر گامزن کرنے کے لئے مثبت اور پاک گفتگو اپنانا تھی۔

ہر طرح کی تلخی کڑواہٹ، غصہ، جھگڑا، تہمت بازی اور کینہ چھوڑ کر اُنہیں مہربانی، ترس اور معاف کرنے والا روّیہ اختیار کرنا تھا۔(31 اور 32 آیت)

30 آیت پر غور کریں، اگر آپ اپنی خودی کے اعتبار سے نہیں مرتے اور پرانی انسانیت کو ہی پہنے رہتے ہیں، تو آپ روح القدس کو رنجیدہ کریں گے۔ اس سے یہ بھی ظاہر ہوتا ہے کہ روح القدس ایک شخصیت ہے جو اس وقت رنجیدہ ہوتا ہے جب ہم راہ حق سے گمراہ ہو جاتے ہیں۔ جب روح القدس رنجیدہ ہوتا ہے تو پھر وہ اپنی برکات ہم سے واپس لے لیتا

ہے، ہماری زندگیوں میں اس کی قوت اور قدرت بھی کام کرنا چھوڑ دیتی ہے۔ جب پاک روح رنجیدہ ہوتا ہے، مسیحی لوگ شکست خوردہ زندگیاں گزارنا شروع ہو جاتے ہیں۔ جب بنی اسرائیل نے خدا کو رنجیدہ کیا، (بحوالہ عہدِ عتیق) تو دشمن آکر اُن پر غالب ہوتا تھا، وہ اس کے سامنے بے بس، کمزور اور شکست خوردہ ہوتے تھے۔ اُنہیں خدا کی حضوری کا احساس بھی نہیں ہوتا تھا۔ وہ بالکل خشک اور بنجر ہو جاتے تھے۔ اس صورت میں انہیں خدا کی باتوں اور اس کے کاموں میں بھی کوئی دلچسپی نہ رہتی تھی۔ کیونکہ خدا اپنے پاک روح کی برکات اور اُس کی قدرت کو اُن کی زندگیوں سے واپس لے لیتا تھا۔

بطور خدا کے فرزند، ہمیں پرانی انسانیت کو اتار پھینکنا ہے۔ ہمیں اس بات کا احساس کرنا ہو گا کہ اب ہم مسیح یسوع میں نئے مخلوق ہیں، ایسا کہ اب ہمیں پرانے طور طریقوں کے مطابق زندگی بسر نہیں کرنی۔ بطور خدا کے فرزند، ہم اُسی کے لئے اور اسی میں اس کی مرضی کو پورا کرنے کے لئے زندہ رہیں گے۔ ہم عہد کرتے ہیں کہ ہم پرانی انسانیت کو اُتار پھینکیں گے، ہم شیطان کا مقابلہ کر کے روح القدس کو موقع دیں گے کہ وہ ہماری زندگیوں میں کام کرے۔

چند غور طلب باتیں

☆۔کیا ابھی کچھ ایسے طریقے ہیں جس سے آپ ابھی تک دشمن کو موقع دے رہے ہیں تاکہ وہ آپ کے اعمال اور خیالات پر اثر انداز ہو؟

☆۔جب خداوند یسوع نے آپ کے گناہ معاف کر کے آپ کی روح کو نجات بخشی تو اس نے آپ کی زندگی میں کیا فرق پیدا کر دیا تھا؟

☆۔آپ کس طرح سے اپنی زندگی میں دُنیا کی مانند بننے کی آزمائش محسوس کرتے ہیں؟ آپ اپنی زندگی کے کس حصہ میں باآسانی دشمن کی آزمائش کے پھندے میں پھنس جاتے ہیں؟

☆۔اگر ہمیں خدا کے ویسے فرزند بننا ہے جس طرح کے خدا نے ہمیں بننے کے لئے بلایا ہے تو ہمیں کس طرح کی کوشش کرنی ہے؟ یہ حوالہ ہمیں اس تعلق سے کیا تعلیم دیتا ہے؟

☆۔اعمال کے مذہب اور دینداری کی منظم زندگی میں کیا فرق پایا جاتا ہے؟

چند اہم دُعائیہ نکات

☆۔خداوند سے دُعا کریں کہ آپ پر اس بات کو منکشف کرے کہ کس طرح آپ نے دشمن کو اپنی زندگی میں کام کرنے کا موقع دیا ہے۔خداوند سے ایسی چیزوں پر فتح حاصل کرنے کے لئے مدد چاہیں۔

☆۔خداوند سے درخواست کریں کہ وہ از سر نو آپ کو رُوح سے بھر دے اور آپ کی زندگی میں مسیح کی جستجو کی گہری خواہش اور تڑپ پیدا کر دے۔

☆۔خداوند سے مدد چاہیں تاکہ آپ باآسانی ہر اس چیز کو دُور پھینک دیں جو آپ کی زندگی میں پاک روح کے کام میں رکاوٹ کا باعث بنتی ہے۔

باب 21

نُور میں زندگی بسر کرو

افسیوں 5 باب 1 تا 21 آیت کا مطالعہ کریں

پولس رسول نے افسیوں کو یاد دہانی کرائی کہ اُنہیں پرانی انسانیت اُتار کر خدا کے فرزندوں کی طرح زندگی بسر کرنا ہے۔ مصنف نے اُنہیں اُن کی وہ سابقہ حالت بھی یاد کرائی جو مسیح یسوع کو اپنا نجات دہندہ قبول کرنے سے پہلے تھی۔ اب وہ مسیح کے ہو چکے تھے۔ لازم تھا کہ ان کے روّیوں سے روح میں نئی زندگی کی عکاسی ہو۔

خدا کے فرزند ہونے کی حیثیت سے افسیوں کو اپنے آسمانی باپ کی مانند ہونا تھا۔ (1 آیت) آسمانی باپ کے بچے ہوتے ہوئے اُن کی زندگی سے باپ کی محبت کا اظہار ہونا چاہئے تھا۔ بالکل ایسے ہی جس طرح مسیح یسوع نے باپ کی محبت کا اظہار اس زمین پر آکر اُس کے بچوں کی خاطر اپنی جان گناہ کی قربانی کے طور پر پیش کر دی تھی۔ (2 آیت) جب خداوند یسوع مسیح اس دُنیا میں آیا، تو اس نے بخوشی و رضا اپنے آپ کو باپ کے تابع کر دیا اور اُس کا فرمانبردار رہا، حتیٰ کہ موت بلکہ صلیبی موت بھی قبول کر لی۔ مسیح کی موت باپ کے حضور راحت انگیز خوشبو تھی۔ جس نے اس کے قہر و غضب کو بالکل ٹھنڈا کر دیا۔ پولس رسول یہی توقع کر رہا تھا کہ افسیوں خداوند یسوع مسیح کو اپنے لئے کامل نمونہ سمجھیں ۔ اگر کائنات کے مالک نے بخوشی و رضا ان کے لئے اپنی جان قربان کر دی، تو وہ اس سے کم اس کے لئے نہ کریں بلکہ جان تک قربان کرنے اور اس کے فرمانبردار رہنے کا عزم کریں۔ ہمیں مسیح کے نقش قدم پر چلنا ہے۔ آپ اپنے مسیحی بھائی یا بہن سے کس طرح اپنے رشتہ

کو بیان کریں گے؟ کیا آپ قربانی دینے والا طرزِ زندگی اپنائے ہوئے ہیں؟ کیا آپ خداوند یسوع مسیح کی مانند، دوسروں کے حقوق اور فلاح کے لئے اپنے حقوق سے بخوشی و رضا دستبردار ہو جاتے ہیں؟ خدا کے ساتھ آپ کا رشتہ کیسا ہے؟ کیا آپ اُس کی تابعداری اور فرمانبرداری میں زندگی بسر کرتے ہوئے خوشی سے اپنی جان تک کا نذرانہ اُس کے لئے پیش کر دیں گے؟ کیا آپ بھی اسی طرح سے اپنی جان قربان کرنے کے لئے تیار ہوں گے جس طرح آپ کے نجات دہندہ نے خدا کے لئے اپنی محبت کا اظہار کیا تھا؟ کیا آپ اپنی عزت اور وقار کو خطرے میں ڈالنے کے لئے تیار ہوں گے؟ کیا اُس کی بادشاہی کی وسعت کے لئے اپنے تکبر سے دستبردار ہوں گے؟

غور کریں کہ پولس رسول افسیوں کو یاددہانی کراتا ہے کہ اُن کے درمیان حرام کاری اور کسی طرح کی ناپاکی یا لالچ کا ذکر تک نہ ہو۔

(3 آیت) بالفاظ دیگر، ایماندار گناہ سے بہت دُور رہیں، اگر ان کے درمیان کسی بدی یا ناراستی کا معمولی سا نشان بھی دیکھنے کو ملے تو اس کا فوری طور پر قلع قمع کر دیں، پیشتر اس سے کہ وہ گناہ مسیح کے بدن کے باقی حصہ پر بھی اثر انداز ہو۔ ہمارے دَور میں جب سمجھوتے کی پالیسی زور و شور پر ہے، کلیسیا کو اس آیت کو بڑی سنجیدگی سے لینا چاہئے۔ کبھی ایسا ممکن ہی نہیں کہ بطور ایماندار ہم اس دُنیا اور اُس کی خواہشوں میں اپنا جی بہلاتے پھریں۔ ہمیں ہر طرح کی بدی سے دور بھاگنا ہے۔

یہ کس قدر آزمائش کن بات ہے کہ ہم کسی بھی بات سے پیچھے ہٹنے سے پہلے مزید گناہ کی لذت کو محسوس کرنے یا مزید کچھ دیکھنے کے لئے رک جائیں۔ (غلط تصاویر، فلمیں وغیرہ) پولس رسول ایمانداروں کو یہی تلقین کر رہا ہے کہ وہ گناہ کا تھوڑا سا نشان بھی دیکھ لیں تو اس سے دور بھاگیں۔ (یوسف کی طرح)

پولس رسول نے چند ایک گناہوں کی فہرست بیان کی ہے جن سے افسیوں کو خبر دار رہنے کی ضرورت تھی۔(5 تا 3 آیت) مصنف نے انہیں جنسی بے راہ روی اور ناپاکی سے دُور بھاگنے کی تلقین کی۔ اس میں کسی بھی قسم کا جنسی گناہ شامل ہے۔ ازدواجی تعلقات میں بے وفائی۔(شریک حیات سے الگ کسی دوسرے شخص سے جنسی تعلقات) شادی سے قبل جنسی تعلقات، فحش فلمیں اور میگزین بھی اسی گناہ کے زمرے میں آتے ہیں۔

حرامکاری بہت حد تک لالچ سے منسلک ہے۔(3 آیت) لالچ جائیداد اور املاک کی بد دیانتی پر مبنی خواہش ہے۔ اگرچہ اچھی چیزوں سے لطف اٹھانا بری بات نہیں ہے کیونکہ خدا ہمیں اچھی نعمتوں اور برکات سے نوازتا ہے۔ لیکن ایسے وقت بھی ہماری زندگی میں آتے ہیں جب اچھی چیزوں سے لطف اٹھانا ایک بُری خواہش میں بدل جاتا ہے۔ اس مقام پر آکر ہم اپنی مادی چیزوں پر گرفت مضبوط کر لیتے ہیں۔ اس دُنیا کی چیزوں کو جمع کرنا ہی ہمارا نصب العین بن جاتا ہے۔ جو کچھ خدا نے ہمیں دیا ہوتا ہے ہم اس سے بالکل بھی مطمئن نہیں ہو پاتے۔ بلکہ اور زیادہ، مزید اور کچھ کی خواہش ہم پر مسلط ہو جاتی ہے۔ بعض اوقات یہی خواہش ہمیں درست کاموں کی انجام دہی سے بھی دور کر دیتی ہے۔ ایسی صورت میں ہم سے منسلک لوگ،(ہمارا گھرانہ، رشتے دار، دوست احباب، پاسبان اور کلیسیا اور حتیٰ کہ معاشرے کے دیگر لوگ) بُری طرح متاثر ہوتے ہیں۔ یہ کس قدر آسان ہے کہ ہم سب کچھ رکھتے ہوئے بھی اور زیادہ، مزید کچھ کی خواہش کے اسیر بن جائیں۔

پولس رسول زبان سے منسلک گناہوں کے موضوع پر بھی بات کرتا ہے۔(4 آیت) ہمیں کسی بھی طرح کی بدزبانی، احمقانہ گفتگو اور دُوسروں کا مذاق اُڑانے اور ٹھٹھے بازی سے اجتناب کرنا چاہیئے۔ ایک ایماندار کا ان سب چیزوں سے کوئی تعلق نہیں ہونا چاہیئے۔ اکثر اوقات ایماندار ناراست باتوں اور گناہ آلودہ گفتگو پر ہنستے اور لطف اندوز ہوتے دیکھے جاتے

ہیں۔ ہماری کلیسیاؤں اور تعلیمی اداراوں میں بعض اوقات اخلاقیات سے گری ہوئی مذاق بازی سننے کو ملتی ہے۔ ہمیں کبھی بھی ناراست گفتگو، جنسی باتوں کے تذکرہ یا کسی بھی قسم کی گناہ آلودہ مذاق بازی پر ہنسنا نہیں چاہیئے۔ لالچ یا چیزوں کی حرص خدا کی نظر میں بہت بُری چیز ہے۔ اور ایسی باتوں پر ہنسنا خدا کی توہین کرنے کے مترادف ہے جسے یہ سب چیزیں بالکل بھی پسند نہیں ہے۔ یاد رہے کہ خداوند یسوع مسیح ایسی ہی چیزوں سے ہمیں آزاد کرنے کے لئے صلیب پر قربان ہوا تھا۔ ایسے گناہوں پر ایمانداروں کا دل ٹوٹنا چاہیئے۔ بالکل ایسے ہی جس طرح خدا کا دل ایسی چیزوں کو دیکھ اور سن کر رنجیدہ ہوتا ہے۔ یاد رہے کہ کوئی بھی بات جو آپ کے منہ سے نکلتی ہے کسی ٹھٹھے بازی، گناہ یا ناپاکی کا باعث ہوتی ہے، وہ خدا کے روح کی طرف سے نہیں بلکہ خدا کے روح کو رنجیدہ کرتی ہے۔

ایمانداروں کی گفتگو پر فضل، نمکین اور شکر گزاری کے الفاظ پر مشتمل ہونی چاہیئے۔

(4 آیت) ایماندار کی باتیں شکر گزار دل سے نکلنی چاہیئے۔ اُس کے منہ سے خدا کی برکات کے لئے اس کی تعریف و تمجید اور پرستش اور ستائش کے الفاظ اور نغمات نکلنے چاہیئے۔ کیا آپ کی باتیں پر محبت دل سے نکلتی ہیں؟ کیا آپ کی گفتگو خدا کی شکر گزاری اور ستائش سے معمور ہوتی ہے؟

پولس رسول نے افسیوں کو یاد دہانی کرائی کہ کسی بھی بدکار، ناپاک یا لالچی کے لئے خدا کی بادشاہی میں کوئی جگہ نہیں ہے۔ (5 آیت) ایسے گناہوں کے لئے خدا کی بادشاہی میں کوئی جگہ نہیں ہے۔ ایسے لوگ جن کے دل ایسے گناہوں اور ناراست باتوں میں کھو چکے ہیں، وہ خدا کے لوگ نہیں ہیں۔ کیونکہ جو واقعی خدا کے لوگ ہوتے ہیں ان کے دل ایسی سرگرمیوں پر رنجیدہ ہوتے ہیں۔

اگر ہماری زندگیاں اس دُنیا کے عیش و آرام اور مال و متاع کے حصول کی دَوڑ میں مصروف

عمل ہیں تو پھر اس بات کا کیا ثبوت ہے کہ ہم واقع خدا کے لوگ ہیں؟ وہ لوگ جو خدا کے ہو چکے ہوتے ہیں وہ اپنی زندگی میں ایک تبدیلی کا تجربہ رکھتے ہیں۔ خداوند یسوع مسیح ہمیں ایسے ہی گناہوں سے نجات کے لئے دنیا میں آیا تھا۔ ہمارے دلوں میں بسا ہوا اُس کا پاک روح ہمیں ایسے گناہوں پر قائل کرتا ہے تاکہ ہم اُنہیں ترک کر کے خدا کی جستجو میں لگ جائیں۔ ہمیں بھی ان چیزوں سے گھن آنی چاہئے جو خدا کے نزدیک مکروہات ہیں۔ اس دنیا کے عیش و آرام اور مال و متاع کو اپنا معبود بنالینا بُت پرستی ہے۔ ہم دو خداؤں کی عبادت اور پرستش نہیں کرسکتے۔ اگر ہم اس دُنیا کے خدا کی پرستش، خدمت اور عبادت کرتے ہیں، تو پھر ہم حقیقی خدا کی خدمت اور عبادت نہیں کرسکتے۔

یوں محسوس ہوتا ہے کہ افسّس کی کلیسیا میں موجود کچھ ایسے لوگ تھے جو پولس رسول کی گناہ کی عدالت کے تعلق سے دی گئی تعلیم میں آمیزش کر رہے تھے۔(6 آیت) پولس رسول نے افسیوں کو یاد دہانی کرائی کہ خدا کا غضب اُن سب لوگوں پر نازل ہوگا جو اس کے کلام کی سچائی کو نظر انداز کر کے نافرمانی کی زندگی بسر کرتے ہیں۔ افسیوں کو ہر طرح کی بدی سے دُور رہنا تھا۔

ہمارے دَور کی کلیسیاؤں میں بھی ایسے لوگ موجود ہیں جو دینداری اور پاکیزگی کے تعلق سے خدا کے کلام کی سچائیوں میں آمیزش کرتے ہیں۔ ہم دُنیا کی دیکھا دیکھی ایسا نہیں کر سکتے کہ خدا کے کلام کے معیار کو کم کر دیں۔ پولس رسول نے افسیوں کو 7 آیت میں بتایا کہ ہمیں ایسے لوگوں سے کوئی سروکار نہیں رکھنا جو خدا کے کلام کے اصولوں کے متضاد زندگی بسر کرتے ہیں۔

پولس رسول نے انہیں بتایا کہ اب مزید اُنہیں تاریکی میں نہیں چلتے رہنا (8 آیت) کیونکہ خداوند یسوع مسیح نے انہیں تاریکی سے رہائی بخش دی ہے۔ اُنہیں خدا کے فرزند

ہوتے ہوئے اپنی زندگیوں سے نور کا پھل ظاہر کرنا ہے۔ جو کہ نیکی، راستبازی اور سچائی کی صورت میں ان کی زندگیوں میں دیکھنے کو ملے گا۔ اگر کوئی چیز بھلائی، راستبازی اور سچائی کے معیار پر پورا نہیں اُترتی تو پھر ہمیں اس چیز سے دُور بھاگنے کی ضرورت ہے۔ ایسی چیز کو بے نقاب کریں کیونکہ وہ خداوند کی طرف سے نہیں بلکہ دشمن ابلیس کی طرف سے ہے۔ (11 آیت) یہ بھی یاد رہے کہ ہمیں گناہ سے دُور بھاگنا ہے نہ کہ گنہگار سے، کیونکہ اُنہیں نجات کی ضرورت ہے۔

پولس رسول نے افسیوں کو بتایا کہ ان باتوں کا ذکر کرنا بھی شرم کی بات ہے جو بدکار لوگ خفیہ طور پر کرتے ہیں۔(12 آیت) پولس رسول نے 4 آیت میں پہلے بھی افسیوں کو یہ بتایا تھا کہ وہ گناہ اور بدی کو مذاق کے طور پر نہ لیں۔ یہاں پر 12 آیت میں، وہ انہیں بتاتا ہے کہ ان باتوں کا ذکر تک نہ کریں جو بے دین دُنیا میں بدکار لوگ کرتے ہیں۔ کیونکہ بُرے اعمال وافعال کا ذکر اُن میں دلچسپی لینے کے مترادف ہے، یقیناً اس سے آپ کی توجہ اُن کاموں پر مرکوز ہو سکتی ہے۔

پولس رسول یہ کہہ رہا تھا کہ ایمانداروں کو ان خیالات اور تصورات سے اپنے ذہنوں کو آلودہ نہیں کرنا جو بدکار لوگ خفیہ طور پر کرتے ہیں۔ ہم خدا کے لوگ ہیں، ہمارے بدن اس کا مقدس ہیں۔ ہمیں موقع نہیں دینا کہ ہمارے ذہن ایسے بُرے کاموں پر دھیان کریں۔ ہمیں ایسے کاموں کو جسم کے کام سمجھتے ہوئے کہ ابلیس کی تحریک سے ہوتے ہیں، دور بھاگنا ہے۔

پولس رسول نے افسیوں کو بتایا کہ ہر ایک چیز کو خدا کے نور کے پاس لائیں۔(13 آیت) تاریکی کا پھل اس وقت بے نقاب ہو جائے گا جب اسے خدا کے کلام کی روشنی میں لایا جائے گا۔(4 آیت) ایک دن خدا سب چیزوں کو بے نقاب کر دے گا، وہ خفیہ گناہوں

کو بھی سامنے لے آئے گا۔ پولس رسول نے افسّس کے ایمانداروں کو تاکید اور تلقین کی کہ وہ بے دین طرزِ زندگی سے ہوشیار اور بیدار رہیں، خداوند مسیح یسوع کا نور اُن کے دلوں پر چمکتا رہے تاکہ کسی بھی قسم کی تاریکی کا کام ان کی زندگیوں میں موجود نہ رہے۔

ہمارے لئے بھی آج یہی نصیحت ہے۔ کس قدر ضرورت ہے کہ ہم بھی تاریکی کے تعلق سے ہوشیار اور بیدار رہیں اور کسی طور پر تاریکی کے کاموں کو اپنی زندگی میں جگہ بنانے کا موقع نہ دیں۔ پولس رسول ہمیں بھی تنبیہ کرتا ہے کہ ہم غور سے دیکھتے رہیں کہ ہم کس طرح اپنا وقت صرف کرتے ہیں۔ ہم کس قدر وقت دنیا کی چیزوں میں ہی صرف کر دیتے ہیں؟ کتنا زیادہ وقت ہم اپنے ذہنوں کو آلودہ اور ناپاک خیالات سے بھرنے میں ضائع کر دیتے ہیں۔ دن بُرے ہیں جن میں ہم زندگی بسر کر رہے ہیں۔ (16 آیت) شیطان کی تاریکی ایمانداروں کی زندگیوں میں بھی سرایت کرتی جا رہی ہے۔ یہی وقت ہے کہ ہم عملی قدم اٹھائیں اور مسیح کے نور میں ثابت قدمی سے کھڑے ہو جائیں۔ یہی وقت ہے کہ ہم اپنے ذہنوں اور دلوں کو خدا کی محبت اور سچائی سے تقویت دے کر تاریکی کے سیلاب اور طوفان کے خلاف نبرد آزما ہو جائیں۔ زندگی مختصر ہے، بہتر یہی ہے کہ ہم اپنی زندگی کا ہر دن بلکہ ہر ایک لمحہ خداوند میں اور اس کی خدمت اور عبادت میں گزار دیں۔

پولس رسول نے 17 آیت میں چند ایک تجاویز پیش کی ہیں جو رہنمائی کرتی ہیں کہ کس طرح ایماندار اپنے ذہنوں اور دلوں کو کلام کی سچائی سے نور سے منور کر سکتے ہیں۔ اول۔ اس نے کہا ہے کہ وہ شراب میں متوالے نہ ہو بلکہ خدا کے روح کے اختیار میں زندگی بسر کریں۔ (18 آیت) خدا کے پاک روح کو موقع دیں کہ وہ آپ کی زندگی کا ہر ایک پہلو اپنے اختیار میں لے اور آپ ہوشیار اور بیدار ہو کر اس کے حضور زندہ رہیں۔ پاک روح کو رنجیدہ نہ کریں بلکہ اس کے تابع ہو کر اس کی ہدایت اور رہنمائی میں زندگی بسر کریں۔ خدا

کے کلام کو پڑھتے ہوئے اس کی رہنمائی کو پہچانیں۔ ہر ایک بُرے اور ناپاک خیال پر غالب آنے کے لئے اس کی قوت اور قدرت پر بھروسہ اور توکل کریں۔ خدا کے پاک روح کو موقع دیں کہ وہ آپ کو نیک اور اچھے اعمال کے لئے تحریک بخشے۔ اُس کے نور اور سچائی کو اپنی زندگی کے ہر ایک کونے اور گوشے میں خوش آمدید کہیں۔

پولس رسول نے افسیوں سے یہ کہا کہ وہ آپس میں مزمور، حمد و ثنا اور روحانی گیت گایا کریں۔(19 آیت) جب خدا کا پاک روح آپ کی زندگی پر اپنا اختیار قائم کرلے گا تو آپ حقیقی خوشی اور شادمانی کو اپنی زندگی میں محسوس کریں گے۔ آپ کو چاہئے کہ دیگر ایمانداروں کو رفاقت میں جمع کریں اور اپنے مالک اور خالق کے فضل اور اُس کی برکات کے لئے اُس کی شکرگزاری اور ستائش کریں۔ خدا کی ستائش اور پرستش آپ کے دلوں کو معمور رکھے اور آپ اس کی محبت، نجات اور فضل کے لئے اُس کی شکرگزاری اور ستائش کرتے رہیں اور کسی بھی تاریکی، گناہ اور ناپاک خیالات کو آپ کے ذہن اور دل میں جگہ بنانے کا کوئی موقع ہاتھ نہ آئے۔ اپنے ذہن اور منہ کو خدا کی پرستش اور تقدیس شدہ عبادت سے معمور رکھیں۔

سوئم۔ اپنی زندگی میں ہر ایک چیز اور ہر طرح کے حالات و واقعات کے لئے خدا کی شکرگزاری کریں۔(20 آیت) جب خدا کا پاک روح آپ کی سوچوں اور خیالوں پر قبضہ جمالے گا، تو آپ شکرگزاری سے معمور ہو جائیں گے۔ شکوے شکائتیں اور بڑبڑاہٹ جاتی رہے گی۔ یاد رکھیں کہ خدا نے ہر ایک چیز کو آپ کی زندگی میں بھلائی کے لئے استعمال کرنے کا وعدہ کیا ہے۔ دشمن کو موقع نہ دیں کہ وہ آپ کے ذہن اور دل کو منفی اور تلخ خیالات سے معمور کرے۔ خدا کی نیکی اور بھلائی پر شک نہ کریں۔ اس کی بجائے شکرگزار رہیں، شکرگزاری کے روّیے کو فروغ دیں، خواہ حالات کس قدر بھی مشکل اور ناگوار کیوں

نہ ہوں۔ دشمن تو آپ کو مایوسی اور شک کی تاریکی میں دھکیلنے کا خواہاں ہے۔ ہمت نہ ہاریں، خدا کی ستائش اور شکر گزاری کے ساتھ اس تاریکی کا مقابلہ کریں۔ اس میں پر اعتماد رہیں اور اس کے منصوبے پر بھروسہ اور توکل کریں۔

آخر میں، مسیح یسوع میں عزت کی رو سے ایک دوسرے کے تابع رہتے ہوئے تاریکی کا مقابلہ کریں۔ جب خدا کا پاک روح آپ کی زندگی کا اختیار سنبھال لے گا، تو آپ کے تعلقات کشیدہ نہیں رہیں گے بلکہ آپ انکساری اور فروتنی سے کام لیتے ہوئے اپنے تعلقات اور رشتے ناطوں کے لئے حساس اور بیدار ہو جائیں گے۔ یاد رہے کہ آپ تاریکی کے خلاف اس جنگ میں تنہا نہیں ہیں۔ خدا نے آپ کو اپنے گھرانے کا حصہ بنایا ہے۔ اس کے گھرانے کے لوگ ہوتے ہوئے، دوسروں کے لئے بھی ہوشیار اور خبر دار رہیں۔ جب آپ کا بھائی یا بہن آپ کو تاریکی کے تعلق سے خبردار کرے۔ تو اُن کی بات دھیان سے سنیں۔ تکبر اور غرور سے دوسروں کو ناچیز اور حقیر جانتے ہوئے اُن کی آگاہی اور تنبیہ کو نظر انداز نہ کریں۔ خدا کے جلال کے لئے دوسروں کی بھلائی اور فلاح کے لئے اپنی زندگی خدا کے تابع کر دیں جس طرح مسیح نے اپنا آپ آسمانی باپ کے تابع کر دیا تھا۔

چند غور طلب باتیں

☆۔ کیا آپ کی زندگی میں کچھ ایسے علاقہ جات ہیں جہاں پر آپ دُنیا کی تاریکی کو موقع دے رہے ہیں کہ وہ آپ کے خیالات اور اعمال میں بسیرا کرلے؟ وہ کون سے علاقہ جات ہیں؟

☆۔ دنیا کی تاریکی سے نبرد آزما ہونے کے لئے کس طرح ہم ایک دوسرے کی مدد کر سکتے ہیں؟ کیونکہ یہ ہمارے دلوں اور کلیسیاؤں میں جگہ بنانے کے چکر میں ہے۔

☆۔ چند لمحات کے لئے اپنے طرزِ گفتگو پر غور کریں، کیا آپ کی گفتگو شکرگزاری اور خدا کی ستائش کے الفاظ پر مبنی ہوتی ہے؟

☆۔ کیا کبھی آپ نے خود کو ایک لمحہ کے لئے گناہ کی طرف رغبت محسوس کرتے ہوئے دیکھا ہے؟ اس تعلق سے پولس رسول ہمیں اس حوالہ میں کیا تعلیم دیتا ہے؟

چند اہم دُعائیہ نکات

☆۔ خداوند سے اور زیادہ اس کا دل مانگیں، خداوند سے دُعا کریں تا کہ آپ گناہ کو ایسے ہی دیکھ سکیں جس طرح وہ (خدا) گناہ کو دیکھتا ہے۔

☆۔ کیا آپ کسی ایسے ایماندار سے واقف ہیں جو اس دُنیا کی مادی چیزوں کے حصول کی جستجو میں لگا ہوا ہے؟ چند لمحات کے لئے دُعا کریں تا کہ خدا اس شخص کو اس روِش سے آزاد کرے۔

☆۔ خداوند سے اپنے وقت کے اچھے استعمال کے لئے دُعا کریں تا کہ آپ اپنے دل اور ذہن کو اس کے کلام کی روشنی سے منور کر سکیں۔

☆۔ ایسے بھائیوں اور بہنوں کے لئے شکرگزاری کریں جو گناہ اور بدی کے خلاف میں ہماری مدد کر سکتے ہیں۔

باب 22

شوہر اور بیویاں

افسیوں 5 باب 22 اور 33 آیت کا مطالعہ کریں

اپنے خط کے اس حصہ میں پولس رسول اپنی توجہ شوہر اور بیوی کے تعلقات پر مرکوز کرتا ہے۔ اس حصہ میں ازدواج کے تعلق سے جن عمومی اصولوں کا پولس رسول نے ذکر کیا ہے، آئیں ان کا جائزہ لیں۔

بیویوں، اپنے شوہروں کے تابع رہو (22 تا 24 آیت)

"تابع" ہمارے دَور جدید میں اس لفظ کی کئی ایک تعریفیں بیان کی جاتی ہیں۔ ہر دَور میں اس لفظ کو مردوں نے استعمال اور غلط استعمال کیا ہے۔ جب پولس رسول بیویوں سے یہ کہتا ہے کہ وہ اپنے شوہروں کے تابع رہیں تو اس سے پولس رسول کا کیا مطلب ہے؟

اس سے پہلے کہ ہم اس لفظ کو تفصیل سے دیکھیں، یہ دیکھنا بہت اہم ہے کہ پولس رسول نے بیویوں سے تابع رہنے کے لئے کہا ہے اور اس طرح تابع " جیسی خداوند کی" ہمیں یہ سمجھنا ہوگا کہ اس کا معنی ہے کہ وہ خداوند کی خاطر اپنے شوہر کے تابع رہے۔ اور یہ جانتے ہوئے اپنے شوہر کے تابع رہے کہ یہ خداوند کی مرضی ہے۔ کلام مقدس میں واضح طور پر اس بات کی تعلیم دی گئی ہے کہ شوہر کو گھر کا سربراہ ہونا چاہئے۔ (کلسیوں 3 باب 18 آیت، 1 پطرس 3 باب 5 اور 6 آیت) بیوی اپنے شوہر کی سربراہی کو قبول کرتے ہوئے خداوند اپنے خدا کے تابع ہوگی۔ وہ خداوند کی خاطر اپنے شوہر کے تابع ہوگی اور اس لئے ہوگی کیونکہ خاندان اور ازدواج کا یہی مقصد ہے اور اسی لئے وہ اپنے شوہر سے

نکاح کے بندھن میں ایک ہوتی ہے۔

بیوی کیوں کر شوہر کے تابع ہو؟ پولس رسول 23 آیت میں بیان کرتا ہے کہ شوہر، خدا کی مرضی سے بیوی کا سر ہے، بالکل ایسے ہی جس طرح مسیح کلیسیا کا سر ہے بیوی کو اپنے شوہر کی سربراہی کے تابع ہونا ہے۔ تاکہ اُن کا ازدواج کلیسیا اور مسیح کے درمیان رشتے کا عکاس ہو

یہ بہت اہم ہے کہ ہم دیکھیں کہ کس طرح مسیح، جو ہمارا سربراہ ہے، کس طرح اُس نے اپنا کردار ادا کیا۔ روحانی سربراہ ہوتے ہوئے خداوند یسوع مسیح نے انسانیت کو پہن کر ایک آدم کی صورت میں اِس زمین پر آنے کا چناؤ کیا۔ سربراہ ہوتے ہوئے بھی اس نے بخوشی و رضا بنی نوع انسان کے ظلم و ستم کو برداشت کیا اور انسانوں کی طرف سے لعن طعن پر منہ نہ کھولا۔ اُس نے اپنی جان تک کا دریغ نہ کیا اور صلیب پر اپنے آپ کو قربان کر دیا۔ وہ ہمارے گناہوں کو لے کر صلیب پر چلا گیا۔ ان گناہوں کی وجہ سے اسے خدا سے بھی الگ ہونا پڑا۔ بائبل مقدس خداوند یسوع مسیح کی تصویر ایسی شخصیت کے طور پر کرتی ہے جس نے ہر لحاظ سے بنی نوع انسان کی خدمت کی۔ اُس نے ازدواجی رشتے میں شوہروں کو ایک نمونہ دیا ہے تاکہ وہ اس کی تقلید کریں۔ مسیح کی سربراہی بدن کے لئے قربانی دینے والی محبت سے عمل میں آئی۔ وہ ہم پر حکومت جتانے کے لئے نہیں آیا تھا، بلکہ اس نے زمین تک جُھک کر ہمارے پاؤں دھونے کا چناؤ کیا۔ اس نے پہلے کیا پھر تعلیم دی۔ اُس کی سربراہی نمونے کی سربراہی تھی۔

پولس رسول نے شوہروں کو بتایا کہ اُن کی سربراہی مسیح جیسی سربراہی ہونی چاہئے۔ اپنی سربراہی کے کردار کو نبھاتے ہوئے وہ اپنی بیویوں کے عظیم ترین خادم بن جائیں۔ وہ اپنی بیویوں کی ضروریات کو مدِ نظر رکھتے ہوئے اُن کے ساتھ زندگی بسر کریں۔ وہ اپنی کاوشوں

اور توانائیوں کا بھرپور استعمال کرتے ہوئے خادمانہ روّیہ اختیار کریں۔ بالکل ایسے ہی جس طرح مسیح نے کیا تھا۔ وہ بھی محبت بھری خدمت کے لئے تیار رہیں۔ بیوی پر تسلط اور اسے حقیر جاننا یہ مسیح کے نمونے کی پیروی نہیں ہے۔ سربراہ ہونے کا مطلب، بیوی پر دھونس جمانا یا کوئی بات ٹھونسنے کا نام نہیں ہے۔ اس کا مطلب یہ بھی نہیں کہ شوہر اپنے آپ کو مالک اور بیوی کو نوکر جانے۔ سربراہی کا مطلب یہ ہے کہ جو لوگ ہمارے ماتحت ہوتے ہیں ہم اُن کی خدمت فکر مندی سے کریں۔

اگرچہ خداوند یسوع مسیح نے ہمارے پاؤں تک دھوئے، لیکن اس میں کوئی شک نہیں کہ پھر بھی وہ ہمارا خداوند ہی رہا کیونکہ اس نے خادمانہ روّیہ اور کردار اپنی مرضی سے چنا تھا اور کلیسیا کو ایک نمونہ دیا تاکہ وہ اس کی پیروی کریں۔ اس کے برعکس، اُس کی خدمت نے اُسے اور بھی اعلیٰ قائد اور سربراہ بنا دیا۔ اُسے بدن کی ضروریات کا احساس اور علم ہے۔ اچھے قائد اور سربراہ وہی ہوتے ہیں جو اپنے پیروکاروں کو سمجھتے ہیں۔ خداوند یسوع مسیح بالکل ویسے ہی حالات و واقعات اور صورتحال سے دوچار ہوئے جن کا آج ہمیں اس دنیا میں سامنا ہوتا ہے۔ (عبرانیوں 2 باب 17 اور 18 آیت، 4 باب 15 آیت کا مطالعہ کریں) ایسے شوہر جو خادمانہ سربراہی کا چناؤ کرتے ہیں اپنی بیویوں سے عزت پاتے ہیں اور وہ بخوشی ورضا ان کی سربراہی اور قیادت کو قبول کر کے اُن کے تابع ہو جاتی ہیں۔

پولس رسول نے 24 آیت میں بیویوں سے کہا کہ وہ سب باتوں میں اپنے اپنے شوہر کے تابع رہیں۔ بے شک، جب شوہر خادمانہ روّیہ اختیار کر کے سربراہ کا کردار ادا کرے گا تو اس کے لئے اپنے کردار کو نبھانا بہت آسان ہو جائے گا۔ غور کریں کہ پولس رسول نے بیویوں کو " ہر ایک بات " میں اپنے شوہروں کے تابع ہونے کے لئے کہا ہے۔ یہاں پر اس بات کو مدِ نظر رکھنا بھی ضروری ہے کہ ہر بات میں ایسی چیزیں یا باتیں شامل نہیں ہیں جو

خدا کے کلام کی تعلیم کے خلاف ہیں۔ جب خدا یا شوہر کی تابعداری میں چناؤ کا مقام آئے تو بلاشبہ بیوی کو اپنے خداوند کی تابع ہونا ہے نہ کہ اپنے شوہر کے۔ اعمال 5 باب 9 آیت میں حننیاہ اور سفیرہ کی مثال اس لحاظ سے بالکل موضوع اور مناسب ہے۔ جب حننیاہ نے فروخت شدہ زمین سے کچھ رقم چرانے کا فیصلہ کیا تو سفیرہ اس کے ساتھ متفق ہوئی۔ پطرس رسول نے اس تابعداری یا اتفاق پر سفیرہ کی سرزنش کی۔

پطرس رسول کے مطابق سفیرہ نے اپنے شوہر کے ساتھ متفق ہو کر جو بھی کیا وہ غلط کام کیا۔ اس نے غلط طور پر شوہر کی تابع داری کی اور کلیسیا سے دھوکہ دہی کا قدم اُٹھایا۔ چاہئے تو یہ تھا کہ وہ اپنے شوہر کی اس کاوش کی مذمت کرتی اور کبھی بھی اُس کی غلط سوچ اور گناہ آلودہ عمل کو قبول نہ کرتی۔

لفظ "ہر ایک بات میں" کا معنی اور مفہوم یہ ہے کہ سوائے خداوند کے کلام کی نافرمانی کے، بیوی اپنے شوہر کو بااختیار سمجھتے ہوئے زندگی اور ازدواج کے ہر ایک معاملہ میں اپنے شوہر کی اطاعت اور تابعداری میں زندگی بسر کرے۔ یہ بھی ممکن ہوتا ہے کہ بیوی کئی ایک باتوں میں شوہر کے تابع ہوتی ہے اور کئی ایک معاملات میں اس کے تابع نہیں ہوتی۔ پولس رسول کے مطابق، بیوی کے لئے ضروری ہے کہ وہ اپنی روحانی زندگی کو مضبوط بنانے اور اپنے ازدواج کو نبھانے کی خاطر اپنی خودی کے اعتبار سے مرنے کا چناؤ کرے۔ بالکل ایسے ہی جس طرح اس نے اپنی زندگی مسیح کے تابع کرنے کا چناؤ کیا تھا، اسی طرح یہ جانتے ہوئے کہ خدا نے اس کے شوہر کو گھرانے کا سربراہ مقرر کیا ہے، اس کے تابع ہو جائے اور بخوشی ورضا اس کی اطاعت اور تابعداری میں زندگی بسر کرنے کا چناؤ کرے۔ اکثر اوقات ازدواجی رشتوں میں مقابلہ بازی کا رجحان دیکھنے میں آتا ہے۔ اپنے مفادات کی خاطر ازدواجی زندگی گھمسان کی جنگ بن جاتی ہے۔ یاد رہے کہ ازدواج میں خدا نے شوہر

اور بیوی کو ایک ہونے کے لئے بلایا ہے۔(پیدائش 2 باب 24 آیت کا مطالعہ کریں) خدا نے ازدواج کا رشتہ اس لئے قائم نہیں کیا کہ انسانی روّیوں میں خود غرضی پروان نہ چڑھے بلکہ خودی کا انکار ہو۔ ایسا بلکہ نہیں کہ ایک ساتھی اپنی راہ وروّش پر چلتا رہے اور اپنے جیون ساتھی کے مفادات اور اُس کی ضروریات کو نظر انداز کرتا رہے۔ خدا یہی چاہتا ہے کہ بیوی بخوشی ورضا اپنے شوہر اور خدا کی بادشاہی کی خاطر مفادات اور خودی کا انکار کرے۔

شوہرو، اپنی بیویوں سے محبت رکھو(25 تا 31 آیت)

یہ بات قابلِ غور ہے کہ پولس رسول نے تین آیات میں بیویوں سے یہ کہا ہے کہ وہ اپنے شوہروں کے تابع رہیں اور باقی سات آیات میں شوہروں سے مخاطب ہو کر انہیں یہ سیکھنے کے لئے کہا ہے کہ کس طرح وہ اپنی بیویوں سے حقیقی طور پر محبت کر سکتے ہیں۔

پولس رسول نے افسّس کی کلیسیا میں موجود شوہروں کو یاددہانی کرائی کہ کس طرح مسیح نے کلیسیا سے محبت کی اور اپنے آپ کو اُس کے لئے قربان کر دیا۔ اُس نے اُنہیں تلقین و تاکید کی کہ وہ اپنے ازدواجی تعلقات میں مسیح کی محبت کے نمونے پر چلیں۔ اُنہیں یاد رکھنا تھا کہ کس طرح مسیح نے کلیسیا کے لئے سب کچھ قربان کر دیا۔ اُنہیں یاد رکھنا تھا کہ کس طرح مسیح نے کلیسیا کے لئے جان دینے سے بھی دریغ نہ کیا۔

افسّس کے شوہروں کو یہ کبھی بھی فراموش نہیں کرنا تھا کہ مسیح اس لیے قربان ہوا تاکہ اس کی دُلہن سرفرازی اور عزت پائے۔ اپنی بیویوں سے محبت میں شوہروں کو مسیح کی محبت کے اسی نمونے کو اپنانا تھا۔

حقیقی محبت بے غرض اور بے لوَث ہوتی ہے۔ اگر شوہر اپنی بیویوں سے ایسے ہی محبت کریں جس طرح مسیح نے کلیسیا سے کی۔ تو وہ ہر وقت اپنی بیویوں کی بہتری اور بھلائی کا خیال رکھیں گے۔ بالکل ایسے ہی جس طرح مسیح نے کلیسیا کو بے داغ اور پاک بنانے

کے لئے اپنی جان قربان کر دی تھی۔ (27 آیت) اسی طرح شوہروں کو ہر ممکن کوشش کے ساتھ اپنی بیویوں کو وہ کچھ بنانے کے لئے ہر ممکن مدد اور ضروریات فراہم کریں جو خدا اُنہیں بنانا چاہتا ہے۔ شوہروں کو چاہئے کہ وہ اپنی بیویوں کی حوصلہ افزائی کریں تاکہ وہ خداوند کی عبادت اور خدمت بخوشی اور رضا کر سکیں۔ شوہر کی یہ خوشی ہو کہ وہ اپنی بیوی کو روحانی طور پر نشوونما کرتا ہوا دیکھے۔ نہ صرف روحانی طور پر بلکہ جسمانی، ذہنی اور سماجی طور پر بھی اسے ترقی کرتا ہوئے دیکھے اور اُس کے لئے ہر ممکن اقدام کرے۔

ایک شوہر کو چاہئے کہ وہ اپنی بیوی سے اپنے بدن کی مانند محبت کرے۔ (28 آیت) جب اُسے بھوک لگے، وہ خوراک فراہم کرے، جب وہ گھر کے کام کاج کی وجہ سے تھکن کا شکار ہو، تو وہ اس کے آرام کا خیال رکھے۔ بیماری کی صورت میں، وہ اس کا خیال رکھے، اور اس کے لئے دوا دارو فراہم کرے۔ جب میری شادی ہوئی، تو میں نے خدا کے حضوری اِس بات کا فیصلہ اور چناؤ کیا کہ میں اپنی بیوی کی ضروریات کا خیال رکھوں گا اور اُس کی ہر ایک ضرورت پوری کروں گا۔ میں نے اُس کے ساتھ ایک ہونے کا چناؤ کیا تھا۔ اب میری یہ ذمہ داری بن چکی ہے کہ میں اسی طریقہ سے اس کی ضروریات کا خیال رکھوں جس طرح میں اپنی ضروریات کو مدنظر رکھتا ہوں۔ میں تسلیم کرتا ہوں کہ اکثر اوقات میں ایسا کرنے میں ناکام بھی ہو جاتا ہوں لیکن یہ خدا کے حضوری میں میری ذمہ داری اور فرض بھی ہے۔

در حقیقت، ہم شوہروں کو چاہئے کہ اپنی بیویوں کی ضروریات کا اپنی ضروریات سے بھی پہلے خیال رکھیں۔ جس طرح خداوند نے ہمارے لئے کیا تھا۔ شوہروں کے لئے یہ آیت کس قدر تاکید اور تلقین سے بھرپور ہے۔ یہ کس قدر آسان ہے کہ ہم اپنی ضروریات کا تو خیال رکھیں لیکن بیویوں کی ضروریات کو بالائے طاق رکھیں۔ ہمیں اس سلسلہ میں دعا کی

ضرورت ہے تاکہ خداوند ہمیں اپنی خودی کا انکار اور بیویوں سے پیار کرنے کی توفیق عطا فرمائے۔" جو اپنی بیوی سے محبت رکھتا ہے وہ اپنے آپ سے محبت رکھتا ہے۔"

(28 آیت)

شوہروں کو اسی طریقہ سے بیویوں کی پالنا کرنا اور اُس سے محبت رکھنی ہے جس طرح مسیح نے کلیسیا سے محبت رکھی۔ (29 آیت) خداوند اپنی دُلہن کا خیال رکھتا ہے، اس سے محبت رکھتا ہے اور اُس کی ضروریات کا خیال رکھتا ہے تاکہ وہ اس کی محبت میں آرام اور تحفظ محسوس کرے۔ کلیسیا گہری رفاقت اور محبت میں ایک اٹوٹ رشتے میں بندھی ہوئی ہے۔ (30 آیت) شوہر اور بیوی کو بھی چاہئے کہ وہ اپنے مفادات کو بالائے طاق رکھتے ہوئے اپنی خودی کا انکار کریں تاکہ ایک بدن ہو جائیں۔ ایک سوچ اپنائیں اور یکدل رہیں۔ اسی طرح سے خدا کی یہی مرضی اور دل کی لالسا ہے کہ کلیسیا بھی اسی طرح ایک ہو اور اس کے اراکین جسم کے مختلف اعضاؤں کی طرح آپس میں ایک دوسرے سے محبت میں گٹھے رہیں۔

بنائے عالم کے وقت ہی سے خدا نے ازدواجی رشتہ قائم کیا ہے۔ یہ اس کی مرضی تھی کہ دو ساتھی ایک جسم ہوں۔ اکثر اوقات ہم ازدواج کو صرف اور صرف جنسی تعلق کی نظر ہی سے دیکھتے ہیں۔ لیکن یہ مکمل تصویر، سچائی اور مقصد کلی نہیں ہے۔ جسمانی اکائی وہ اکائی نہیں ہے جس کا پولس رسول یہاں پر ذکر کر رہا ہے، اکائی سے مراد، جسمانی، ذہنی اور روحانی طور پر ایک ہونا ہے۔ بطور ایک شادی شدہ جوڑا، ہر ایک کی یہی کوشش اور جدوجہد ہونی چاہئے کہ وہ اپنی زندگیوں میں خداوند میں اور خداوند کی خاطر ایک دوسرے سے متحد اور متفق رہیں۔ ذہنی، جسمانی، جذباتی اور روحانی، یہ سبھی کچھ بہت اہم ہے، اور کسی ایک کو بھی نظر انداز نہیں کیا جا سکتا۔ اکثر میاں بیوی جسمانی طور پر ایک، لیکن روحانی،

ذہنی اور جذباتی طور پر ایک دوسرے سے متفق نہیں ہوتے۔

ازدواجی جوڑوں کی اکائی کلیسیا اور مسیح کے درمیان رشتے کی علامت ہے۔ پولس رسول نے افسیوں کو 32 آیت میں یاددہانی کرائی کہ خدا باپ کی کلیسیا کے لئے یہی مرضی ہے کہ کلیسیا مسیح کے ساتھ ہمیشہ کے لئے متفق، منسلک اور متحد رہے۔ یہ بھید انسانی سمجھ سے بالا تر ہے۔ ہم کس طرح یہ بات سمجھ اور قبول کر سکتے ہیں کہ گناہ آلودہ لوگ پاک اور قدوس خداوند کے ساتھ ایک ہو جائیں؟ تاہم، یہی ہمارے خداوند کی خواہش اور اُس کے دل کی لالسا ہے۔

کیا آپ کا ازدواجی رشتہ کلیسیا اور مسیح کے درمیان تعلق اور رشتے کی علامت ہے؟ کیا آپ کا ازدواج مسیح کے ساتھ رشتے کا عکاس ہے؟ خدا نے اس طور سے ازدواجی رشتہ قائم کیا ہے کہ صرف اور صرف خودی کے انکار، محبت اور ایک دوسرے کے تابع رہتے ہوئے ہم اس اکائی کا تجربہ کر سکتے ہیں جو خدا کے دل کی خواہش ہے۔ آج ازدواجی رشتوں میں کشیدگی، میاں بیوی کے تعلقات میں دراڑیں اور محبت میں ٹھنڈے پن کی بنیادی وجہ یہاں پر بیان کردہ اصولوں سے رُوگردانی ہے۔ خداوند ہماری مدد کرے تاکہ ہم اپنی کلیسیاؤں میں ازدواجی رشتوں کو مضبوط بنانے کے لئے دُعا گو رہیں۔ آمین۔

چند غور طلب باتیں

☆۔ آج کے دَور میں اطاعت اور سربراہی کے کون سے جھوٹے تصورات پائے جاتے ہیں؟

☆۔ کیا اس حوالہ نے آپ کی اہلیہ کے ساتھ آپ کے رشتہ اور تعلق کے کسی خاص پہلو سے کوئی خاص کلام کیا ہے؟ آپ اس تعلق سے کیا کر سکتے ہیں؟

☆۔ آپ کس طرح سے اپنی ازدواجی زندگی کو بیان کر سکتے ہیں؟ کیا اس میں جسمانی، ذہنی، جذباتی اور روحانی اکائی پائی جاتی ہے؟ آپ کی زندگی کے کون سے حصوں میں مزید کام کی ضرورت ہے؟

☆۔ کس طرح ازدواجی زندگی مسیح اور اس کی کلیسیا کے درمیان ایک رشتے کی علامت ہے؟

چند اہم دُعائیہ نکات

☆۔ خداوند سے ایک اطاعت اور محبت بھری روح مانگیں

☆۔ خداوند سے فضل اور فہم مانگیں تاکہ آپ اپنے شریکِ حیات کو اپنا ہی وجود سمجھتے ہوئے اس سے اپنی مانند محبت کر سکیں۔

☆۔ خداوند سے ایسا دل مانگیں جس میں اپنے شریکِ حیات اور خداوند سے اکائی کی خواہش موجود ہو۔

☆۔ خداوند سے دُعا کریں کہ وہ آپ کو گہری سمجھ عطا کرے تاکہ آپ جان سکیں کہ کس طرح مسیح نے اپنی دلہن سے محبت کی۔ خداوند سے اس کے نمونے پر چلنے کے لئے فضل مانگیں۔

☆۔ خداوند سے ایسے وقتوں کے لئے معافی چاہیں جب آپ اپنے شریکِ حیات کی اس طور سے عزت نہ کر پائے جس طرح خدا چاہتا ہے کہ آپ اُس کے ساتھ عزت سے پیش آئیں۔

باب 23

پاک اور راست تعلقات

افسیوں 6 باب 1 تا 9 آیت کا مطالعہ کریں

گزشتہ باب میں، پولس رسول نے شوہر اور بیوی کے رشتے اور تعلق کے بارے میں بات کی تھی۔ اس حصہ میں وہ دیگر اور رشتے ناطوں کی بات کرتا ہے۔ 14 آیت میں اس نے والدین اور بچوں کے تعلق اور رشتے پر روشنی ڈالی ہے۔ 5 تا 9 آیت میں اُس نے مالک اور نوکر کے تعلق پر بات کی ہے۔ آئیں فرداً فرداً ان تعلقات کا جائزہ لیں۔

والدین اور بچوں کے درمیان تعلق اور رشتہ

پولس رسول بچوں سے مخاطب ہوتے ہوئے آغاز کرتا ہے۔ " بچو! خداوند میں اپنے ماں باپ کے تابع رہو۔" پولس رسول اس بات کو واضح کرتا ہے کہ ایک بچے کو " خداوند میں " اپنے ماں باپ کے تابع رہنا ہے۔ یہاں پر یہ بات سمجھ میں آتی ہے کہ خداوند افسس کے بچوں کی زندگیوں میں کام کر رہا تھا۔ وہ خداوند کے پاس آرہے تھے اور راست بازی کی زندگی بسر کر رہے تھے۔ بعض اوقات، ایک بے دین گھرانے کے ماحول میں، بھی بچے خداوند کو پہچان رہے تھے۔ پولس رسول بچوں کو تلقین کر رہا ہے کہ وہ اپنے والدین کے تابع رہیں لیکن خداوند کو اپنی زندگی میں اوّل درجہ دیں۔ بالفاظ دیگر، اگر ان کے والدین انہیں کچھ کرنے کے لئے کہیں، لیکن اگر وہ کام خداوند کی مرضی کے خلاف ہو، تو انہیں اپنے والدین کی بجائے اپنے خداوند کی تابعداری کرنی ہے۔ ہمیں اس بات کو سمجھنا ہو گا کہ یہ کہنے سے پولس رسول نے محسوس کیا کہ بچوں میں روحانی طور پر چیزوں کو پرکھنے کی سمجھ

بوجھ ہے۔ بطور مسیحی بچے ان کی زندگی میں پاک روح موجود تھا۔ روح القدس ایک بچے کی اسی طرح سے رہنمائی کر سکتا ہے جس طرح کہ وہ ایک بالغ شخص کی ہدایت ور ہنمائی کرتا ہے۔ کبھی بھی بچوں کے خداوند پر ایمان لانے کو کم قدر نہ جانیں، کیونکہ ان میں بھی صلاحیت پائی جاتی ہے کہ وہ درست اور غلط میں امتیاز کر سکیں۔ (امثال 20 باب 11 آیت) بعض اوقات خداوند بڑوں کو سمجھانے کے لئے بچوں کی مثال دیتا ہے۔

نہ صرف بچوں نے اپنے والدین کی خداوند میں تابعداری اور فرمانبرداری کرنی تھی بلکہ انہوں نے اپنے ماں باپ کی عزت بھی کرنی تھی۔ یہاں پر یہ ممکن نہیں کہ میں تفصیل سے بات کر سکوں کہ کس طرح بچے اپنے والدین کی عزت کر سکتے ہیں یا اُن کے لئے کیسا مؤدبانہ روّیہ اختیار کر سکتے ہیں، بس یہی کہنا کافی ہو گا کہ وہ ان کے لئے ایسا رویہ اپنائیں جس سے ظاہر ہو کہ اُن کے دل میں والدین کی عزت اور احترام موجود ہے۔ جب ہم کسی کے رتبے کا احترام کرتے ہیں، تو پھر ہم ان کے تعلق سے کچھ کہنے سننے میں بہت محتاط ہوتے ہیں۔ ہمارے دلوں میں ان کے تعلق سے عزت ہمارے خیالات اور افعال کا تحفظ کرے گی۔ بوقت ضرورت ہم ان کے لئے ہر طرح سے تیار اور مُستعد رہیں گے۔ ہم مسیح کی محبت میں ہو کر اُن کی ہر طرح کی ضروریات کا خیال رکھیں گے۔

2 آیت پر غور کریں، پولس رسول نے افسیوں کو بتایا کہ خدا کی طرف سے یہ پہلا حکم ہے جس کے ساتھ ایک وعدہ بھی ہے۔ مصنف نے خرُوج 20 باب 12 آیت اور استثنا 5 باب 16 آیت سے حوالہ دیا ہے۔ جہاں پر خدا نے وعدہ کی سر زمین پر والدین کی عزت کرنے والوں کو لمبی زندگی اور برکت دینے کا وعدہ کیا تھا۔

یہاں برکت کی نوعیت کیسی ہے؟ ہمیں یہ تو نہیں بتایا گیا۔ ہمیں یہ سمجھنے کی ضرورت ہے کہ جب معاشرے میں والدین کی عزت باقی نہیں رہتی، افراتفری، بدامنی اور تباہی دیکھنے

کو ملتی ہے۔ ایک معاشرہ جس میں بچے والدین کی عزت نہ کرتے ہوں، کس طرح وہ ایک دوسرے کے لئے اچھا روّیہ اور باعزت طرزِ عمل اپنائیں گے؟ اگر معاشرہ خاندانی اقدار کی پاسداری کرنے میں ناکام ہو جائے، تو یقیناوہ ہر سطح پر ناکامی سے دوچار ہو گا۔ جب ہمارے بچے والدین کے اختیار کے نیچے رہنا نہیں سیکھتے، تو پھر وہ سکول میں اپنے اساتذہ اور دفتر میں اپنے سینئر افسران اور زندگی کے دیگر شعبہ جات میں بھی اختیار والوں کی عزت نہیں کرتے۔ غور کریں تو آپ کو معلوم پڑ جائے گا کہ والدین کی عزت نہ کرنے سے کس قدر غیر مؤدبانہ روئے اور طرز عمل جنم لیتے ہیں۔ جب بچوں کو سکھایا جاتا ہے کہ وہ والدین کی عزت کریں تو معاشرہ برکت پاتا ہے۔ صرف یہی نہیں جرائم کی شرح بھی نیچے آنا شروع ہو جاتی ہے۔ کام کاج اور کاروباری مقامات میں ماحول خوشگوار ہونا شروع ہو جاتا ہے۔ بہت سے لوگوں کا رویہ بطور والدین اس لئے بھی تلخ اور تُرش ہوتا ہے کیونکہ بچے اُن کی سنتے ہی نہیں۔ شائد ان بچوں کے والدین نے کبھی خود بھی اپنے والدین کی نہ سنی ہو۔ سب کچھ گھر کے ماحول ہی سے شروع ہوتا ہے۔

پولس رسول اب والدوں سے مخاطب ہوتا ہے۔ اس حصہ میں اُس نے ماؤں کا ذکر نہیں کیا۔ اس نے 5 باب میں پہلے ہی اس بات کا ذکر کر دیا ہے کہ شوہر گھر کا سربراہ ہوتا ہے۔ یہ اس کی ذمہ داری ہوتی ہے کہ وہ اس بات کو یقینی بنائے کہ گھر میں نظم وضبط اور ترتیب پائی جائے۔ پولس رسول نے والدوں کو بطور قائد ور ہنما تلقین کی ہے۔ " اپنے بچوں کو دق نہ کرو۔ " اگرچہ خاندانی زندگی میں نظم وضبط کی اپنی ایک اہمیت ہے اور اسے گھریلو ماحول کا لازمی حصہ قرار دیا گیا ہے۔ لیکن حد سے زیادہ نظم وضبط اور اصولوں کی پابندی نقصان دہ بھی ہو سکتی ہے اور اس سے بچوں میں چڑچڑاپن پیدا ہو جاتا ہے۔ ناجائز سزا اور سختی بچے کی روح کو کچل سکتی ہے۔ اس سے بچے میں غصہ، مایوسی اور خفگی پیدا ہو سکتی ہے۔

نظم وضبط اور تربیت کی جائے لیکن اس میں محبت کا عنصر شامل رہے۔ اس میں یہ خیال بھی رکھا جائے کہ ہر بچہ دوسرے بچوں سے مختلف اور منفرد ہوتا ہے۔

والدوں کی ذمہ داری ہے کہ وہ بچوں کی تربیت اور رہنمائی کلام کے مطابق کریں۔ خدا کے کلام سے حکمت اور تربیت کے اصولوں پر مبنی محبت بھری تنبیہ سے بچے آنے والے وقت میں خطرناک صورتحال اور دردناک حالات و واقعات سے بچ سکتے ہیں۔ والدوں کو چاہیے کہ وہ ہر ایک موقع کو استعمال کرتے ہوئے اپنے بچوں کی تربیت راستبازی کی زندگی میں کریں۔ والدین کی ذمہ داری ہے کہ وہ نسل در نسل خدا کے کلام کی سچائیوں کو منتقل کرتے رہیں اور بچوں کو اس بات کے لئے اُبھاریں کہ وہ ان سنہری اصولوں اور زبردست سچائیوں کے مطابق زندگی بسر کرتے رہیں۔ پولس رسول نے افسّس کے والدوں کو یہی نصیحت کی۔ یہی نصیحت آج ہم والدوں کے لئے بھی ہے۔ اگرچہ بچوں کو تربیت، تابعداری اور عزت کرنا سیکھنا ہے۔ تاہم والدین کو چاہیے کہ وہ اپنے اختیار کو بڑے شائستہ انداز سے بچوں کی تربیت کے لئے استعمال کریں۔

مالک۔نوکر کا رشتہ اور تعلق

پولس رسول نے غلام رکھنے یا دوسروں کو غلام بنانے کی حوصلہ افزائی نہیں کی ہے۔ کیونکہ جس معاشرے میں وہ رہتا تھا وہ سمجھتا تھا کہ یہ طرزِ عمل اس معاشرے کی گہرائیوں تک پہنچ چکا ہے۔ بائبل مقدس اکثر و بیشتر غلامی کے تعلق سے بات کرتی ہے۔ (خروج 21 باب 16 آیت، احبار 25 باب 10 آیت۔ استثنا 23 باب 15 اور 16 آیت) پولس رسول نے یہی تعلیم دی کہ ایمان لے آنے والے غلاموں کو اپنی زندگیوں کے لئے خدا کی مرضی کو جاننے کی ضرورت ہے۔ اُنہیں اپنے ان مالکوں کی عزت کرنے کے لئے کہا گیا جو زمین پر موجود تھے۔ اس عزت کا ثبوت، اُن کے کام کاج کے طریقہ کار، اُن کے طرزِ گفتگو

اور مالکوں کے تعلق سے ان کے خیالات سے ہونا تھا۔

صرف یہی نہیں کہ انہیں اپنے مالکوں کی عزت کرنا تھی بلکہ خلوص دل سے اُن کا ڈر اور خوف بھی ماننا تھا۔ اس خوف کا مطلب احترام اور اُن کے اختیار کو عزت کی نگاہ سے دیکھنا ہے۔ غور کریں کہ غلاموں کو خلوص دل سے مالکوں کا ڈر ماننا تھا۔ کسی بھی غلام کے لئے یہ ممکن تھا کہ وہ اپنے مالک سے نفرت کرتا ہو، لیکن پھر بھی اس کی تابعداری اور فرمانبرداری کرتا ہو۔ اور ظاہری طور پر اُس کے لئے بڑی عزت اور احترام دکھاتا ہو۔ (بالخصوص جب مالک ظالم ہو) پولس رسول نے غلاموں کو یاد دہانی کرائی کہ وہ راست دلی اور سچے دل سے مالکوں کا خوف مانیں۔ پولس رسول نہیں چاہتا تھا کہ مالکوں کے ساتھ ان کا روّیہ اور سلوک ریاکارانہ ہو۔ (6 آیت) ایسانہ ہو کہ وہ مالکوں کی نظر میں مقبولیت حاصل کرنے کے لئے اُن کے سامنے بہت اچھے نظر آئیں، بھاگ بھاگ کر کام کریں اور اُن کی غیر موجودگی میں اُن کے خلاف بُری باتیں کہیں۔ اور کام چور بن جائیں۔ اُنہیں مالکوں کی اس طرح سے تابعداری کرنی تھی جس طرح وہ مسیح کے تابعدار اور فرمانبردار تھے۔ (5 آیت) پولس رسول نے ایمان لے آنے والے غلاموں کو نصیحت کی کہ وہ مالکوں کی اچھی اور بہتر خدمت خلوص دل سے کرتے ہوئے اپنے خداوند کی خدمت کریں۔ پولس رسول نے اُنہیں وہ اَجر یاد دلایا جو اُنہیں اپنے زمینی مالکوں کی خدمت اور عزت کرنے کے بدلہ میں وفادار خادموں کی حیثیت سے اپنے آسمانی باپ سے ملے گا۔ (8 آیت) آنے والے زمانہ میں کوئی ایک خیال اور اعمال بے سود اور رائیگاں نہیں جائے گا۔

اس بات کو سمجھنا بھی بہت اہم اور ضروری ہے کہ ایک غلام کے لئے اس طرح سے اپنے مالک کی عزت اور خدمت کرنا آسان کام نہیں تھا۔ بعض مالک بڑے ظالم قسم کے بھی تھے۔ ہو سکتا ہے کہ آپ جس جگہ پر کام کرتے ہیں وہاں پر بھی ایسا ہی مالک ہو۔ عین ممکن

ہے کہ آپ یہ سمجھتے ہو کہ آپ سے بالکل نارواں اور غیر مناسب سلوک اختیار کیا جاتا ہے۔ آپ ایسی صورتحال سے کس طرح نبرد آزما ہوں گے؟ انتخاب آپ کا ہے، آپ چاہیں تو شکوے شکائتیں اور بڑبڑاہٹ کو اپنی زندگی کا حصہ بنا کر تلخ رویہ اختیار کر سکتے ہیں۔ آپ اپنے حقوق کا مطالبہ کرتے ہوئے اپنے صاحب اختیار مالک سے لڑائی جھگڑا بھی کر سکتے ہیں۔ پولس رسول یہ نصیحت کر رہا ہے کہ آپ صبح کے وقت یہی سوچ کر گھر سے کام کاج کے لئے جائیں کہ آپ نے آج اپنے مالک کو عزت دینی اور اس کی تابعداری کرنی ہے تاکہ خداوند کو عزت اور جلال ملے۔ اپنے کام کاج یا کاروباری مرکز پر بڑی دیند اری اور راستبازی کا روّیہ اور طرزِ عمل اختیار کریں۔ خداوند کے لئے کام کاج کریں۔ ایسا نہیں کہ اپنے افسران کو دکھانے کے لئے۔ آپ یہ دیکھ کر حیران رہ جائیں گے کہ کاروبار یا کام کاج کی جگہ پر آپ کا روّیہ کس قدر تبدیل ہو جائے گا۔

ایمان لے آنے والوں مالکوں سے پولس رسول نے کہا کہ وہ اپنے غلاموں سے عزت سے پیش آئیں اور اپنے اختیار کا ناجائز فائدہ نہ اُٹھائیں۔ وہ اپنے غلاموں کو دھمکیاں دینا چھوڑ دیں اور کسی بھی قسم کی طرفداری کا مظاہرہ نہ کریں۔ بلکہ وہ اپنے غلاموں سے برابری اور مساوات کی بنیاد پر سلوک کریں۔ انہیں ہمیشہ یاد رکھنا تھا کہ آسمان پر ان کے غلاموں کا اور ان مالکوں کا بھی ایک مالک ہے۔ خدا کے ہاں کسی طرح کی طرفداری نہیں ہے۔ وہ کسی کی عدالت مختلف معیار سے نہیں کرے گا۔ خواہ کوئی غلام ہو یا پھر آزاد سبھی کو اس کے حضور اپنے اعمال و افعال کا جوابدہ ہونا پڑے گا۔ پولس رسول نے مالکوں کو احساس دلایا تاکہ وہ اس بات کا خیال رکھیں کہ ان کا اپنے غلاموں سے کیسا روّیہ اور سلوک ہے۔

چند غور طلب باتیں

☆ پولس رسول اپنے خط کے اس حصہ میں ہیں اربابِ اختیار کی عزت کرنے کی تلقین کرتا ہے۔ کیا آپ کے معاشرے میں اختیار والوں کی عزت نہ کرنے کا ثبوت موجود ہے؟ وضاحت کریں۔

☆ کس طرح والدین کی عزت کرنا سیکھنے سے پورا معاشرہ تبدیل ہو جاتا ہے؟

☆ اختیار والوں کے لئے یہ کیوں کر پُر آزمائش ہے کہ وہ اپنے اختیار کا غلط استعمال کریں؟

☆ اگر آپ والدین ہیں یا پھر اپنے کام کاج کی جگہ پر ایک سربراہ، آپ اپنے اختیار کو کس طرح استعمال کرتے ہیں؟

☆ کیا آپ کو اپنی زندگی میں بعض اختیار والوں کے ساتھ رہتے یا ان کی تابعداری کرنے میں مشکل کا سامنا ہے؟ خدا کے کلام کا یہ حصہ آپ کو کیا تعلیم دیتا ہے؟

چند اہم دُعائیہ نکات

☆۔ خداوند سے دُعا کریں اور اس سے مدد چاہیں تاکہ آپ اُن لوگوں کی عزت کر سکیں جنہیں خدا نے آپ پر اختیار سونپا ہے۔

☆۔ کیا آپ کبھی اختیار والوں کی عزت نہ کرنے کے گناہ کے مرتکب ہوئے ہیں؟ خداوند سے ایسے گناہ کی معافی اور آئندہ ایسا نہ کرنے کی توفیق مانگیں۔

☆۔ کیا آپ نے ایسے اختیار والوں کے ہاتھوں دُکھ اٹھایا ہے جنہوں نے اپنے اختیار کا غلط استعمال کیا؟ خداوند سے اپنے دکھ بھرے تجربات کے لئے شفا چاہیں۔ خداوند سے دُعا کریں کہ آپ اپنے اختیار کو غلط استعمال نہ کریں۔

☆۔ کیا خدا نے آپ کو اختیار کے مقام پر رکھا ہے؟ خداوند سے عقل اور فضل چاہیں تاکہ آپ اپنے ماتحت لوگوں کے ساتھ عزت سے پیش آتے ہوئے اپنے اختیار کو استعمال کر سکیں۔

باب 24

خداوند میں مضبوط بنو

افسیوں 6 باب 10 آیت

کیا آپ نے کبھی سوچا ہے کہ مسیحی زندگی میں فتح کا راز کیا ہے؟ اپنے اردگرد سائے کی طرح پیچھا کرنے والی آزمائشوں کے باوجود فتح مند مسیحی زندگی گزارنا ممکن ہے۔ آئیں آزمائشوں کا مقابلہ کرنا سیکھیں، ہم میں سے کوئی بھی ایسا نہیں ہے جو خداوند کے ساتھ چلتے ہوئے کبھی ناکامی سے دوچار نہ ہوا ہو۔ ہم میں سے ہر کوئی کسی نہ کسی مقام پر دشمن کے پھندے میں ضرور پھنسا ہو گا۔ ہم ایسے ایمانداروں کو جانتے ہیں جو کبھی بڑے مضبوط سمجھے جاتے تھے لیکن پھر دُنیاداری کی چیزوں میں پھنس کر رہ گئے۔ خداوند کے ساتھ چلتے ہوئے کئی ایک چیزیں ہماری حوصلہ شکنی کا باعث ہوتی ہیں۔ شیطان اور اُس کے فرشتگان محض خواب اور خیال نہیں بلکہ اُن کا وجود حقیقی ہے۔ وہ خدا کے اُس کام کی مخالفت پر بضد ہیں جو وہ ہماری زندگیوں میں کرنا چاہتا ہے۔

پولس رسول دوسروں سے کہیں بہتر اس جنگ کی نوعیت کو سمجھتا تھا۔ افسیوں 6 باب 10 تا 18 آیت میں وہ روحانی جنگ پر ایک زبردست تعلیم دیتا ہے۔ اگلے چند ابواب، میں ہم دیکھیں گے کہ پولس رسول نے فتح مند مسیحی زندگی کی راہ میں حائل مشکلات، راہ کی دشواریوں، رکاوٹوں اور ابلیس کی کھڑی کردہ رکاوٹوں کے تعلق سے انہیں کیا تعلیم دی۔

پولس رسول نے کلام کے اس زبردست حصہ میں 10 آیت میں ایک تعارفی بیان دیا ہے۔ "پس خداوند میں اور اُس کی قدرت میں مضبوط بنو۔" آئیں اس بیان کا تفصیلی تجربہ

کرتے ہوئے اس کا جائزہ لیں

مضبوط بنو

پولس رسول نے افسیوں کو بتایا کہ اگر وہ دشمن پر غالب آنا اور خداوند میں فتح مند زندگی بسر کرنا چاہتے ہیں، تو پھر اُنہیں مضبوط ہونے کی ضرورت ہے۔ یونانی زبان میں یہ فقرہ۔ "مضبوط بنو، " کچھ اس طرح سے ترجمہ کیا جا سکتا ہے۔ " مضبوط بنائے جاؤ۔ " قوت پاتے جاؤ۔ پولس رسول یہ کہہ رہا تھا کہ اگر مسیحیوں نے فتح مند زندگی بسر کرنی اور غالب آنے والے ایماندار بننا ہے تو پھر انہیں ایسی قوت اور طاقت کی ضرورت ہے جو فطری طور پر ان کے پاس نہیں ہے۔

کتنی ہی بار ہم نے دنیا، اپنے جسم اور ابلیس کے خلاف میدان جنگ میں فتح پانے کی کوشش کی ہے لیکن ناکامی کا منہ دیکھنا پڑا۔ ہمارے سامنے جو لڑائی ہے وہ طویل اور سخت ہے۔ دشمن ہم سے کہیں زیادہ ہوشیار، بیدار اور طاقتور ہے۔ شیطان کا ایمانداروں اور غیر ایمانداروں کو آزمائش میں ڈالنے کا وسیع تجربہ ہے۔ ہم سے پہلے کئی اس کا شکار بن چکے ہیں۔ اس کی پیدا کردہ آزمائشوں میں گرنے والے عام لوگ نہیں تھے بلکہ وہ جو خدا کے کلام کو اچھی طرح سمجھتے تھے۔ اور مجھ سے اور آپ سے کہیں زیادہ مسیحی زندگی کا تجربہ رکھتے تھے۔ اتنا وسیع تجربہ کہ شائد میں سوچ بھی نہیں سکتا کہ میں کبھی اس مقام پر پہنچ پاؤں گا۔ داؤد کے بارے میں چند لمحات کے لئے سوچیں۔ " خدا کے دل کے موافق شخص" کون کبھی یہ سوچ بھی سکتا تھا کہ ایسا مردِ ایمان اور مسح شدہ شخص زناکاری کا مرتکب ہو گا اور پھر اپنے گھنونے جرم کو چھپانے کے لئے اس کے شوہر کو بھی مروا ڈالے گا؟ کیا ہم ایسی آزمائشوں سے بالاتر ہیں؟ پولس رسول 1 کرنتھیوں 10 باب 12 آیت میں ہمیں بتاتا ہے کہ "پس جو کوئی اپنے آپ کو قائم سمجھتا ہے وہ خبردار رہے کہ گر نہ

پڑے۔"

اگر آپ ایمان رکھتے ہیں کہ آپ اپنی طاقت اور حکمت سے ابلیس کی آزمائشوں سے نبرد آزما ہو سکتے ہیں تو پھر آپ ایک خطرناک صورتحال سے دوچار ہیں۔ لودیکیہ کی کلیسیا کی بابت، خداوند یسوع مسیح نے مکاشفہ 3 باب 17 اور 18 آیت میں فرمایا۔"پس چونکہ تو کہتا ہے کہ میں دولت مند ہوں اور مالدار بن گیا ہوں اور کسی چیز کا محتاج نہیں ہوں اور یہ نہیں جانتا کہ تو کم بخت خوار اور غریب اور اندھا اور ننگا ہے۔ اِس لیے میں تُجھے اصلاح دیتا ہوں کہ مُجھ سے آگ میں تپایا ہوا سونا خرید لے تا کہ دولت مند ہو جائے اور سفید پوشاک لے تا کہ تُو اُسے پہن کر ننگے پن کے ظاہر ہونے کی شرمندگی نہ اُٹھائے اور آنکھوں میں لگانے کے لئے سُرمہ لے تا کہ تُو بینا ہو جائے۔"

لودیکیہ کی کلیسیا کی طرح، بہت سے لوگوں کا خیال ہے کہ مسیحی زندگی گزارنے کے لئے جو کچھ درکار ہے، سب کچھ ان کے پاس موجود ہے۔ شاید انہیں اور زیادہ نظم و ضبط اور قوتِ ارادی کی ضرورت ہے۔ ایسا روّیہ روحانی تکبر کی علامت ہے۔ امثال کا مصنف ہمیں بتاتا ہے

زوال سے پہلے تکبر ہے۔ امثال 16 باب 18 آیت

روحانی تباہی اس سوچ سے یقینی طور پر واقع ہوتی ہے کہ ہم اپنی طاقت سے خدا کے تقاضوں کے موافق زندگی بسر کر سکتے ہیں۔ اگر ہم گناہ اور آزمائش میں گرنے سے بچنا چاہتے ہیں، تو پھر ضرورت ہے کہ ہم مضبوط بنائے جائیں۔

کیا آپ اس بات کو تسلیم کرتے ہیں کہ آپ کمزور ہیں اور آپ کو طاقت کی ضرورت ہے؟ کیا آپ اس بات کو سمجھتے ہیں کہ اگر آپ نے دشمن کو شکست دینی ہے تو آپ کو اپنی فطری طاقت اور قوت سے کہیں زیادہ ایک مافوق الفطرت قوت کی ضرورت ہے جو صرف خدا کی

طرف سے ہی مل سکتی ہے؟ اس بات کو تسلیم کر لیں، ابلیس آپ سے کہیں زیادہ طاقتور ہے۔ اپنی طاقت سے آپ اُس کے سامنے کھڑے نہ رہ سکیں گے۔ فتح کی جانب پہلا قدم یہی ہے کہ آپ اس بات کو تسلیم کر لیں کہ آپ کبھی بھی اپنی طاقت اور حکمت سے اس کا مقابلہ نہیں کر پائیں گے۔ لازم ہے کہ پہلے آپ اس بات کو تسلیم کر لیں کہ آپ اپنی طاقت سے گناہ اور شیطان کے خلاف نبرد آزما نہیں ہو سکتے۔ لازم ہے کہ آپ خدا کے سامنے بڑی انکساری سے تسلیم اور اس بات کا اقرار کریں، کہ آپ کو اُس کی طرف سے طاقت کی ضرورت ہے۔ کیونکہ اسی کی طاقت سے فتح ممکن ہوتی ہے نہ کہ اپنی طاقت اور حکمت سے۔

خداوند میں مضبوط بنو

اس آیت میں غور کریں کہ ہماری طاقت خداوند میں ہونی چاہئے۔ خداوند میں مضبوط ہونے کا کیا مطلب ہے؟

دوسری قابلِ غور بات یہ ہے کہ ہماری طاقت اور توانائی "خداوند" میں ہے۔ خداوند میں مضبوط ہونے کا کیا مطلب ہے؟ کیا آپ نے چھوٹے بھائی کی دلیری پر غور کیا ہے جب اس کا بڑا بھائی اس کے ساتھ ہوتا ہے؟ اگر کسی سے معاملات اُلجھ جائیں تو وہ فوراً اپنے بھائی کے پاس تحفظ کے لئے چلا جاتا ہے؟ چھوٹا بھائی اپنے میں تو اتنا طاقتور نہیں ہوتا کہ اپنے حریف کا مقابلہ کر سکے لیکن اس کی قوت اور تحفظ اپنے بڑے بھائی میں ہوتا ہے؟

خداوند میں مضبوط ہونا بھی اسی کے مترادف ہے۔ بعض اوقات ہم اپنے علم اور تجربہ میں مضبوط ہوتے رہتے ہیں اور خداوند میں مضبوط ہونے کو نظر انداز کر دیتے ہیں۔ بعض اوقات ہم یہی سمجھ رہے ہوتے ہیں اور اسی بات پر ہمارا ایمان بھی ہوتا ہے کہ اگر ہمارے پاس کافی علم ہو گا اور ہمیں خداوند کی راہوں کی بہت زیادہ پہچان ہو گی، کچھ سال اس کے

ساتھ چلنے کا تجربہ بھی ہو گا، تو پھر ہی ہم اس قدر مضبوط ہوں گے کہ آزمائشوں کا مقابلہ کر سکیں۔ اس کے بر عکس کافی تجربہ ہمیں یہ بتاتا ہے کہ حتیٰ کہ " روحانی سورما" جن کے پاس کافی علم ہوتا ہے وہ بھی دشمن کے سامنے بچھاڑے جاتے ہیں۔ آپ کو پوری دنیا میں بہت سی ایسے کہانیاں اور واقعات بکثرت سننے اور دیکھنے کو ملیں گے کہ بہت سے روحانی قائد دشمن کی آزمائشوں کی تاب نہ لا سکے۔

خداوند میں مضبوط ہونا بالکل بڑے بھائی کی مثال ہے۔ ہم اس لئے دشمن کا مقابلہ نہیں کر سکتے کہ ہم خداوند یسوع مسیح کے بارے میں بہت کچھ جانتے ہیں یہ ہمیں اس کے ساتھ چلتے ہوئے کچھ عرصہ ہو گیا ہے۔ بلکہ ہم دشمن کا مقابلہ کرنے کے قابل اس وجہ سے ہوتے ہیں کیوں کہ ہمارا خداوند ہمارے لئے جنگ کرنے کے لئے وہاں موجود ہوتا ہے۔ اس کی طاقت سے جنگ جیتی جائے گی نہ ہماری حکمت اور طاقت سے۔ ہم خداوند یسوع مسیح کے بارے میں کافی معلومات رکھتے ہوئے بھی منہ کے بل گر سکتے ہیں۔ فتح مسیح کے ساتھ ہمارے تجربات میں نہیں ہے۔ فتح تو اس بات میں پنہاں ہے کہ ہم اُسے جنگ کرنے کا موقع دیں۔ آئیں سنیں کہ استثنا 20 باب 3 اور 4 آیت میں سنیں کہ خداوند کیا فرماتا ہے۔

"اور اُن سے کہے سُنو اَے اسرائیلیو! تُم آج کے دن اپنے دُشمنوں کے مقابلہ کے لئے معرکہ جنگ میں آئے ہو سو تُمہارا دِل ہراساں نہ ہو تُم نہ خوف کرو۔ نہ کانپو نہ اُن سے دہشت کھاؤ۔ کیونکہ خُداوند تُمہارا خُدا تُمہارے ساتھ ساتھ چلتا ہے تاکہ تُم کو بچانے کو تُمہاری طرف سے تُمہارے دُشمنوں سے جنگ کرے۔"

یہاں پر غور کریں کہ خدا اپنے دشمنوں کے خلاف اپنے لوگوں کے لئے جنگ کرنے کا وعدہ کر رہا ہے۔

کتنی ہی بار ہم اس وجہ سے ناکام ہو جاتے ہیں کیونکہ ہم یہی سمجھ کر پُر یقین رہتے ہیں کہ ہم نے جنگ لڑنی اور جیتنی ہے۔ چاہئے تو یہ کہ ہم اپنے " بڑے بھائی " کی طرف بھاگ کر چلے جائیں۔ ہم اکثر اپنے دشمن کے خلاف اپنی طاقت اور حکمت سے کھڑے ہوئے، پھر ہمیں احساس ہوا کہ وہ ہم سے کہیں زور آور اور جنگجو ہے۔ پھر ہم اس کے سامنے دم دبا کر بھاگ کھڑے ہوئے۔ بہت سے لوگوں نے اپنی روحانیت پر بھروسہ کیا اور مایوس کن شکست سے دوچار ہوئے۔ ہو سکتا ہے کہ آپ ایک نو مرید ایماندار ہوں، اور آپ کو خداوند کے ساتھ حقیقی تجربہ نہ ہوا ہو، اور آپ کو یہ بھی علم نہ ہو کہ کیسے خداوند میں مضبوط بننا ہے۔ خداوند میں مضبوط وہی شخص ہوتا ہے جو اپنی ناگوار صورتحال میں اپنے خداوند کی طرف رجوع لاتا ہے تاکہ وہ اس مشکل صورتحال سے نبرد آزما ہو۔ زبور نویس (زبور 60 باب 12) میں بیان کرتا ہے۔

جب خدا ہمارا آسمانی باپ ہے، تو کوئی چیز بھی ہمیں شکست نہیں دے سکتی۔ ہم مسیح میں ہوتے ہوئے سب کچھ کر سکتے ہیں جو ہمیں طاقت بخشتا ہے۔

اس کی قدرت میں زور آور بنو

اس آیت میں ہمیں ایک آخری چیز دیکھنے کی ضرورت ہے۔ پولس رسول نے افسیوں کو بتایا کہ وہ قوت جو اُن کے لئے دستیاب ہے۔ وہ سب کچھ کرنے کی قدرت رکھتی ہے۔ تصور کریں اگر ذہین و فطین لوگ، افواج، ہتھیار اور قوموں کا اسلحہ و بارود ہمیں دے دیا جائے، تو ہم کس قدر زور آور بن جائیں گے۔ چند لمحات کے لئے غور کریں، آسمان کا خدا طاقت کے ایسے مظاہرے پر ہنستا ہے۔ اُس کے ہونٹوں سے نکلا ہوا معمولی سا سانس دُنیا کی بڑی سے بڑی فوجوں کو نابود کر سکتا ہے۔ جو طاقت ہمیں دی گئی ہے وہ اس دُنیا کی ہر ایک طاقت سے کہیں بڑھ کر ہے۔ خداوند یسوع مسیح کے منہ سے نکلا ہوا ایک لفظ جہنم کی بدروحوں کو

تتر بتر اور ناتواں کر دیتا ہے۔ وہ اُس کے سامنے ناتواں اور بے بس ہیں۔

جب خداوند کی طرف سے قوت ہمارے لئے دستیاب ہے اور ایسی زبردست قوت دستیاب ہے جس کا تصور بھی یہ دنیا نہیں کر سکتی تو پھر اپنی قوت اور طاقت پر ہی بھروسہ کیوں کریں؟ جب دشمن آپ پر دباؤ ڈالے، خداوند یسوع کی طرف بھاگ جائیں۔ جب آزمائش آپ پر غالب آنے لگے خداوند یسوع کی طرف رجوع لائیں۔ آپ اپنی طاقت سے ابلیس، اس کی تدبیروں اور اس کے جلتے تیروں کا مقابلہ نہیں کر سکتے۔ اس کی طاقت سے زور آور بنیں۔ اپنی طاقت پر بھروسہ نہ کریں۔ اس کے پاس آنا نہ چھوڑیں۔ اس کی بڑی قوت اور قدرت کے سامنے کوئی بھی کھڑا نہیں ہو سکتا۔

چند غور طلب باتیں

☆۔ آپ اپنی مسیحی زندگی میں کس چیز اور کس شخصیت پر بھروسہ اور توکل کر رہے ہیں؟ کیا آپ کو مسیح یسوع کے علم اور اپنے شخصی تجربے پر بھروسہ ہے یا پھر آپ کو زندہ خداوند یسوع مسیح کی ذاتِ اقدس پر بھروسہ اور اعتماد ہے؟

☆۔ کس طرح آپ ہر روز اپنے آپ کو خداوند میں مضبوط کر سکتے ہیں؟

☆۔ کون سی چیز آپ کو آج روزمرہ زندگی میں مسیح کی قوت اور قدرت کا تجربہ کرنے میں رکاوٹ بنی ہوئی ہے؟

☆۔ آج آپ کو کون سی عملی قسم کی مشکلات کا سامنا ہے؟ کیا خداوند آپ کو ان مشکلات سے نبرد آزما ہونے کے لئے طاقت اور حکمت عطا کر سکتا ہے؟

چند اہم دُعائیہ نکات

☆۔ کیا آج آپ کو اپنی زندگی کے کسی عملی پہلو پر غالب آنے کے لئے خداوند کی طرف سے طاقت اور حکمت کی ضرورت ہے؟ خداوند کی طرف رجوع کرکے اس سے درخواست کریں کہ وہ آپ کی زندگی کے اس معاملہ کو اپنے ہاتھوں میں لے۔

☆۔ خداوند کی شکرگزاری کریں کہ اُس نے اپنا اختیار اور قوت آپ کو بخشی ہے۔

☆۔ خداوند سے دُعا کریں کہ وہ آپ کو بتائے جب آپ اس پر بھروسہ نہیں کر رہے ہوتے۔ خداوند سے ہمت اور عاجزی مانگیں جو اُس کی رہنمائی اور اُس کا انتظار کرنے کے لئے درکار ہوتی ہے۔ خداوند سے اُس کی قوت پر بھروسہ کرنے کا فضل بھی چاہیں۔

باب 25

ہتھیار پہن لو

افسیوں 6 باب 11 تا 13 آیت کا مطالعہ کریں

بطور ایماندار ہم روحانی جنگ میں ہیں، پچھلے باب میں پولس رسول نے افسیوں کو یہ تلقین کی کہ وہ درپیش جنگ کی روشنی میں، خداوند میں مضبوط بنیں۔ اِس کے بعد اُس نے اُنہیں یہ بھی بتایا کہ اُنہیں خدا کے ہتھیار بھی پہننے ہیں۔ آئیں غور کریں کہ پولس رسول 11 تا 13 آیت میں ان ہتھیاروں کے بارے میں کیابیان کرتا ہے۔

خدا کے سب ہتھیار

کون سا ایسا سپاہی ہو گا جو اپنی محافظت کا لباس پہنے بغیر میدان جنگ میں اُترے گا؟ بہت سے ایمانداروں کو ہتھیاروں کی اہمیت کا اندازہ ہی نہیں ہے۔ وہ یہی محسوس کرتے اور سمجھتے ہیں کہ ایماندار ہونے کی حیثیت سے وہ ابلیس کے حیلوں، حملوں اور جلتے تیروں سے محفوظ ہیں۔ اُن کا کہنا یہی ہوتا ہے " میرا توکل خداوند پر ہے، اس لئے مجھے پریشان ہونے کی قطعاً ضرورت نہیں ہے۔" ایسے ایماندار اپنے کام کاج میں بلاخوف و خطر مصروف رہتے ہیں، اور نہیں جانتے کہ وہ کس قدر نشانے پر ہیں، جی ہاں ہمیں یہ سمجھنا ہو گا کہ ہم شیطان کے نشانے پر ہیں۔ کیونکہ ہم خدا کے فرزند ہیں اور وہ خدا کا دشمن، اس لئے وہ ہم پر حملہ آور ہونے کی بھرپور کوشش کرتا رہتا ہے۔ ہر کسی کو یہ علم ہے کہ کوئی بھی دشمن اپنی ہی فوج سے جنگ نہیں کرتا۔ بطور ایماندار ہوتے ہوئے، اس بات کو ذہن میں رکھیں ہم

دشمن کی نگاہ میں کھٹکتے ہیں۔ یہی وجہ ہے کہ ہمیں محفوظ ہونے کی ضرورت ہے۔

غور کریں، وہ ہتھیار جو ہمیں باندھنے ہیں وہ نوعیت کے لحاظ سے ہماری محافظت کے لئے ہیں۔ یہ ہتھیار لڑنے کی بہ نسبت تحفظ فراہم کرنے والے ہتھیار ہیں۔ ۔کمر بند، بکتر، جوتے، سپر، خود اور حتیٰ کہ تلوار بھی حفاظت کے لئے ہوتی ہے۔ غور کریں کہ خدا نے ہمیں نیزا، فلاخن، کمان اور تیر اٹھانے کے لئے نہیں کہا۔ کیوں خدا نے ہمیں تحفظ فراہم کرنے والے ہتھیار لینے کے لئے کہا ہے؟ کیا ایسا نہیں ہونا چاہئے تھا کہ خدا ہمیں ایسے ہتھیار لینے کے لئے کہتا جو دشمن پر وار کرنے والے ہوتے ہیں اور پھر ہم میدان جنگ میں اترتے؟ پچھلے باب میں ہم نے دیکھا تھا کہ جنگ تو خداوند کی ہے۔ ہم اپنی طاقت اور حکمت سے دشمن کو شکست نہیں دے سکتے۔ خدا نے حملہ آور ہونے کے لئے ہتھیار ہمیں اس لئے نہیں دئے کیونکہ وہ ہماری طرف سے جنگ کرتا ہے۔

خدا ہم سے کہیں زیادہ دشمن کی تدبیروں اور حکمت عملی سے واقف ہے، اس نے ہمارے لئے بہترین قسم کی محافظت فراہم کی ہے۔ وہ ہتھیار جو خداوند ہمیں فراہم کرتا ہے، اگر ہم انہیں پہن لیں تو پھر ہم دشمن کے ہر حیلے حملے سے محفوظ رہیں گے۔ لیکن راز کی بات یہ ہے کہ ہمیں یہ ہتھیار ہر روز اپنے اوپر لینے ہیں۔ اس کے بغیر ہم غیر محفوظ ہوں گے۔ ہو سکتا ہے کہ آپ کے ذہن میں یہ سوال پیدا ہو۔ " اگر خدا میری محافظت کے لئے موجود ہے تو پھر مجھے ہتھیاروں کی کیا ضرورت ہے؟"اس سوال کا سادہ سا جواب یہی ہے کہ ہماری محافظت کے لئے خدا کا یہی طریقہ کار ہے۔ اگر ہم ہتھیار لینے سے انکار کریں، تو پھر ہم دشمن کے تیروں کی زد میں آجائیں گے۔ اور اس کے ذمہ دار بھی ہم خود ہی ہوں گے۔ خدا تو ہمارے لئے جنگ کرنے کو تیار ہے، اس نے ہماری محافظت کا ارادہ کیا ہوا ہے، اسی لئے تو اس نے ہمیں تحفظ فراہم کرنے والے ہتھیار فراہم کئے ہیں۔

یہاں پر قابلِ غور بات یہ ہے کہ پولس رسول ہمیں یہاں پر یہ بھی بتاتا ہے کہ ہم نے " خدا کے سب ہتھیار " پہنے ہیں۔ اگر ہم کچھ ہتھیار پہن لیں اور کچھ چھوڑ دیں تو اس سے کیا فائدہ ہو گا؟ اگر ایک سپاہی سپر تو لے لے اور جوتے بھی پہن لے مگر اپنے سر پر خود ہی نہ پہنے تو کیا ہو گا؟ دشمن کو حملہ آور ہونے کا آسان راستہ مل جائے گا۔ خدا کے ہتھیاروں کے متعلق ایک بات یہ بھی ہے کہ ہم نے سب ہتھیار پہننے ہیں۔ سب ہتھیار پہن لیں اور ایک چھوڑ دیں تو اس سے بھی تباہی اور بربادی واقع ہو سکتی ہے۔ شیطان ماہر نشانے باز ہے۔ اگر ہم نے کسی ایک ہتھیار کو نظر انداز کر دیا تو اُس کا تیر اسی حصے کو اپنا ہدف بنائے گا۔ اسی لئے پولس رسول ہمیں سب ہتھیار پہننے کے لئے کہتا ہے۔ یقینی تحفظ کے لئے سبھی ہتھیار پہنیں۔ آئیں اب ان ہتھیاروں کو پہننے کا سبب جانیں

ثابت قدم رہو

پولس رسول کے مطابق ہتھیار پہننے کی پہلی وجہ یہ ہے تا کہ ہم ثابت قدم اور قائم رہ سکیں۔ ہم دشمن کے تیروں کا ہدف ہیں۔ وہ ہمارے خلاف حملہ آور ہونے سے باز نہیں آئے گا۔ اس کا مقصد ہمیں گرانا ہے۔ صرف اور صرف خدا کے ہتھیار ہی ہمیں قائم رکھتے ہیں۔ ہتھیار پہنے ہوئے ہم دشمنوں کی صفوں میں جا گھستے ہیں۔ اس کے جلتے ہوئے تیر ہمیں گرا نہ سکیں گے، بشر طیکہ ہم پورے طور سے ہتھیار پہنے ہوئے ہوں۔

بدی کے خلاف جنگ طویل اور سخت ہے۔ ہو سکتا ہے کہ آپ یہ کہیں " میں تو ایک ایماندار ہوں، میں کیسے گر سکتا ہوں؟" ایماندار لوگ غیر ایماندار لوگوں کی آزمائشوں میں گر سکتے ہیں۔ بدی، ناراستی، لالچ، بری خواہش اور تکبر ایک ایماندار کی زندگی میں بھی آسکتا ہے۔ ہم نے ایمانداروں کو دیکھا ہے جن کی وفاداری وقت گزرنے کے ساتھ ساتھ ختم ہو کر رہ گئی، پھر ایسا بھی دیکھنے میں آیا کہ ان میں اور غیر ایمانداروں میں کوئی فرق باقی

نہ رہا۔ بہت سے مسیحی ایماندار اس بات پر یقین رکھتے ہیں کہ وہ جادوئی طور پر شیطان کے حملوں سے محفوظ رہتے ہیں کیونکہ وہ ایماندار ہیں۔ بائبل مقدس کے بہت سے حوالہ جات ہم پر اس بات کو واضح کرتے ہیں کہ بہت سے راستباز مرد و زن محض اس لئے گر پڑے کیونکہ جب ابلیس ان پر حملہ آور ہوا تو وہ غیر محفوظ تھے۔ خدا کے ہتھیاروں کو پہنے بغیر ہم غیر محفوظ اور گرنے کے امکان یقینی ہوتے ہیں۔

دُشمن کی تدبیریں

دوسری وجہ جس کی بنا پر ہمیں سب ہتھیار باندھ لینے ہیں، وہ ہے ابلیس کی ناپاک اور بُری تدبیریں۔ ہمارا دشمن بہت ہی مکار اور ہوشیار ہے۔ وہ فریب اور چالاکی کا ماہر ہے۔ "تدبیر" یونانی زبان میں دو الفاظ کا مجموعہ ہے۔ جس کا مطلب ہے " کے ساتھ سفر کرنا" شیطان ہماری حرکات اور سکنات پر نظر رکھتا ہے۔ وہ ہماری کمزوریاں معلوم کرنے کے لئے ہمارے ساتھ ساتھ رہتا ہے، تا کہ ہمیں کانوں میں جھوٹ اور شک بھری باتیں ڈالے۔ ہم اس کی نظر میں ہیں۔ یہی بہتر ہے کہ ہم بھی ہر وقت ہوشیار اور بیدار رہیں۔ ایک لمحہ کی غفلت ہمیں اس کے تیروں سے زخمی کر سکتی ہے۔

مجھے یاد ہے کہ ایک صبح میں اپنی اہلیہ محترمہ کے ساتھ کافی پینے کے لئے گیا۔ سفر کے دوران مجھے خیال آیا کہ اکثر میری بیوی کو سردی لگ جاتی ہے۔ اس سوچ کے ساتھ ہی میرے اندر ایک ناگوار اور ناخوشگوار قسم کے احساسات پیدا ہونے شروع ہو گئے۔ گویا شیطان مجھے یہ کہہ رہا تھا کہ " وین، ذرا سوچو، اگر تمہاری بیوی کو سردی لگنے کا مسئلہ نہ ہو تو تم کس قدر زیادہ کام کر سکتے ہو۔ " مجھے محسوس ہوا کہ شیطان میرے کانوں میں زہر گھول رہا ہے۔ " اگر تمہاری بیوی واقعی تم سے محبت کرتی ہو تو پھر وہ اپنے آرام کا کبھی سوچ بھی نہ۔ "

شاپ پہنچ کر ہم اپنی اپنی نشست سنبھالنے کے بعد محو گفتگو ہو گئے۔ ابھی تھوڑا وقت ہی گزرا تھا کہ ویٹر لیڈی نے آکر ائیر کنڈیشن چلا دیا۔ ائیر کنڈیشن کی ٹھنڈی ہوا ہم دونوں پر پڑ رہی تھی۔ چند لمحات کے بعد، میری بیوی نے میری طرف دیکھ کر کہا، " مجھے سردی لگ رہی ہے۔ کیا ہم یہاں سے باہر نکلیں؟ کیوں نہ ہم کسی اور جگہ کافی پئیں۔ " پہلی بات جو اس کے منہ سے اس وقت نکلی تھی جب ہم ائیر کنڈیشن والی جگہ پر پہنچے تھے۔ " یہاں پر تو سردی ہے۔ "

میں اُس کی بات سن کر جنجھلا سا گیا۔ شیطان اس صورتحال کو لے کر صبح ہی صبح ہمارے درمیان کشیدگی پیدا کرنے کی کوشش میں لگا ہوا تھا۔ وہ میرے ذہن میں ایسے خیالات ڈال رہا تھا جس سے میں غصے میں بھی آسکتا تھا اور مایوسی کا شکار بھی ہو سکتا تھا۔ میں خدا کا شکر گزار ہوں کہ اس روز اس نے مجھے دشمن کے اس حملے کو پرکھنے کا موقع دیا۔ میں نے دشمن کے اس حملے کو پہچانتے ہوئے اس کا مقابلہ کیا۔ تاہم اس واقع سے یہ بات مجھ پر اور بھی زیادہ عیاں ہو گئی کہ دشمن کس قدر مکار اور چالاک ہے۔ "وہ میرے ساتھ محو سفر تھا۔ " وہ مناسب موقع کی تلاش میں تھا کہ مجھے گرادے۔ میں آپ کو بتا نہیں سکتا کہ کتنی ہی بار میں اُس کے کئی ایک حملوں کا شکار بھی ہوا۔

میں نے دعائیہ عبادات میں بھی شیطان کے حملوں کو دیکھا ہے۔ میں کسی جگہ پر بائبل سٹڈی کراتا تھا تو وہاں پر شیطان نے کسی شخص کو کسی خاص موضوع پر بڑا جوش دلا دیا۔ اگرچہ اس شخص کا جوش اچھا تھا، تاہم وہ جوش و جذبہ خدا کے لوگوں میں تفرقے کا باعث ہوا۔ شیطان بڑا چالباز ہے۔ وہ ہماری دعائیہ عبادات میں آنے سے بھی نہیں جھجکتا اور نہ ہی اسے ہمارے سٹڈی پروگرامز میں آنے میں کوئی مشکل نظر آتی ہے۔ وہ دلوں اور روّیوں میں کئی طرح کے جوش اور اُبال پیدا کرتا ہے۔ تفرقے، جدائیاں اور مسائل کھڑے

کرنے کے لئے وہ سب کچھ کرے گا جو وہ کر سکتا ہے۔

آپ یہ کبھی بھی بتا نہ پائیں گے کہ دشمن کب حملہ آور ہو گا۔ ہو سکتا ہے کہ وہ یہ سب کچھ عین اس وقت کرے جب آپ اپنی فتح کا جشن منا رہے ہوں۔ اس وقت تکبر اور غرور کا تیر آپ کو چھید سکتا ہے۔ یہ بھی ممکن ہے کہ وہ آپ کی شکست کے وقت آپ پر حوصلہ شکنی کا تیر چھوڑے۔ ہو سکتا ہے کہ وہ آپ کی تنہائی میں آپ کو اپنا ہدف بنا ڈالے۔ لوگوں کے ہجوم میں بھی ایسا ممکن ہو سکتا ہے کہ تلخی اور کڑواہٹ کا رویہ آپ میں پیدا ہو جائے۔ ہو سکتا ہے کہ جب آپ اپنے کسی عزیز دوست یا رشتہ دار کے ہاں کافی سے لطف اندوز ہو رہے ہو تو وہ آپ پر حملہ آور ہو جائے۔ شیطان ہمیشہ کسی نہ کسی تدبیر کو عملی جامہ پہنانے کے چکر میں ہو تا ہے۔ آپ کا ہتھیاروں کے بغیر ہونا خطرے سے خالی نہیں ہے۔

بُرے دن

ہتھیار پہننے کی آخری وجہ برا دن آنے والا ہے۔ اس سے مراد کون سا برا دن ہے؟ بائبل مقدس تعلیم دیتی ہے کہ جب خداوند یسوع کی آمد قریب ہو رہی ہے، تو بدی بڑھ جائے گی ،اس زمین پر گناہ اور ناراستی چھا جائے گی۔ مرقس 13 باب ہمیں بتاتا ہے کہ آخری دنوں میں جنگ و جدل، قحط اور بھونچال آئیں گے۔ ایماندار عدالتوں کے حوالہ کئے جائیں گے۔ مسیح کی خاطر سب قومیں ہم سے نفرت رکھیں گی۔

2 تیمتھیس 3 باب 12 آیت میں ہمیں یاد کرایا گیا ہے کہ ہم مسیح کی خاطر دکھ اٹھائیں گے۔ مکاشفہ کی کتاب ہمیں آخری دنوں کی ایذاہ رسانی کے بارے میں بتاتی ہے۔ جن حالات و واقعات سے ہم گزر رہے ہیں، وہ ان دنوں کے دُکھوں اور مسائل و مصائب کے مقابلہ میں کچھ بھی نہیں جو خداوند کی آمد سے پہلے ہوں گے۔ جب ابلیس کو کھلا چھوڑ دیا جائے گا تو پھر کلیسیا پر ظلم و ستم کے پہاڑ ٹوٹ پڑیں گے۔

جب سے بنی نوع انسان زوال کا شکار ہوئے، ہر دن گناہ اور موت کا دن ہے۔ تاریخ ایسے بے شمار ایمانداروں کی کہانیاں بیان کرتی ہے جنہیں ان کے ایمان کے سبب سے دُکھ دیا گیا، بائبل مقدس ہمیں بتاتی ہے کہ ایسے دن آنے والے ہیں جب ایذاہ رسانیوں کے واقعات بہت زیادہ ہو جائیں گے۔ موجودہ دَور کے بُرے دنوں اور آنے والے برے دنوں میں کون سی چیز ہماری محافظت کرے گی؟ خدا نے ہمارے تحفظ کے لئے ہمیں اپنے ہتھیار دیئے ہیں۔ ان ہتھیاروں کو پہننے والے ہی برے دنوں میں ثابت قدم اور قائم رہ سکیں گے۔

چند غور طلب باتیں

☆۔ یہ آیات ہمارے دشمن کے تعلق سے کیا تعلیم دیتی ہیں؟

☆۔ ہمارے لئے یہ کیوں کر اہم ہے کہ ہم خدا کے سب ہتھیار پہن لیں؟

☆۔ کیا آپ کبھی شیطان کے تیروں سے زخمی ہوئے ہیں؟ کس طرح خدا کے ہتھار اس موقع پر آپ کی محافظت کر سکتے تھے؟

☆۔ آپ کے خیال میں ہم نے اپنے دور میں روحانی جنگ کے موضوع پر کیوں کر بہت کم تعلیم پائی یا سنی ہے؟ کیا اس تعلیم کے فقدان اور کلیسیا کی موجودہ صورتحال کا آپس میں کوئی تعلق ہے؟

چند اہم دُعائیہ نکات

☆۔ خداوند کی شکر گزاری کریں کہ وہ دشمن کے سامنے ہمیں بے یار و مددگار نہیں چھوڑتا۔ خداوند سے پوچھیں کہ آیا کوئی ایسا ہتھیار ہے جو ابھی تک آپ نے نہیں پہنا۔

☆۔ خداوند سے دُعا کریں کہ وہ آپ کی آنکھیں آپ کے اردگرد چھڑی جنگ پر مرکوز کرے۔

☆۔ خداوند سے مدد چاہیں تاکہ آپ خدا کے سب ہتھیار پہن سکیں۔

باب 26

بدی کی روحانی قوتیں

افسیوں 6 باب 12 آیت کا مطالعہ کریں

خدا کے کلام کے اس حصہ میں اب تک ہم نے یہ دیکھا ہے کہ ہمیں بدی کی قوتوں کے خلاف جنگ میں نبرد آزما ہونے کے لئے قوت کی ضرورت ہے۔ (10 آیت) یہ قوت ہماری نہیں بلکہ خداوند کی قوت ہے۔ دوئم۔ ہمیں تحفظ کی ضرورت ہے۔ 11 اور 13 آیت ہمیں بتاتی ہیں کہ ہم نے خدا کے ہتھیار پہن لینے ہیں تاکہ جنگ کے دن قائم اور ثابت قدم رہ سکیں۔ سوئم۔ ہمیں اپنے دشمن کے بارے میں بھی جانکاری ہونی چاہئے۔ پولس رسول نے اس تعلق سے 12 آیت میں تفصیلاً بات کی ہے۔

مجھے یہ واقعہ ہمیشہ ہی یاد رہتا ہے جو ایک مشنری کے تعلق سے ہے ایک قصبے میں میٹنگ کے لئے گیا، لیکن یہ بھول گیا کہ اس قصبہ میں کون سی کلیسیا نے اُسے میٹنگ کرنے کے لئے مدعو کیا ہے۔ اُسے یہ تو معلوم تھا کہ اس نے کیا کرنا ہے لیکن یہ دریافت کرنا چاہتا تھا کہ اس نے کہاں پر میٹنگ کرنی ہے۔ بہت سے مسیحی ایسے ہیں جنہیں یہ علم ہے کہ وہ ایک روحانی جنگ میں ہیں، لیکن نہیں جانتے کہ یہ جنگ کہاں پر چھڑی ہوئی ہے۔ یہ جنگ ہر اس جگہ پر ہوتی ہے جہاں شیطان جنگ کرنا چاہے۔ اس کی بہت بڑی خوشی یہ ہے کہ وہ ہمیں اس جنگ کے تعلق سے اُلجھاؤ کا شکار کر دے اور ہم غلط جگہ پر لڑ رہے ہوں۔

آج بہت سے کلیسیائیں اپنی تنظیمی پہچان، روایات اور خدا کے کلام کی سچائی کے بارے انہیں جو فہم و فراست حاصل ہے، اسے محفوظ کرنے کے لئے ایک دوسرے کے خلاف

نبرد آزما ہیں۔ ایسی کلیسیائیں ایسے ایماندار پیدا کرنے میں ناکام رہی جو خداوند کی محبت سے معمور ہوں اور اپنی زندگیوں میں روحانی پھل پیدا کر سکیں۔ اس کی بجائے، وہ ایک دوسرے سے دست و گریبان ہونے کے لئے تیار اور مُستعد ہوتے ہیں، وہ اپنے طریقہ کار، انداز خدمت اور کلام کی تشریح و تفسیر کو سچائی کے قریب ترین اور عین مطابق سمجھتے ہیں۔ شیطان کو ایسی لڑائیوں اور کھینچا تانی سے بہت خوشی ہوتی ہے۔ وہ اس سلسلہ میں بہت کامیاب ہوا ہے کہ ہمیں لڑائی کی نوعیت کا علم ہی نہ ہو پائے۔ جب تک ہم غلط جگہ پر لڑتے رہیں گے، اُسے فکر مند ہونے کی کوئی ضرورت ہی نہیں۔

یہاں پر پولس رسول چاہتا ہے کہ ہم ایک بات کو سمجھیں۔ اور وہ ہے جنگ کی نوعیت، پولس رسول نے لکھا کہ "ہماری لڑائی خون اور گوشت سے نہیں ہے۔" پولس رسول اس مادی دنیا کا حوالہ دے رہا تھا، چونکہ جنگ جسمانی نہیں ہے۔ اس لئے جسمانی ہتھیاروں سے لڑی بھی نہیں جا سکتی۔ وقت کی ضرورت ہے کہ ہمارے بائبل کالجز اور سیمنریز روحانی جنگ پر مزید تعلیم و تربیت کا سلسلہ آگے بڑھائیں۔ ہمیں ایسے پاسبانوں اور مشنریز کی ضرورت ہے جو روحانی جنگ میں خود کو مصروف عمل رکھیں۔ ہمیں ایسے کلیسیائیں قائدین کی ضرورت ہے جو، پولس رسول کی طرح روحانی حملوں کو بھانپ کر یہ فیصلہ کر سکیں کہ انہیں کیسا قدم اٹھانے کی ضرورت ہے۔ اکثر ہم ایسے لوگوں کی مانند ہوتے ہیں جو اپنے باغیچے سے فضول قسم کی جڑی بوٹیاں تلف کرنے کی کوشش کرتے ہیں۔ وہ اوپر اوپر سے شاخوں کو کاٹ دیتے ہیں لیکن انہیں جڑ سے نہیں اکھاڑتے۔ کیا ہماری شکست کی وجہ یہی نہیں ہے کہ ہم اپنے روحانی دشمنوں سے خون اور گوشت سے جنگ کرتے ہیں؟ آئیں دیکھیں کہ پولس رسول نے اس آیت میں ہمارے دشمن کے تعلق سے کیا کچھ بیان کیا ہے۔

تاریکی کی قوتیں، اختیار والے اور حاکم

پولس رسول اس آیت میں ہمیں بتاتا ہے کہ ہماری جنگ حاکموں، تاریکی کی قوتوں اور اختیار والوں کے ساتھ ہے۔ یہ حاکم، اختیار والے اور تاریکی کی قوتیں کیا اور کون ہیں؟ سرسری طور پر دیکھیں تو ہمیں معلوم ہوتا ہے کہ ان سے مراد ہمارے دور کے سیاسی یا مذہبی قائدین ہیں۔

جو کچھ پولس رسول آیت میں ہمیں بتارہا ہے، وہ قطعی مختلف بات ہے۔ اس نے ہمیں بتایا کہ ہماری جنگ " خون اور گوشت " سے نہیں ہے۔ پس ہم یہ نہیں کہہ سکتے کہ وہ مذہبی قائدین یا دورِ حاضرہ کے سیاسی قائدین کی بات کررہا ہے۔

یوحنا 12 باب 31 آیت اور یوحنا 14 باب 30 آیت میں خداوند یسوع مسیح نے شیطان کو "اس جہاں کا خدا" بھی کہا ہے۔ 2 کرنتھیوں 4 :4 میں یوحنا رسول نے اسے " اس جہاں کا خدا" بھی کہا ہے۔ یوحنا رسول 1 یوحنا 5 باب 19 آیت میں اپنے قارئین کو یاد دہانی کراتا ہے کہ ساری دنیا "شریر کے " اختیار میں ہے۔ جس سلطنت پر شیطان کی حکمرانی ہے اسے تاریکی کی بادشاہت کہا گیا ہے۔، جس کی تہذیب میں میں شراب نوشی، جنسی بے راہ روی، تفرقے، حسد اور جدائیاں عام سی بات ہے۔(رومیوں 13 باب 12 – 13 آیت) ایمانداروں کو تاریکی کی اس سلطنت سے چھڑالیا گیا ہے اور اب اُنہیں نور کی بادشاہی اور سلطنت کا حصہ بنادیا گیا ہے۔(کلسیوں 1 باب 12 اور 13 آیت) جب ہم ان سب چیزوں کو اس طرح سے دیکھ رہے ہیں تو پھر یہ حاکم، اختیار والے اور تاریکی کی قوتیں کون ہیں؟ اگرچہ شیطان یہی کہے گا کہ اُن سے مُراد وہ انسان ہیں جو اختیار اور قوت رکھتے ہیں۔، شیطان کو بھی اِس جہاں کا خدا کہا گیا ہے۔ وہ اور اُس کے فرشتگان موجودہ تاریکی کے حکمران ہیں۔

اگرچہ شیطان اور اُس کے لشکر اس دُنیا پر حکمرانی کر رہے ہیں۔ اُنہیں یہ معلوم ہے کہ ایک روز اُنہیں شکست ہو گی۔ (1 کرنتھیوں 15 باب 24 آیت)

ان روحانی قوتوں اور اختیار والوں کو پہلے ہی خداوند یسوع مسیح کی صلیبی موت کے وسیلہ سے شکست فاش ہو چکی ہے۔ خداوند یسوع مسیح کا ذکر کرتے ہوئے پولس رسول کلسیوں 2 باب 15 آیت میں لکھتا ہے۔

" اُس نے حکومتوں اور اختیاروں کو اپنے اوپر سے اُتار کر اُن کا برملا تماشہ بنایا اور صلیب کے سبب سے اُن پر فتح یابی کا شادیانہ بجایا۔ "

ہم ان روحانی اور شیطانی قوتوں کے خلاف ہر روز جنگ کرتے ہیں۔ ہم اقتدار، تعلیم اور روز مرہ زندگی میں اُن کے اَثر کو نظر انداز نہیں کر سکتے۔ ہماری فطرت میں پایا جانے والا گناہ کی طرف رجحان ایک ایسی چیز ہے جس سے تاریکی کی قوتیں فائدہ اٹھاتی ہیں۔ شیطان کی یہی چالاکی ہے کہ وہ ہمیں پتہ ہی نہیں چلنے دیتا کہ ہماری زندگی اور معاشرے میں اس کی کیسی کارستانیاں کارفرماں ہیں۔ اگر وہ یہ سوچ پیدا کرنے میں کامیاب ہو جائے کہ بدروح اور محض وہم اور خیالی باتیں ہیں، تو سمجھ لیں کہ وہ آدھی سے زیادہ جنگ جیت چکا ہے۔ لیکن حقیقت تو یہ ہے کہ شیطان اور اس کے فرشتے وہم نہیں بلکہ ایک حقیقت ہیں۔ وہ دنیا میں سفر کرتے اور اپنی تاریکی کی بادشاہت کو فروغ اور وسعت دینے میں محوِ عمل رہتے ہیں۔ ہمارے معاشرے میں موجود مسائل اور مشکلات (اگرچہ ہر ایک مشکل نہیں) میں ان کا بڑا عمل دخل ہے۔ ہماری جنگ اُن کے خلاف ہے۔ یہی وجہ ہے کہ پولس رسول ہمیں " خداوند میں مضبوط " ہونے اور خدا کے سبھی ہتھیار پہننے کے لئے کہتا ہے۔

آسمانی مقاموں پر بدی کی روحانی قوتیں

غور کریں کہ پولس رسول نے افسیوں کو بتایا کہ ان کا دشمن دیکھا نہیں جاسکتا۔ بدی کی یہ

نادیدنی قوتیں "آسمانی مقاموں" پر رہائش پذیر ہیں۔ ہم اپنے ارد گرد جو کچھ دیکھتے ہیں، اس سے کہیں بڑھ کر نادیدنی دُنیا میں موجود ہے۔ انسانی آنکھ سے اوجھل دنیا گرائے ہوئے فرشتوں کی دنیا ہے جن کے ساتھ پاک فرشتگان روحانی جنگ کرتے ہیں۔

جس دشمن کو ہم دیکھ بھی نہیں سکتے، کس طرح ہم ان سے جنگ کر سکتے ہیں؟ اگر ہمیں یہ جنگ لڑنی ہے، تو پھر سب سے پہلے ہمیں خدا کے وہ سب ہتھیار پہننے ہیں جو اس نے ہمارے لئے فراہم کئے ہیں۔ دوئم۔ لازم ہے کہ ہم خدا کے کلام سے لپٹ جائیں۔ جو کہ خدا کی کامل مرضی کے لئے واحد اور بااختیار رہنمائی کا منبع ہے۔ آخر میں، ہمارے لئے یہ بھی ضروری بلکہ اہم ہے کہ ہم خداوند میں مضبوط بنیں۔ اس کا مطلب یہ ہے کہ ہم روحانی نعمتیں اور اس اختیار کو قبول کریں تاکہ روحانی عالم میں موجود دشمن سے اس کے نام سے جنگ کر سکیں۔ اگر ہم خداوند کے طالب ہوں، تو وہ ہمیں حکمت اور امتیاز کی روح بخشے گا تاکہ دشمن کی تدبیروں اور چالاکیوں کو سمجھ سکیں۔ صرف اس کے ہتھیار پہنے ہوئے اور اس کی طاقت اور قوت پر بھروسہ کرکے ہم تاریکی کی قوتوں اور اس کے حاکموں پر غالب آسکتے ہیں۔

چند غور طلب باتیں

☆۔ آج ہم ارد گرد چھڑی روحانی جنگ سے کس قدر واقف اور آگاہ ہیں؟

☆۔ کس طرح جنگ کے بارے علم و فہم ہمیں اچھے طریقہ سے لڑنے کے قابل بناتا ہے؟

☆۔ ہمیں درپیش جنگ لڑنے کے لئے کیا کچھ دیا گیا ہے؟

چند اہم دُعائیہ نکات

☆۔ خداوند سے دعا کریں کہ وہ آپ کی آنکھیں کھول دے تاکہ آپ اپنے اِرد گرد جاری لڑائی کی اصل نوعیت کو جان سکیں۔

☆۔ خداوند کی شکر گزاری کریں کہ وہ روحانی جنگ سے نبرد آزما ہونے کے لئے آپ کو ضروری ہتھیار اور آلات مہیا کرتا ہے۔

☆۔ خداوند سے دُعا کریں کہ وہ آپ کو اپنی طاقت اور اپنے ہتھیاروں سے مسلح کرے تاکہ آپ دشمن کے مقابلہ میں محفوظ رہ سکیں۔

باب 27

سچائی کا کمر بند

افسیوں 6 باب 14 آیت کا مطالعہ کریں

پولس رسول مختلف ہتھیاروں کے بیان کا ذکر سچائی کے کمر بند سے شروع کرتا ہے۔ یاد رہے کہ یہاں پر جس ترتیب سے یہ ہتھیار بیان کئے گئے ہیں، اس سے اُن کی اہمیت کا حساب نہ لگایا جائے یعنی جس ہتھیار کا پہلے ذکر ہے وہ بہت اہم ہے اور جس کا آخر پر ذکر ہے، وہ کم اہم ہے۔ ایسا بالکل بھی نہیں ہے۔ سپاہی کے لئے ہر ایک ہتھیار کی اپنی اہمیت ہوتی ہے۔ بعض مفسرین اس طور سے ہتھیاروں کی بیان کردہ ترتیب کو دیکھتے اور سمجھتے ہیں کہ پولس رسول نے یہ ترتیب اس لئے مد نظر رکھی کیونکہ سپاہی اسی ترتیب سے ان ہتھیاروں کو پہنا کرتے تھے۔ آئیں پہلے ہتھیار پر غور وخوص کریں۔

یہاں پر جس سچائی کا ذکر ہے وہ دورُخی ہے۔ یہ لفظ اصل زبان میں کردار کے کھرے پن کا مفہوم دیتا ہے۔ کیا آپ نے کسی شخص کو ایسے موضوع پر بات کرتے ہوئے دیکھا ہے جس پر وہ خود بھی عمل نہ کرتا ہو؟ ہم ایسے لوگوں کی باتوں پر کم ہی دھیان دیتے ہیں۔ کیا آپ سمجھتے ہیں کہ ہم خدا کے حضور خلوص دل سے روحانی جنگ کرنے کے لئے تیار ہوئے بغیر تاریکی کی قوتوں پر اثرانداز ہو سکتے ہیں؟ روحانی جنگ ریاکار لوگوں کے لئے نہیں ہے۔

اگر آپ کا تعلق اور رشتہ خداوند کے ساتھ درست نہیں ہے، تو پہلا کام آپ نے یہی کرنا ہے کہ اپنے گناہوں کو اقرار کر کے خدا کے ساتھ خداوند یسوع مسیح کے وسیلہ سے صلح کر لیں۔ خداوند یسوع مسیح ہمیں یہی بتاتا ہے کہ اگر ہمارے بھائی سے کوئی شکوہ ہو، اپنی نذر

قربان گاہ پر چھوڑ کر قربانی چڑھانے سے پہلے اپنے بھائی سے صلح کر لیں۔(متی 5 باب 23 اور 24 آیت) اگر خدا کی عبادت اور پرستش کے تعلق سے یہ بات درست ہے تو کیا یہی بات تاریکی کی قوتوں کے خلاف روحانی جنگ میں نبرد آزما ہونے کے لئے درست نہیں ہے؟ اس جنگ میں فتح خدا کے ساتھ درست رشتے اور تعلق کی بنیاد پر ہی حاصل ہو گی۔ ہمیں اپنے گناہوں کا اقرار کرنے کی ضرورت ہے۔ ہمیں اُن لوگوں کے پاس جانا ہو گا جنہیں ہماری وجہ سے کوئی دُکھ پہنچا ہے۔ اُن کے پاس جا کر صلح کے لئے ہاتھ بڑھائیں۔ ہمیں اپنے دل میں موجود خفیہ خیالات، تصورات اور دل کے رویوں کو بھی درست کرنا ہو گا۔ ہم دشمن کو اپنی زندگی میں کام کرنے کا موقع دیتے ہیں۔ اگر ہم کسی بھی قسم کے گناہوں کی وجہ سے دشمن کو اپنی زندگی میں رسائی کا موقع دیتے ہیں تو پھر کیسے ممکن ہے کہ ہم اسے شکست بھی دے سکیں؟ اگر آپ دُشمن کو شکست دینا چاہتے ہیں تو پھر لازم ہے کہ آپ خداوند اپنے خدا سے خلوص دل سے محبت بھرا رشتہ قائم کریں۔ آپ اس سے اس قدر محبت کریں کہ کسی بھی قسم کے گناہ کے لئے کوئی دروازہ کھلا نہ چھوڑیں۔ سچائی کے کمر بند کا یہ اوّلین پہلو ہے۔

سچائی صرف ہمارے کردار سے منسلک نہیں ہے۔ بلکہ اس کا تعلق حقیقت کے فہم و ادراک سے بھی ہے۔ دشمن جھوٹ اور مکاری میں سبقت لے جاتا ہے۔ خداوند یسوع مسیح نے یوحنا 8 باب 44 آیت میں اپنے دَور کے مذہبی رہنماؤں سے بات کرتے ہوئے فرمایا۔

"تُم اپنے باپ ابلیس سے ہو اور اپنے باپ کی خواہشوں کو پورا کرنا چاہتے ہو۔ وہ شروع ہی سے خونی ہے اور سچائی پر قائم نہیں رہا کیونکہ اُس میں سچائی ہے نہیں۔ جب وہ جھوٹ بولتا ہے تو اپنی ہی سی کہتا ہے کیونکہ وہ جھوٹا ہے بلکہ جھوٹ کا باپ ہے۔ "

خداوند یسوع مسیح نے بڑے واضح طور پر بیان کیا ہے کہ ابلیس میں کوئی سچائی موجود نہیں

ہے۔ وہ جھوٹوں کا باپ ہے۔ باغِ عدن میں دیکھیں، شیطان نے حوا سے یہ کہتے ہوئے جھوٹ بولا، اگر وہ زندگی کے درخت کا پھل کھالے تو ہمیشہ زندہ رہے گی۔ اس نے درخت کا پھل کھایا اور مر گئی۔ ہمارا دشمن جھوٹ بولنے سے باز نہیں آتا۔ اگر اس کی چالاکیاں، مکاریاں اور جھوٹ و فریب اس کے لئے بڑے کارگر ہیں تو کیوں کر وہ اپنی کسی بھی قسم کی حکمت عملی کو تبدیل کرے گا؟

ابلیس کے جھوٹ کئی طرح کے ہیں۔ سب سے پہلے وہ خدا کی ذاتِ اقدس، شخصیت اور اس کے کلام کے تعلق سے جھوٹ بولتا ہے۔ یہ بھی باغ عدن میں حوا پر اس کے حملے کی ایک نوعیت تھی۔ اُس نے حوا سے جھوٹ بول کر اسے شک میں مبتلا کر دیا کہ آیا خدا کا کلام واقعی سچ اور درست ہے۔ کیا آپ کو اس بات پر حیرت ہوتی ہے کہ کیوں اکثر بائبل کالجز اور سیمنریز بائبل مقدس کے اختیار پر سوال اُٹھاتے ہیں۔ یہ سب دشمن کے حیلے بہانے اور حملے ہیں۔ اسے معلوم ہے کہ اگر وہ بائبل کی سچائی سے دُور لے جانے میں کامیاب ہو گیا، تو پھر وہ ہمارے معاشرے میں اپنی من مانی کرنے کے لئے آزاد ہو جائے گا۔ بائبل مقدس کے معیار کو اپنائے بغیر اس سے نبرد آزما ہونا بالکل ناممکن ہے۔ وہ لوگوں کو ہر طرح کی کجروی اور بدی کی طرف مائل کرنے کے لئے آزاد ہے۔ خدا کے کلام کی واضح تعلیم کے بغیر، وہ لوگوں کو اس بات کے لئے قائل کرلے گا کہ وہ خدا کے تعلق سے جیسا بھی طرز فکر اپنانا چاہتے ہیں، اپنالیں۔ ہم خدا کے کلام کی اہمیت کے بارے میں بعد ازاں بات کریں گے۔ بس یہ کہنا ہی کافی ہے کہ شیطان خدا اور اس کے کلام کے تعلق سے ہمارے خیالات اور سوچوں میں بگاڑ پیدا کرنے کی ہر ممکن کوشش کرتا ہے۔ اگر ہم نے شیطان پر غلبہ اور فتح پانی ہے، تو پھر ہمیں خدا اور اُس کے مقاصد کے تعلق سے سچائی کو جاننا ہوگا۔

ہماری زندگی کا ایک اور حصہ جس پر شیطان حملہ آور ہونے کی کوشش کرتا ہے وہ ہے مسیح

یسوع میں ہمارا مقام اور رُتبہ۔ بطور ایماندار ہم مسیح یسوع میں کون ہیں، وہ اس سچائی کو بھی بگاڑنے کی کوشش کرتا ہے۔ وہ آپ کے دل و دماغ میں وہم و وسوسے ڈالے گا کہ خدا آپ کے گناہ اور بد اعمالیوں کی وجہ سے آپ کو قبول نہیں کر سکتا۔ ہو سکتا ہے کہ وہ آپ کو یہ بتانے کی بھی کوشش کرے گا کہ آپ تو ایک ناکام شخص ہیں۔ وہ ایسے حالات اور واقعات بھی پیدا کرے گا تا کہ ثابت کر سکے کہ خدا نے آپ کو ترک کر دیا ہے۔ ایسی صورتحال میں ہم کس طرف جائیں گے؟ خدا کا کلام ہی ہمارے لئے سچائی کا منبع ہے۔ روحانی حملے کی صورت میں، سچائی سے لپٹ جائیں۔ سچائی ہی ہمیں دشمن کے جھوٹ سے رہائی اور تقویت بخش سکتی ہے۔" تم سچائی سے واقف ہو گے تو سچائی تمہیں آزاد کرے گی۔" (یوحنا 8 باب 32 آیت)

میری زندگی میں بھی ایسا دور ہو گزرا ہے جب میں شیطان کے جھوٹوں پر کان لگالیتا تھا۔ میں بھی اس بات پر تعجب کرتا تھا کہ کس طرح خدا مجھے قبول کر سکتا ہے۔ میں اکثر یہ سوچتا تھا کہ میں تو ایک ناکام شخص ہوں۔ شک و شبہات میرے ذہن کو آلودہ کر دیتے تھے اور میں انتہائی مایوسی اور حوصلہ شکنی کا شکار ہو جاتا تھا۔ جب مجھے احساس ہوا کہ میں تو شیطان کے جھوٹوں پر توجہ کرتا ہوں تو پھر مجھے فتح ملنا شروع ہو گئی۔ خدا کے الہامی کلام کو قبول کرتے ہوئے مجھے ابلیس کے ہر ایک جھوٹ کو رد کرنا پڑا۔ صرف سچائی ہی نے مجھ آزادی اور رہائی بخشی۔ جب میں خدا کے کلام پر بھروسہ کر کے اس کی طرف متوجہ ہوا تو شیطان مجھ سے دور ہونے پر مجبور ہو گیا۔

یعقوب رسول ہمیں یعقوب 4 باب 7 آیت میں بتاتا ہے کہ ہمیں دشمن کا مقابلہ کرنا ہو گا اور پھر وہ ہم سے بھاگ جائے گا۔ ہم کس طرح ابلیس کا مقابلہ کرتے ہیں؟ ہم سچائی سے اس کا مقابلہ کرتے ہیں۔ ہم اس کے جھوٹوں اور اس کی پر فریب باتوں سے منہ موڑ کر خدا

کے کلام کی سچائی پر توجہ دیتے ہیں، پھر وہ ہم سے بھاگ جاتا ہے۔ اس کے سوا اس کے پاس کوئی چارہ نہیں ہوتا کہ وہ ہمیں تنہا چھوڑ دے۔

جس قدر ہمیں جلد اس بات کا احساس ہو گا کہ ہماری جنگ " جھوٹوں کے باپ " سے ہے، اسی قدر ہم سچائی کے کمر بند کو لینے کی اہمیت سے واقف ہو جائیں گے۔ جب شیطان کے جھوٹ ہمیں باندھ دیتے ہیں، تو پھر خدا کے کلام کی سچائی ہی ہمیں فتح سے ہمکنار اور آزاد کرتی ہے۔

درپیش روحانی جنگ میں سچائی اس قدر اہم کیوں ہے؟ ہم پہلے بھی یہ دیکھ چکے ہیں کہ جس سچائی کا یہاں پر ذکر کیا گیا ہے اس کا تعلق ہمارے کردار اور خلوص سے ہے۔ دوئم اس کا تعلق خدا کے کلام کے فہم و فراست سے بھی ہے۔ آئیں اس بات کا تجزیہ کر کے اس پر غور وخوص کریں۔

یہ بہت اہم ہے کہ ہم دو وجوہات کی بنا پر کردار کی سچائی کا تجربہ کریں۔ اوّل۔ دیانتداری کا فقدان خداوند کے لئے ہماری گواہی کو برباد کر دے گا

یہی کچھ تو دشمن کرنا چاہتا ہے۔ اگر خدا کے ساتھ ہمارا تعلق اور رشتہ درست نہ ہو، تو پھر ہماری گواہی میں رکاوٹ کھڑی ہو جائے گی۔ لوگوں کے سامنے ہمارا اصل چہرہ بے نقاب ہو جائے گا۔ وہ ہمارے روّیوں، اعمال اور افعال کا جائزہ لیں گے۔ وہ ہماری باتوں پر بھی غور کریں گے۔ گناہ میں زندگی بسر کرتے ہوئے کسی طور پر بھی ہم خداوند کے لئے اچھے گواہ ثابت نہیں ہو سکتے۔ بہت سے لوگ ایمانداروں میں ریاکاری اور مکاری دیکھ کر خداوند کی طرف سے منہ پھیر لیتے ہیں۔ اگر ہم نے تاریک دنیا میں نور بن کر رہنا ہے تو پھر حقیقی کردار اور دیانتداری انتہائی اہمیت کے حامل ہیں۔

دوئم، دیانتداری اور مخلص پن کی کمی ہمیں دشمن کے سامنے ناتواں کر دے گی۔ کیا آپ

کسی بیمار سپاہی کو میدانِ جنگ میں اُترتا ہوا دیکھتے ہیں؟ اس طرح سے، ہمارا گناہ اور ریاکاری ہمیں میدان جنگ میں کمزور کر دیتی ہے۔ یاد کریں کس طرح عکن نے خداوند کی طرف سے واضح رہنمائی اور ہدایت کے باوجود یریحو شہر سے کچھ چیزیں چرا لی تھی، حالانکہ کہ خداوند نے کہا تھا کہ اُنہوں نے کسی چیز کو اپنے لئے نہیں لینا۔ (یشوع 7 باب) جب بنی اسرائیل نے چھوٹے سے شہر عی کے خلاف صف آرائی کی، تو انہیں شکست کا سامنا کرنا پڑا۔ یشوع نے خداوند سے پوچھا کہ اُنہیں عی کے مقام پر کیوں کر شکست کا سامنا کرنا پڑا۔ حالانکہ اُنہیں یریحو جیسے بڑے شہر پر بڑی شاندار فتح حاصل ہوئی تھی۔ خدا نے یشوع کو بتایا کہ ان کے درمیان گناہ ہونے کی وجہ سے ایسا ہوا ہے۔ اگر کلیسیا کے لوگ گناہ میں زندگی بسر کرتے ہوں تو کلیسیا کو کبھی بھی شیطان کی قوتوں کے خلاف فتح کا سوچنا بھی نہیں چاہئے۔ حتیٰ کہ ہماری گناہ آلودہ حالت میں بھی خدا ہم پر مہربانی کرتا ہے، تاہم حقیقی فتح خداوند یسوع کی تابعداری میں زندگی بسر کرنے سے حاصل ہوتی ہے۔ بالفاظ دیگر لازم ہے کہ ہم سچائی میں زندگی بسر کریں۔

شیطان کے جھوٹ میدانِ جنگ میں ہمارے حوصلوں کو پست کر سکتے ہیں۔ کتنی ہی بار ہم حوصلہ اس وجہ سے ہار جاتے ہیں کیونکہ ہم شیطان کے جھوٹوں پر کان لگا لیتے ہیں۔ وہ ہمیں بتاتا ہے کہ خدا ہم سے دستبردار ہو گیا ہے۔ کئی دفعہ اپنے کانوں میں ابلیس کی سرگوشیوں کے سبب سے ہم دعائیہ زندگی میں ناکامی سے دوچار ہوتے ہیں۔ اکثر بدروحوں کے جھوٹ و فریب کے سبب سے ہم بے دل ہو کر کچھ بھی کرنے کے قابل نہیں رہتے، ابلیس کے جھوٹ اور فریب طرح طرح کے ہوتے ہیں۔ ہم ہر ایک جھوٹ کا تفصیلی جائزہ نہیں لے سکتے۔ خدا کے خدام کو فریب دینے کے لئے اس نے کئی ایک طریقہ کار وضع کر رکھے ہیں۔ خدا کے کلام کی سچائی ہی ہمیں آگے بڑھنے کی ہمت دے سکتی ہے۔

آخر پر میں یہ واضح کرنا چاہوں گا کہ کس طرح خدا کے کلام کی سچائی میدان جنگ میں روحانی دشمن سے نبرد آزما ہونے میں ہماری مدد کرتی ہے۔ ہم یہ سمجھتے ہیں کہ شیطان کی بادشاہی جھوٹ پر مبنی ہوتی ہے۔ جس طرح تاریکی پر نور کے وسیلہ ہی سے غالب آیا جا سکتاہے۔ اسی طرح شیطان کے جھوٹوں پر غالب آنے کے لئے سچائی کی ضرورت ہوتی ہے۔ وہ لوگوں کو فریب دے کر اُنہیں قائل کرلیتاہے کہ اُس کے جھوٹوں پر کان لگائیں۔ اس کا صرف ایک ہی علاج اور ایک ہی حل ہے کہ ہم خدا کے کلام کی سچائی کا یقین کریں۔ صرف اور صرف خدا کے کلام کی سچائی ہی ہمیں ابلیس کی گمراہی سے خلاصی بخش سکتی ہے۔ شیطان پر فتح پانے کے لئے، لازم ہے کہ ہم شیطان کے اُن حملوں کو سمجھ کر کلام کی سچائی سے اس کا مقابلہ کریں۔

آپ شیطان کو یہ کہتاہوا ابھی سنیں گے کہ گناہ کرنا جائز اور مناسب بات ہے۔ کیونکہ کسی کو کیا معلوم ہوناہے کہ آپ نے یہ سب کچھ کیاہے۔ آپ یہ بھی محسوس کریں گے کہ وہ آپ سے یہ کہہ رہاہے کہ آپ جس طرح سے سوچ رہے ہیں، یہ تو ایک فطری عمل ہے، اگر آپ اپنی سوچ کے مطابق کچھ کر بھی لیں گے تو اس میں شرمندگی والی کون سی بات ہے۔ جب شیطان جھوٹ اور مکر کے تیروں سے آپ پر حملہ آور ہوتاہے تو پھر آپ کیا کرتے ہیں؟ اول، شیطان کے جھوٹ کو پہچانیں۔ دوئم، اس کے جھوٹ کے خلاف مزاحم ہوں۔ سوئم، خدا کے کلام کو لے کر اس کا مقابلہ کریں۔ بعد ازاں ہم اس بات کا جائزہ لیں گے کہ کس طرح ہم دشمن کے جھوٹ اور مکر کو پہچان سکتے ہیں۔ جب آپ آزمائے جائیں، اپنے آپ سے یہ سوال کریں، " اس سلسلہ میں خدا کے کلام کی سچائی کیا بیان کرتی ہے؟" خدا سے دعا کریں کہ وہ سچائی کو آپ پر واضح کرے۔ پھر اس سچائی کو اپنے اردگرد کمربند کی طرح لپیٹ کر خداوند یسوع مسیح کے نام سے دشمن کے ہر ایک جھوٹ کے خلاف مزاحمتی

دیوار بن کر کھڑے ہو جائیں۔

چند غور طلب باتیں

☆۔ اس باب میں سچائی کے کون سے دو پہلوؤں پر بات کی گئی ہے؟

☆۔ خدا کا کلام ہمیں بتاتا ہے کہ شیطان جھوٹوں کا باپ ہے۔ ہمارے دَور میں وہ اپنے جھوٹوں کو کس طرح استعمال کر رہا ہے؟

☆۔ ہم کس طرح شیطان کے جھوٹوں کا سامنا کرتے ہیں؟

☆۔ کیا آپ نے شیطان کے کسی جھوٹ کو سچ مان لیا ہے؟

☆۔ کردار کا اخلاص کیوں کر سچائی کا اہم پہلو ہے؟ کس طرح اس سے ہمیں دشمن کے خلاف جنگ کرنے میں مدد ملتی ہے؟

چند اہم دُعائیہ نکات

☆۔ خداوند سے دُعا کریں کہ وہ ابلیس کے جھوٹوں اور اس کے مکر آپ پر واضح کرے۔ خداوند سے دُعا کریں کہ وہ آپ کو بتائے کہ آپ نے کیسے کیسے اور کہاں کہاں اس کی باتوں سے فریب کھایا ہے۔

☆۔ خداوند سے دُعا کریں کہ وہ آپ کو جانچے اور پرکھے کہ آیا واقعہ آپ کردار کی سچائی، دیانتداری اور مخلص پن رکھتے ہیں۔

☆۔ خداوند سے دُعا مانگیں کہ وہ اپنے کلام کی سچائی کو آپ کے معاشرے پر عیاں کرے۔ دُعا کریں تاکہ خدا آپ کے معاشرے کو ابلیس کے جھوٹوں سے رہائی دے۔

باب 28

راستبازی کا بکتر

افسیوں 6 باب 14 آیت کا مطالعہ کریں

دوسرا ہتھیار جسے ایمانداروں کو پہننا ہے، وہ ہے راستبازی کا بکتر۔ بکتر سپاہی کو گردن سے نیچے رانوں تک اسے تحفظ فراہم کرتا ہے، بکتر اس کے تمام اہم اعضاؤں کی محافظت کرتا ہے۔ پولس رسول نے افسیوں کو بتایا کہ ایمانداروں کا بکتر "راستبازی " ہے۔ راستبازی کیا ہے اور اسے کس طرح درپیش روحانی جنگ میں بروئے کار لایا جائے؟ وہ یونانی لفظ ہے جو یہاں پر استعمال کیا گیا ہے۔ اس لفظ کا ترجمہ " معصوم، بے گناہ، یا بغیر کسی الزام " کیا جا سکتا ہے۔ یہ ان "Dikaiosune"
لوگوں کے لئے استعمال کیا جاتا ہے جن کا خدا کے ساتھ تعلق اور رشتہ بالکل درست ہوتا ہے۔ خدا کے ساتھ درست تعلقات کے بارے کئی ایک آراء موجود ہیں۔

نئے عہد نامہ میں ہماری ملاقات لوگوں کی ایک جماعت سے ہوتی ہے جنہیں فریسی کہا جاتا تھا۔ یہ مذہبی لوگ تھے۔ انہیں اس بات پر فخر و ناز تھا کہ وہ بڑی پابندی اور کٹر طریقہ سے موسیٰ کی شریعت پر عمل پیرا ہوتے تھے۔ فریسی بڑے راستباز لوگ تھے۔ خداوند یسوع مسیح نے متی 5 باب 20 آیت میں فریسیوں کے تعلق سے بات کرتے ہوئے کہا۔

"کیونکہ میں تُم سے کہتا ہوں کہ اگر تُمہاری راستبازی فقیہوں اور فریسیوں کی راستبازی سے زیادہ نہ ہوگی تو تُم آسمان کی بادشاہی میں ہرگز داخل نہ ہوگے۔"

یہ ایک بہت ہی اہم آیت ہے۔ خداوند یسوع مسیح یہاں پر ہمیں یہ بتا رہا ہے کہ ہماری

راستبازی فریسیوں سے بھی بڑھ کر ہونی چاہیئے۔ ان کی " راستبازی" شریعت کی ظاہری تابعداری پر مشتمل تھی۔ خداوند یسوع مسیح ہمیں یہ بتا رہا ہے کہ ہماری راستبازی خدا کی شریعت کی ظاہری تابعداری سے بڑھ کر ہونی چاہیئے۔ شریعت پرستی راستبازی نہیں ہے۔ آپ خدا کی شریعت کی تابعداری اور پاسداری میں بڑے محتاط ہو سکتے ہیں۔ آپ اپنے آپ کو ایسی چیزوں سے الگ کر سکتے ہیں جو بے دینی اور ناراستی سے منسلک ہیں۔ آپ یہ سب کچھ کرنے کے باوجود بھی خدا کے ساتھ درست تعلق اور رشتہ میں منسلک نہیں ہو سکتے۔ راستبازی ظاہری اعمال و افعال سے کہیں بڑھ کر ہے۔ فریسیوں کا گہرائی سے مطالعہ کیا جائے، تو یہ بات منکشف ہوتی ہے کہ وہ بڑے مغرور اور متکبر قسم کے لوگ تھے۔ وہ چاہتے تھے کہ لوگ ان کی پاکیزگی اور راستبازی کے بارے میں ان کو سراہیں۔ اگرچہ وہ شریعت کی سب باتوں پر عمل پیرا ہوتے تھے، ان کے دل خدا سے بہت دور تھے۔ (متی 15 باب 7 تا 9 آیت)

جب سموئیل داؤد کو اسرائیل پر بادشاہ مسح کرنے کے لئے گیا تو خداوند نے اس کی رہنمائی کی کہ وہ یسی کے گھرانے میں جائے۔ سموئیل یسی کے بیٹوں کی ظاہری شکل و صورت اور جسامت کو دیکھنے کی آزمائش میں پڑ گیا۔ خدا نے سموئیل کو بتایا کہ خدا انسان کی طرح چیزوں کو نہیں دیکھتا۔ ہم 1 سموئیل 16 باب 7 آیت میں پڑھتے ہیں۔

"پر خُداوند نے سموئیل سے کہا کہ تُو اُس کے چہرہ اور اُس کے قد کی بلندی کو نہ دیکھ اِس لئے کہ میں نے اُسے ناپسند کیا ہے کیونکہ خُداوند انسان کی مانند نظر نہیں کرتا اِس لئے کہ انسان ظاہری صورت کو دیکھتا ہے پر خُداوند دِل پر نظر کرتا ہے۔ "

ہم سب یہ جانتے ہیں کہ اہم بات یہ ہے کہ خدا کے کلام میں جو معیار ہمارے سامنے رکھا گیا ہے، ہم اس کے مطابق زندگی بسر کریں۔ تاہم ہرگز یہ نہ سمجھ لیں کہ ہر طرح کا اچھا کام

کرنے کے سبب سے، خدا کے ساتھ ہمارا تعلق اور رشتہ درست ہو جائے گا۔ ہو سکتا ہے کہ ہم بروز اتوار بڑی باقاعدگی سے خدا کے گھر میں جا کر اس کی پرستش اور عبادت اپنے گھرانے کے ہمراہ کرتے ہو، لیکن پھر بھی خدا کے ساتھ ہمارا تعلق اور رشتہ درست نہ ہو۔ ہم دہ یکی اور ہدیہ جات باقاعدگی سے دیتے ہوئے بھی اس شخص کی طرح خدا سے دور ہو سکتے ہیں جو خدا کے تعلق سے کچھ بھی نہ جانتا ہو۔ ہماری راستبازی اس بات پر منحصر نہیں کہ ہم کس قدر خدا کی شریعت کی پابندی اور پاسداری کرتے ہیں۔ بہت سے ایسے لوگ بھی ہیں جو شریعت کے بکتر کو راستبازی کا بکتر سمجھ لیتے ہیں۔ درپیش روحانی جنگ میں، ہم ایسی غلطی کرنے کے متحمل نہیں ہو سکتے۔ خدا ایسی راستبازی کی تلاش میں ہے جو ظاہری تابعداری سے کہیں گہری ہو۔ جس میں آپ بے دلی سے اس کے کلام کی فرمانبرداری مجبوری اور بے دلی سے نہ کریں۔ آئیں سنیں خدا نے اپنے نبی کی معرفت یسعیاہ 29 باب 13 آیت میں کہا۔

"پس خُداوند فرماتا ہے چونکہ یہ لوگ زبان سے میری نزدیکی چاہتے ہیں اور ہونٹوں سے میری تعظیم کرتے ہیں لیکن اُن کے دِل مُجھ سے دُور ہیں کیونکہ میرا خوف جو اُن کو ہوا فقط آدمیوں کی تعلیم سُننے سے ہوا۔"

شریعت کی راستبازی کے بہت قریب نیک اعمال کا بکتر بھی ہے۔ بہت سے ایسے لوگ بھی ہیں جو اس بات پر ایمان رکھتے ہیں کہ راستباز ہونے کے لئے ہمیں خدا اور اپنے ہمسائے اور اپنے ارد گرد کے لوگوں سے محبت کرنے کی ضرورت ہے۔ اگرچہ یہ سب باتیں قابل تعریف ہیں۔ تاہم پھر بھی راستبازی کے بکتر کے مترادف نہیں ہیں۔ ہماری ملاقات ایسے غیر ایمانداروں سے ہوئی ہوگی جو نیک اور با اخلاق زندگی گزارتے ہیں۔ کیا ایسا ممکن ہے کہ ہم ایسے لوگوں کو بھی راستباز قرار دے دیں جنہوں نے مسیح یسوع کو قبول نہیں کیا

لیکن وہ بڑی نیک اور پاک زندگی بسر کرتے ہیں؟ علم الٰہیات کا بکتر بھی ہے۔ بہت سے لوگ یہ محسوس کرتے ہیں کہ وہ بائبل مقدس اور درست تعلیم پر ایمان رکھنے کے سبب سے راستباز ہیں۔ شیطان بھی سچائی کا علم رکھتا ہے۔ اس کا یہ ایمان ہے کہ یسوع خدا کا بیٹا ہے۔ لیکن شیطان کسی صورت بھی راستباز نہیں ہے۔

میں یہ بیان کرنے کی کوشش کر رہا ہوں کہ آپ کا طرز زندگی اچھا ہو سکتا ہے، یہ بھی ممکن ہے کہ آپ بڑے اچھے کام کرتے ہوں، روحانی بزرگوں کی روایات کی پاسداری بھی کرتے ہوں اور خداوند یسوع کے تعلق سے ہر ایک اچھی بات پر ایمان بھی رکھتے ہوں، لیکن پھر بھی آپ راستبازی کے بکتر سے ملبس نہ ہوں۔ اگر راستبازی مذکورہ کوئی بھی ایسی چیز نہیں ہے۔ تو پھر راستبازی ہے کیا؟

پولس رسول نے جس راستبازی کا یہاں پر ذکر کیا ہے وہ خدا کے حضور پاک حالت میں کھڑے ہونے کا نام ہے۔ یہ ہے وہ راستبازی جو ہمیں ایمان سے ملتی ہے۔ پولس رسول رومیوں 3 باب 21اور22 آیت میں ہمیں بتاتا ہے۔

"مگر اب شریعت کے بغیر خُدا کی ایک راستبازی ظاہر ہوئی ہے جِس کی گواہی شریعت اور نبیوں سے ہوتی ہے یعنی خُدا کی وہ راستبازی جو یسوع مسیح پر ایمان لانے سے سب ایمان لانے والوں کو حاصل ہوتی ہے۔"

خداوند یسوع مسیح کی وفاداری سے خدمت کرنے پر پولس رسول سے بڑھ کو کون ایسا شخص ہو سکتا ہے جو فخر کر سکے۔ اسے دیگر رسولوں سے کی بہ نسبت کئی دفعہ خداوند یسوع مسیح کے لئے مار کھانا پڑی۔ وہ فریسی تھا جو شریعت کی پاسداری بڑی احتیاط اور کامل طریقہ سے کرتا تھا اور بڑا پُر جوش بھی تھا۔ اس کے پاس درست تربیت تھی۔ وہ اپنے دور میں خدا کے لئے بڑی غیرت اور جوش و جذبہ سے معمور تھا۔ آئیں سنیں کہ اس عظیم مشنری نے

اپنے کارناموں اور اعلیٰ تعلیم و تربیت کے تعلق سے فلپیوں 3 باب 8 اور 9 آیت میں کس طرح بیان کیا ہے۔

"بلکہ میں اپنے خُداوند مسیح یسوع کی پہچان کی بڑی خوبی کے سبب سے سب چیزوں کو نُقصان سمجھتا ہوں۔ جِس کی خاطر میں نے سب چیزوں کا نقصان اُٹھایا اور اُن کو کوڑا سمجھتا ہوں تا کہ مسیح کو حاصل کرو۔ اور اُس میں پایا جاؤں نہ اُپنی اُس راستبازی کے ساتھ جو شریعت کی طرف سے ہے بلکہ اُس راستبازی کے ساتھ جو مسیح پر ایمان لانے کے سبب سے ہے اور خُدا کی طرف سے ایمان پر ملتی ہے۔"

غور کریں تو آپ کو معلوم ہو گا کہ پولس رسول کو اپنی راستبازی سے لپٹے رہنے میں کوئی دلچسپی نہیں تھی۔ وہ ایسی راستبازی کی تلاش میں تھا جس مسیح یسوع پر ایمان لانے کے سبب سے ملتی ہے۔ اسی راستبازی کا اس نے ان آیات میں ذکر کیا ہے۔ راستبازی کا مطلب خدا کے حضور بے الزام حالت میں کھڑا ہونا ہے اور یہ رُتبہ اور مقام ہر اس شخص کو مل جاتا ہے جو خداوند یسوع مسیح کو اپنا نجات دہندہ اور خداوند قبول کرتا ہے۔ ہم اس کے مستحق نہیں ہو سکتے اور نہ ہی اس مقام کو حاصل کرنے کے لئے اپنی طرف سے کچھ کر سکتے ہیں۔ کوئی بھی اس لائق نہیں کہ اپنے کسی کارہائے نمایاں کی وجہ سے خدا کے حضور راستباز ٹھہر سکے۔ ہم میں سے ہر ایک گنہگار ہے خدا کی الٰہی عدالت کے زیر تاب ہے۔ تاہم خدا معاف کرنے اور ہماری ساری ناراستیوں کو معاف کر کے ہمارے خلاف کوئی فردِ جرم قائم نہیں رکھنا چاہتا۔ وہ اپنے عزیز بیٹے خداوند یسوع مسیح کی موت اور اس کے مُردوں میں سے جی اٹھنے کے باعث ایسا کرتا ہے۔ خداوند یسوع مسیح ہمیں کامل معافی اور فردِ جرم سے خلاصی دینے کے لئے اس دُنیا میں آیا تھا۔ اور یہ ان سب کے لئے ہے جو خداوند یسوع مسیح کے صلیب پر سر انجام دئے گئے کام پر ایمان لے آتے ہیں۔ پولس رسول نے رومیوں کو

4 باب 4 اور 5 آیت میں بتایا۔

"کام کرنے والے کی مزدُوری بخشش نہیں بلکہ حق سمجھی جاتی ہے مگر جو شخص کام نہیں کرتا بلکہ بے دین کے راستباز ٹھہرانے والے پر ایمان لاتا ہے اُس کا ایمان اُس کے لئے راستبازی گنا جاتا ہے۔"

میں اپنے کاموں کے سبب سے راستباز نہیں بلکہ میں خداوند یسوع مسیح کے اس کام کی وجہ سے راستباز ہوں جو اس نے میرے لئے صلیب پر سر انجام دیا ہے۔ اس بکتر کا اُن نیک اور اچھے کاموں سے دُور کا بھی واسطہ نہیں ہے جو میں خداوند کے لئے کرتا ہوں۔ شیطان کو ہمارے نیک اعمال اور افعال کی کچھ پرواہ نہیں ہے۔ " آپ مجھے چھو نہیں سکتے، دیکھو، میں نے خداوند کے لئے کیسے کیسے عظیم کام کئے ہیں۔ " کبھی اس بُھول میں نہ رہیں کہ شیطان اس وجہ سے آپ پر حملہ آور نہ ہو سکے گا کیونکہ آپ نے خداوند یسوع مسیح کے لئے بڑے بڑے کام کئے ہیں۔ یقین جانیں کہ جب وہ دیکھے گا کہ ماضی میں آپ کس طرح خدا اور اس کے کلام کے فرمانبردار رہے تو اسے آپ پر حملہ کرنے کے لئے اور بھی زیادہ جوش و جذبہ حاصل ہو گا۔

کس طرح وہ راستبازی جو خداوند یسوع مسیح کی طرف سے ہمیں مفت اور بخشش کے طور پر ملتی ہے، دشمن کے خلاف روحانی جنگ میں ہمارے لئے کارگر ثابت ہوتی ہے؟ اوّل۔ اگر ہم اس راستبازی پر بھروسہ کرتے ہیں جو خداوند یسوع مسیح ہمیں عطا کرتا ہے تو دشمن کبھی بھی ہمارے حوصلوں کو پست نہ کر سکے گا۔ ہم اس لئے بھی ہمت نہیں ہارتے کیونکہ ہمیں معلوم ہوتا ہے کہ خداوند یسوع مسیح کے ساتھ ہمارا تعلق اور رشتہ ہمارے کارناموں اور کامیابیوں کی بنا پر نہیں ہے۔ بلکہ اس کی بنیاد اس کام پر ہے جو خداوند یسوع مسیح نے صلیب پر ہمارے لئے سر انجام دیا ہے۔ جب ابلیس ہمیں بتائے کہ ہم تو انتہائی گنہگار ہیں، ہم اس

طرح سے جواب دے سکتے ہیں" ہاں، میں گنہگار ہوں، لیکن مسیح میرے لئے مر گیا۔ اپنی کمیوں اور خامیوں کے باوجود اب میں خدا کا فرزند / بیٹی ہوں۔ اگر شیطان ہمارے سامنے یہ سوال رکھے " کیا آپ نے کافی زیادہ اچھے اور نیک کام کئے ہیں جو خدا آپ کو قبول کر لے گا؟" اس کا سادہ سا جواب دیں۔ " صرف ایک ہی کام ایسا ہے جو سب کاموں پر بھاری ہے اور وہ ہے خداوند یسوع مسیح کی صلیبی موت جو مجھے خدا کے حضور مقبول اور قبول ٹھہراتی ہے۔" آپ کی یہ باتیں سن کر ابلیس آپ کے سامنے سے دم دبا کر بھاگ جائے گا۔ وہ شکست خوردہ دشمن ہے کیونکہ مسیح کی راستبازی ہم میں موجود ہے۔

دوئم، جب ہم مسیح کی راستبازی پر بھروسہ اور توکل کرتے ہیں، تو پھر ہم شیطان کو اشارہ دیتے ہیں کہ وہ مسیح سے جنگ کرے۔ اگر ہم اپنے نیک اعمال پر بھروسہ کرتے اور یہ ایمان رکھتے ہیں کہ ہم آسمان پر اپنے کارناموں اور کامیابیوں کی وجہ سے چلے جائیں گے، تو پھر شیطان ہمیں نیک کاموں میں ہی اُلجھائے رکھے گا اور ہمیں اس راستبازی کی طرف آنے ہی نہیں دے گا جو مسیح یسوع پر ایمان لانے سے ملتی اور خدا کے حضور قابل قبول ہے۔ ہم سب خدا کے معیار سے نیچے آگئے، لیکن اگر ہم مسیح کی راستبازی پر توکل اور بھروسہ کرتے ہیں تو پھر شیطان کبھی بھی ہمیں شکست نہیں دے پائے گا۔ کیونکہ اس کے لئے اسے مسیح سے جنگ کرنا پڑے گی جو کہ وہ نہیں کر سکتا۔ کیونکہ ہم اپنا بھروسہ اور توکل خداوند پر رکھتے ہیں۔ شیطان کو علم ہے کہ اسے صلیب پر پہلے ہی شکست مل چکی ہے۔ اگر اس نے دوبارہ جسارت کی تو اسے پھر سے منہ کی کھانا پڑے گی۔

پولس رسول نے افسیوں کو تلقین و تاکید کی کہ وہ راستبازی کا بکتر پہن لیں۔ راستبازی کا یہ بکتر ان سب کو اپنے میں چھپا لیتا اور محفوظ رکھتا ہے جو اس بات پر ایمان رکھتے ہیں کہ وہ اپنی کاوشوں اور نیک اعمال سے دشمن کو شکست نہیں دے سکتے۔ ہم کس طرح سے راستبازی

کے اس بکتر کو اپنے اوپر لیتے ہیں ؟اول۔ ہم تسلیم کرتے ہیں کہ ہماری اپنی کاوشیں اور کارنامے کافی نہیں ہیں۔ دوئم، اس بات پر ایمان لانے سے کہ صرف خداوند یسوع مسیح کی راستبازی ہی خدا کے حضور قابل مقبول و منظور ہے۔ سوئم۔ ہم خداوند یسوع پر بھروسہ کرتے ہیں کہ وہ ہمیں اپنی راستبازی میں چھپالے۔ ہم ایمان سے اسے پکارتے ہیں کہ وہ ہمیں اپنی راستبازی سے ملبس کرے۔ اس کی نیکی اور بھلائی اور راستبازی میں ہم محفوظ رہتے ہیں۔ شیطان کبھی بھی خداوند یسوع مسیح کے اس صلیبی کام کے خلاف کھڑا نہیں ہو سکتا جو اس نے ہمارے لئے سرانجام دیا ہے۔

چند غور طلب باتیں

☆۔ وہ کون سے ایسے مختلف طریقہ کار ہیں جن سے لوگ آج بھی خدا کے حضور راستباز اور پاک ٹھہرنے کی کوشش میں لگے ہوئے ہیں؟ کس طرح یہ سارے طریقہ کار خدا کے معیار پر پورے نہیں اترتے؟

☆۔ کیا آپ مسیح کی راستبازی سے ملبس ہو چکے ہیں؟ آپ کس طرح جانتے ہیں؟

☆۔ مسیح کی راستبازی ہمارے لئے ایسا کیا کرتی ہے جو ہماری اپنی راستبازی ہمارے لئے سر انجام نہیں دے سکتی؟

☆۔ کس طرح مسیح کی راستبازی پر توکل اور بھروسہ کرنا ہمیں دشمن کے حملوں کے خلاف محفوظ رکھتا ہے؟

چند اہم دُعائیہ نکات

☆۔ کیا آپ ایسے لوگوں سے ملے ہیں جو اپنی نجات کے لئے اپنی ہی راستبازی پر توکل اور بھروسہ کئے بیٹھے ہیں؟ ان کے لئے دُعا کیا کریں۔

☆۔ خداوند کی شکر گزاری کریں کہ اس نے اپنی راستبازی سے ہمیں ملبس کر دیا ہے۔ جس سے ہمیں شیطان پر فتح کی کامل یقین دہانی مل گئی ہے۔

باب 29

خوشخبری کے جوتے

افسیوں 6 باب 15 آیت کا مطالعہ کریں

کون سی جنگی تیاری ہے جو بغیر جوتوں کے مکمل ہو سکتی ہے؟ کیا آپ تصور کر سکتے ہیں کہ ایک سپاہی اپنے سب ہتھیار باندھ کر ننگے پاؤں میدانِ جنگ میں اُتر جائے؟ رومی جوتے رومی سپاہیوں کا ایک لازمی ہتھیار ہوتے تھے۔ پولس رسول کے مطابق، ہمارے جوتے، خوشخبری کی تیاری کے جوتے ہیں۔ یا پھر صلح کی خوشخبری سے ملنے والی مستعدی ہے۔ پولس رسول کے کہنے کا کیا مطلب ہے؟ ہو سکتا ہے کہ بعض لوگ اس کی تشریح و تفسیر کچھ اس طرح سے کریں کہ صلح کی خوشخبری سے مُراد دوسروں کو انجیل کا پیغام سنانے میں ہماری مستعدی اور تیاری ہے۔ اس میں کوئی شک نہیں کہ ہمیں دوسروں کو انجیل کا پیغام سنانے کے لئے ہمہ تن مستعد اور تیار رہنا چاہئے۔ پولس رسول کی اپنی زندگی اس بات کی زبردست اور جیتی جاگتی مثال ہے۔ وہ انجیل کے پیغام کی خاطر اپنی جان تک قربان کرنے کے لئے تیار تھا۔ پطرس رسول بھی اس اُمید کے سبب سے جو ہمیں حاصل ہے، ہمیں تلقین کرتا ہے کہ انجیل سنانے کے لئے ہر وقت تیار اور مُستعد رہیں۔

"بلکہ مسیح کو خُداوند جان کر اپنے دِلوں میں مُقدس سمجھو اور جو کوئی تُم سے تُمہاری اُمید کی وجہ دریافت کرے اُس کو جواب دینے کے لئے ہر وقت مُستعد رہو مگر حِلم اور خوف کے ساتھ۔" (1 پطرس 3 باب 15 آیت)

انجیل کے پیغام کی معرفت ہی گنہگار لوگ دشمن کی قید سے آزاد ہو کر خدا کے گھرانے کا حصہ بنتے ہیں۔ سوال یہ ہے، کیا پولس رسول کا خوشخبری کے جوتوں سے مراد، وہ تیاری اور مُستعدی ہے جو انجیل کے پیغام سے ملتی ہے۔ کیا پولس رسول ہمیں یہ بتارہا ہے کہ اگر ہم نے تاریکی کی روحانی قوتوں کے خلاف نبرد آزما ہونا ہے تو پھر ہم گلیوں بازاروں میں نکل کر انجیل کی منادی کرنا شروع کر دیں؟ کیا یوں ہم دشمن سے محفوظ رہیں گے؟ میرا ایمان ہے کہ اس آیت کا اور بھی گہرا مفہوم اور معنی ہے۔

ہم پہلے ہی اس بات کو دیکھ چکے ہیں کہ ہماری راستبازی کبھی بھی ہمیں دشمن کے حملوں سے محفوظ نہیں رکھ سکتی۔ انجیل کا پیغام کھوئی ہوئی دنیا تک پہنچانا اچھی بات ہے لیکن اس سے آپ دُشمن کے حملوں سے بچ نہ پائیں گے۔ حتیٰ کہ مسیح کے وفادار اور جانثار خُدام بھی گناہ میں گر جاتے ہیں۔ اس ہتھیار کو سمجھنے کے لئے ہمیں لفظ " تیاری " کو سمجھنا ہو گا۔ یہ آیت بیان کرتی ہے کہ انجیل از خودی ہماری تیاری ہے۔ اپنے اردگرد تاریکی کی روحانی قوتوں کا سامنا کرنے کی تیاری انجیل میں سے ہمیں ملتی ہے۔ یہاں پر انجیل کا پیغام سنانے کے لئے ہماری تیاری کا ذکر نہیں ہے۔ بلکہ انجیل کے تعلق سے ہمارا شخصی تجربہ ہے۔ ہم دوسروں کو انجیل سنانے کے لئے کی جانے والی اپنی کاوشوں سے محفوظ نہیں رہتے۔ ہماری محافظت کا راز اپنی زندگیوں پر انجیل کے شخصی اطلاق میں پنہاں ہے۔

وہ کون سی انجیل ہے جس کا پولس رسول یہاں پر ذکر کرتا ہے؟ رومیوں 1 باب 16 آیت میں پولس رسول کے مطابق، انجیل "ہر ایمان لانے والے کے لئے خدا کی قدرت ہے۔" غور کریں کہ پولس رسول انجیل کو قوت کے طور پر بیان کر رہا ہے۔ انجیل الفاظ یا خیالات سے کہیں بڑھ کر ہے۔ یہ ایک قُدرت ہے۔ کیا یہی وہ چیز نہیں جس کی ہمیں دشمن کے خلاف جنگ کرتے ہوئے اشد ضرورت ہے؟ اس روحانی دشمن اور حریف کا مقابلہ

کرنے کے لئے ہمیں قدرت کی ضرورت ہے۔ یہ قدرت انجیل میں پنہاں ہے۔ پولس رسول نے 1 تھسلنکیوں 1 باب 5 آیت میں اس بات کو دھرایا ہے۔ جب اُس نے بیان کیا۔

"اِس لئے کہ ہماری خُوشخبری تُمہارے پاس نہ فقط لفظی طور پر پہنچی بلکہ قُدرت اور روح اُلقدس اور پورے اعتقاد کے ساتھ بھی چناچہ تُم جانتے ہو کہ ہم تُمہاری خاطر تُم میں کیسے بن گئے تھے۔ "

انجیل کی قدرت کو اس بات میں دیکھا جاتا ہے کہ سنگدل گنہگار لوگ اس پیغام سے یکسر بدل جاتے ہیں، اُن کے کردار میں ایک نمایاں تبدیلی واقع ہوتی ہے۔ کیونکہ وہ گناہوں کی معافی کا شخصی تجربہ اور گواہی اپنی زندگی میں رکھتے ہیں۔ انجیل کی اسی قوت اور قدرت سے جہنم کے لشکر آپ کے سامنے دُم دبا کر بھاگنے پر مجبور ہو جائیں گے۔ اسی انجیل کی قدرت سے انہیں شکست فاش ہوئی ہے۔ اُنہیں معلوم ہے کہ وہ انجیل کے پیغام کی قدرت کے سامنے کھڑے نہیں ہو سکتے۔ وہ اس کے سامنے بالکل ناتواں اور کمزور پڑ جاتے ہیں۔ پولس رسول نے رومیوں 8 باب 37 تا39 آیت میں لکھا ہے، کوئی چیز بھی ہمیں خدا کی محبت سے جدا نہیں کر سکتی۔

" مگر اُن سب حالتوں میں اُس کے وسیلہ سے جِس نے ہم سے مُحبت کی ہم کو فتح سے بھی بڑھ کا غلبہ حاصل ہوتا ہے کیونکہ مُجھ کو یقین ہے خُدا کی جو مُحبت ہمارے خُداوند یسوع مسیح میں ہے اُس سے ہم کو نہ موت جُدا کر سکے گی نہ زندگی۔ نہ فرشتے نہ حکومتیں نہ حال کی نہ استقبال کی چیزیں۔ نہ قُدرت نہ بلندی نہ پستی نہ کوئی اور مخلوق۔ "

یہ ہے انجیل کی قدرت۔ کائنات میں کوئی بھی اور قدرت انجیل کی قدرت کی ثانی نہیں ہو سکتی۔ یہ گناہوں کی معافی کی قدرت ہے۔ یہ زندگی اور موت کی قدرت ہے۔ اسی سے

ہماری بنیاد مضبوط ہوتی ہے۔ اسی قدرت سے ہم دشمن کے جلتے تیروں کے خلاف اپنا دفاع حاصل کرتے ہیں۔

اپنے پاؤں میں تیاری کے جوتے جو انجیل سے حاصل ہوتے ہیں پہننے کا تعلق اس تجربہ سے ہے جو ہمیں شخصی زندگی میں انجیل کی قدرت سے حاصل ہوتا ہے۔ انجیل کے پیغام کو لفظی طور پر جاننا ایک بات جبکہ اُس کی قدرت کا تجربہ ایک الگ بات ہے۔ پولس رسول کے دور میں رومی جوتوں میں تلوے پر کیل لگے ہوتے تھے جو لڑتے وقت زمین پر گرفت مضبوط رکھنے میں مدد دیتے تھے۔ اسی طرح تاریکی کی قوتوں کے خلاف ہمارا تحفظ بھی اسی اعتماد میں مضبوط بنیاد پر کھڑے ہونے میں ہے۔ اور یہ اعتماد اسی بات میں ہے کہ خدا کے ساتھ ہماری صلح ہو گئی ہے۔ کیا انجیل کا پیغام آپ کے لئے لفظوں تک محدود ہے یا پھر آپ کو انجیل کی قدرت کا شخصی تجربہ ہو چکا ہے؟ کیا آپ کو انجیل کی قدرت سے آزادی مل چکی ہے؟ جب دشمن آپ کے قریب آتا ہے تو کیا وہ زندگی تبدیل کر دینے والی اس قدرت کے سبب سے بچھاڑ کھا جاتا ہے جو آپ کی زندگی میں نمایاں طور پر دیکھنے کو ملتی ہے؟ صرف وہی لوگ جو خوشخبری کے جوتے پہن چکے ہیں، دشمن کا مقابلہ کرنے کی صلاحیت رکھتے ہیں۔ جو کچھ انجیل کے پیغام میں مسیح یسوع نے ہمارے لئے کر دیا ہے، اسی کی قدرت ہمیں دشمن کے حملوں سے محفوظ رکھ سکتی ہے۔ اگر ہم اس گھمبیر روحانی جنگ میں محفوظ رہنا چاہتے ہیں، جو ہمارے ارد گرد لگی ہوئی ہے، تو پھر ہمیں خدا کی اس خوبصورت نجات کا تجربہ کرنے کی ضرورت ہے جس کا اناجیل میں بیان موجود ہے۔ اگر آپ نے ابھی تک انجیل کی پوری قدرت کا تجربہ نہیں کیا، تو پھر اسی وقت مسیح یسوع کے حضور فریاد کریں، خداوند سے درخواست کریں کہ وہ آپ کے گناہوں کو معاف کر دے، صرف انجیل ہی آپ کو آزاد کر سکتی ہے۔ اگر آپ در پیش جنگ کے لئے تیار ہونا چاہتے ہیں، تو پھر اپنے

پاؤں میں خوشخبری کے جوتے پہننے کی ضرورت ہے۔

چند غور طلب باتیں

☆۔ جب پولس رسول افسیوں کو خوشخبری کے جوتے پہننے کے لئے کہتا ہے تو اس سے اس کا کیا مطلب ہے؟

☆۔ کس طرح انجیل نے آپ کی زندگی کو بدل کر رکھ دیا ہے؟ کیا آپ اپنی زندگی میں انجیل کی قدرت سے اپنی زندگی کو درجہ بدرجہ تبدیل ہوتے ہوئے دیکھ رہے ہیں؟ چند مثالیں پیش کریں۔

☆۔ آپ کے اردگرد چھڑی روحانی جنگ میں انجیل کا کیا مقام ہے؟ کس طرح انجیل ہمیں شیطان اور اس کے حملوں سے محفوظ رکھتی ہے؟

چند اہم دُعائیہ نکات

☆۔ جس طور سے خدا نے آپ کی زندگی میں انجیل کی قدرت کو ظاہر کیا ہے، اس کے لئے خداوند خدا کے حضوری شکر گزار ہوں۔ انجیل کی وجہ سے جو تبدیلیاں آپ کی زندگی میں واقع ہوئی ہیں ان کے لئے خداوند کی شکر گزاری کریں۔

☆۔ خداوند کی شکر گزاری کریں کہ خوشخبری کے پیغام کو قبول کرنے کے بعد آپ کو دشمن کے خلاف روحانی جنگ میں نبرد آزما ہوتے ہوئے اب اعتماد حاصل ہو گیا ہے،

☆۔ چند لمحات کے لئے دُعا کریں کہ خداوند آپ کے کسی دوست یا رشتہ دار کی زندگی میں انجیل کی قدرت کو ظاہر کرے۔

باب 30

اَنجیل کی قُدرت

افسیوں 6 باب 16 آیت

اس حصہ میں پولس رسول نے ایمان کی سِپر کا ذکر کیا ہے۔ مفسّرین ہمیں بتاتے ہیں کہ پولس رسول کے دَور میں دو طرح کی سپریں استعمال میں لائی جاتی تھیں۔ پہلی قسم کی سپر گول ہوتی تھی اور اس کو گولائی کا احاطہ 3 فٹ (گھیر 90 سنٹی میٹر) ہوتا تھا۔ دوسری قسم کی سپر چار کونوں والی ہوتی تھی۔ اس کی چوڑائی اڑھائی فٹ (80 میٹر) اور چار فٹ لمبائی ہوتی تھی۔ پولس رسول اس حوالہ میں اس دوسری قسم کی سِپر کا ذکر کر رہا ہے۔ جو کہ پہلے بیان کی گئی سِپر کی بہ نسبت بہتر طور پر ایک سپاہی کی حفاظت کرتی تھی۔ آپ تصور کر سکتے ہیں کہ یہ دوسری قسم کی سپر بڑی ہوتی تھی اس لئے لڑائی کے دوران یہ دقت کا باعث بھی ہوتی ہو گی، اُسے اُٹھانا، دُشمن پر وار کرنا یا اس کے وار سے بچنا۔ یہ سب کچھ سپر کے سائز کی وجہ سے قدرے مشکل بھی ہوتا ہو گا۔ یاد رہے کہ ہماری جنگ دراصل خداوند کی جنگ ہے، اور جو ہتھیار ہمیں دیئے گئے ہیں وہ لڑائی کی بہ نسبت زیادہ تر ہماری محافظت سے تعلق رکھتے ہیں۔ اس جنگ میں ہمارا زیادہ تر کردار اس کا مقابلہ کرنا اور اُسے پسپائی پر مجبور کرنا ہے۔ ابلیس کے خلاف مزاحمت پیدا کرنے کے لئے یہ سپر بہت اہم کردار ادا کرتی ہے۔

پولس رسول نے افسیوں کو بتایا کہ یہ سپر ایمان کی سپر ہے۔ اسی سپر کی بدولت ہی افسیوں "شریر" کے جلتے تیروں کو بجھا سکتے تھے۔ پولس رسول کے دنوں میں، دشمن تیروں کو لک

میں ڈبو دیتے تھے اور پھر انہیں اپنی کمان سے چھوڑنے سے قبل آگ پر بھی رکھتے تھے۔ اس سے آپ اندازہ لگا سکتے ہیں کہ یہ تیر اور بھی کس قدر خطرناک بن جاتے ہوں گے۔ اس سے نہ صرف جسمانی تکلیف میں اضافہ ہوتا تھا بلکہ کپڑوں میں آگ لگنے کا اندیشہ بھی بہت زیادہ ہوتا تھا۔ ان جلتے تیروں سے بچاؤ کے لئے لکڑی کی بنی سپروں کو چمڑے سے ڈھانپا جاتا تھا، جس سے جلتے ہوئے تیر بجھ جاتے تھے۔

پہلی چیز جو ہمیں اس آیت سے سمجھنے کی ضرورت ہے وہ یہ کہ دشمن ہم پر مسلسل جلتے تیروں کے وار کرتا رہتا ہے۔ غور کریں کہ پولس رسول نے یہ نہیں کہا کہ ہمیں اس وقت ہی ایمان کی سپر کو اٹھانا ہے جب دشمن ہم پر جلتے تیر چھوڑے۔ یہاں پر یہ مفہوم دیکھنے کو ملتا ہے کہ ایسا ہو گا۔ ہماری روزمرّہ زندگی میں، ہم پر یہ جلتے تیر چھوڑے جاتے ہیں۔ بے شمار اور لاتعداد جلتے تیر دشمن کی طرف سے ہماری خدمت، خاندان اور روپے پیسے کے خلاف چھوڑے جا سکتے ہیں۔ آئیں اِن میں سے چند ایک تیروں کا بغور جائزہ لیتے ہیں۔

شک اور حوصلہ شکنی / بے دلی

کیا آپ کبھی بے دلی یا شک و شبہات کا شکار ہوئے ہیں؟ مجھے اس قسم کی بے دلی اور شک و شبہات کا احساس اس وقت ہوا تھا جب میں نے ایک بشارتی میٹنگ میں شرکت کی تھی۔ مجھے اپنی نجات پر تو شک نہ تھا۔ مجھے اس کا قوی اور کامل یقین تھا۔ تاہم مجھے خدمت کے لئے روحانی نعمتوں کے تعلق سے کسی طرح کی یقین دہانی نہیں تھی۔ مجھے اندر ہی اندر یہ افسوس ہو رہا تھا کہ میں تو خدا کے اس قدر قریب نہیں جس قدر میں ہونا چاہتا ہوں۔ مجھے حیرانی اور پریشانی بھی تھی کہ خدا نجانے کہاں ہے اور مجھ پر حقیقی معنوں میں ظاہر نہیں ہو رہا۔ کوہ کرمل پر بعل کے نبیوں کے خلاف جب ایلیاہ کو بڑی فتح مل گئی تھی، تو وہ بھی بعد ازاں بہت زیادہ بے دلی اور شک و شبہات کا شکار ہو گیا تھا۔ (1 سلاطین 19 باب

کا مطالعہ کریں) صورتحال یہاں تک پہنچ گئی تھی کہ وہ اب جینا نہیں بلکہ مرنا چاہتا تھا۔

روحانی بے دلی یا حوصلہ شکنی کے تعلق سے ایک عجیب بات یہ ہے کہ جب آپ فتح سے ہمکنار ہوتے ہیں تو عین اس وقت یہ بھی آٹپکتی ہے۔ شاید آپ بھی کبھی شک و شبہات کا شکار ہوئے ہوں، آپ کی ہمت بھی کبھی جواب دے گئی ہو۔ سوال یہ پیدا ہوتا ہے کہ اس بے دلی اور شک و شبہات کا منبع کہاں پر ہے؟ کیا یہ بھی ابلیس کے جلتے تیروں میں سے ایک نہیں جو ہمیں پٹڑی سے اُتارنے کے لئے چھوڑے جاتے ہیں تاکہ ہم خدا کی بادشاہی کو وسعت دینے کے لئے پیش قدمی نہ کر سکیں؟

ہم اس قسم کے حیلوں اور حملوں پر کس طرح غالب آتے ہیں؟ صرف اور صرف خدا کے کلام پر قوی اور کامل اعتماد اور بھروسہ جو ہمیں یہ بتاتا ہے کہ ہم اس میں محفوظ ہیں اور وہ ایسے حملوں کے خلاف ہمیں فتح بخشے گا۔ بعض اوقات ہمیں اپنے اردگرد سب کچھ بکھرتا اور بگڑتا ہوا دکھائی دیتا ہے۔ ہمارے احساسات اور جذبات ہمیں پریشان کرتے ہوئے دکھائی دیتے ہیں۔ ہمیں محسوس ہوتا ہے کہ ہم تو خدا کے فرزند / بیٹی نہیں ہیں۔ ایسے وقتوں میں ایمان اور خدا پر بھروسہ ہی ہمیں غالب آنے کی توفیق دیتا ہے۔ جب بے دلی اور شک و شبہات کے تیر ایمان کی سپر پر آکر لگیں گے تو فوری طور پر بجھ جائیں گے کیونکہ ہم اس پر توکل اور بھروسہ کرتے ہیں جو کبھی ناکام نہیں ہوتا۔

گناہ آلودہ خواہشات

ان گناہ آلودہ خواہشات اور روّیوں کے تعلق سے آپ کی کیا رائے ہے؟ جنسی خواہشات، حرص وہوس اور لالچ ایسے تیروں کی مثالیں۔ ہم نے حسد اور تلخی کی چبھن کو بھی محسوس کیا ہے۔ ایسے جلتے ہوئے تیر بڑی تیزی سے آگ بھڑکا کر ہمارے سارے وجود کو بھسم کر سکتے ہیں، لہٰذا بلا تاخیر ایسے تیروں کو بجھا دیا جائے۔ ہم میں سے کون ہے جسے ایسے زہر

آلودہ تیروں کا سامنا کبھی نہیں ہوا؟ ہم اپنی فطری طاقت اور حکمت سے یقیناًناکام ہو جائیں گے۔

گناہ آلودہ روّیے

شیطان کا ایک اور جلتا ہوا تیر دُوسروں کے خلاف غلط روّیوں کی صورت میں آتا ہے۔ جب ایسا جلتا ہوا تیر لگتا ہے تو یہ تیر بلا تاخیر حسد، تلخی اور غصہ پیدا کر دیتا ہے۔ اگر ہم یسوع کے نام سے اس جلتے ہوئے تیر کو نہ بجھائیں، تو اس کا زہر اور آگ دوسروں لوگوں تک پھیلنے کا اندیشہ بھی موجود ہوتا ہے۔ صرف یہی نہیں بلکہ اس سے پوری کلیسیا زہر آلودہ اور آتشزدگی کا شکار ہو سکتی ہے۔ ہمیں یہ جاننے کی ضرورت ہے کہ ہم کس قدر آسانی سے ایسے جلتے ہوئے تیروں کا نشانہ بن سکتے ہیں۔ ہم ایمان ہی سے خداوند کے حضور فریاد کرتے ہیں کہ وہ ہمیں اُن تیروں کے خلاف مزاحم ہونے اور اُن کا مقابلہ کرنے کی توفیق عطا فرمائے۔ صرف خداوند یسوع کے نام ہی میں فتح پائی جاتی ہے۔ ابلیس کے کچھ اور بھی جلتے ہوئے تیر ہیں۔ میں نے چند ایک بیان کر کے آپ پر یہ واضح کرنے کی کوشش کی ہے کہ کس طرح ابلیس ہم پر حملہ آور ہونے کی مسلسل کوشش میں رہتا ہے۔

یہ ایمان کیا ہے اور کس طرح ان جلتے ہوئے تیروں پر غالب آنے میں ہماری مدد کرتا ہے۔ عبرانیوں 11 باب 1 آیت میں ہم پڑھتے ہیں کہ ایمان اندیکھی چیزوں کا ثبوت ہے۔" ایمان ان چیزوں کا اعتماد اور یقین دہانی ہے جن کو ہم دیکھ نہیں سکتے۔ یہ خداوند اور اس کے مقاصد پر اعتماد اور بھروسے کا نام ہے۔ شیطان کو علم ہے کہ بطور انسان ہم کئی لحاظ سے محدود اور کمزور مخلوق ہیں۔ اسے یہ بھی علم ہے کہ ہم روحانی عالم میں دیکھنے سے قاصر ہیں، خدا کے تعلق سے کئی چیزوں کو دیکھ سکتے ہیں اور نہ ہی ہمیں اس کی راہوں کا علم اور فہم حاصل ہے۔ جب شیطان باغ عدن میں حوا سے مخاطب ہوا تھا، تو اس نے اسے بڑے منطقی

انداز میں قائل کرنے کی کوشش کی کہ نیکی اور بدی کے پہچان کے درخت میں سے پھل کھانے میں کوئی حرج نہیں ہے۔ جب اس نے حوا کو آزمائش میں ڈالا تو کئی ایک اچھی وجوہات اس کے سامنے رکھیں۔ وہ درخت دیکھنے میں خوبصورت تھا۔ پھل کھانے میں بڑا ذائقہ دار تھا۔ اُس کے علاوہ پھل عقل بخشنے کے لئے بھی بڑا خوب تھا۔ (پیدائش 3 باب 6 آیت) کون سی چیز اسے آزمائش کی گھڑی میں گناہ میں گرنے سے محفوظ رکھ سکتی تھی؟ کیا یہ اس کا ایمان اور خدا اور اُس کے کلام پر اعتماد ہی نہیں تھا جو اُسے بچا سکتا تھا؟

ایمان خدا کے کلام کو سچ مانتا ہے۔ بعض اوقات حالات و واقعات ہماری توجہ کسی اور طرف مرکوز کر دیتے ہیں، ایمان اس وقت بھی تابعداری اور فرمانبرداری کی راہ اپناتا ہے جب اسے کچھ اس کی سمجھ سے بالاتر ہوتا ہے۔ ایمان ہر اس چیز کا مقابلہ کرتا اور اس کے خلاف مزاحم ہوتا ہے جو خدا کے کلام کے خلاف یا متضاد ہوتی ہے، خواہ وہ کس قدر بھی اچھی، فطری یا منطقی معلوم ہوتی ہو۔ ایمان پورے طور پر خدا پر توجہ مرکوز کرتے ہوئے اس پر بھروسہ کرتا ہے اور اس کے کلام سے توجہ نہیں ہٹاتا۔ جب شیطان کہتا ہے" تمام شواہد اس حقیقت کی طرف اشارہ کرتے ہیں کہ میں درست ہوں۔" ایمان جواب دیتا ہے۔" میں اب بھی خدا اور اس کے کلام پر ہی بھروسہ اور توکل کرتا ہوں۔ اس طرح سے جواب دینا تو بالکل فطری بات ہے۔" ایمان جواب دیتا ہے کہ خدا کا کلام بیان کرتا ہے کہ مجھے ایسا نہیں کرنا۔"

ایمان نہ صرف خدا اور اُس کے کلام کو سچ مانتا ہے بلکہ ناممکن چیزوں کے لئے بھی خدا پر توکل اور بھروسہ کرتا ہے۔ ایمان اس بات کو پہچانتا اور تسلیم کرتا ہے کہ خواہ سب کچھ پہنچ سے دور معلوم ہوتا ہے، لیکن خدا کے نزدیک کچھ بھی ناممکن نہیں ہے۔ ایمان اس وقت بھی ثابت قدم رہتا ہے جب ہر طرح کے عجیب و غریب حالات ایمان کے خلاف مزاحم

ہوتے ہیں کیونکہ ایمان خدا پر ایسے بھروسے اور اعتماد کا نام ہے جسے کسی طور سے ہلایا نہیں جاسکتا۔ جب شیطان بے دل کرنے کی کوشش کرتا ہے۔ ایمان جواب دیتا ہے۔ " خدا سے سب کچھ ہو سکتا ہے۔ (مرقس 10 باب 27 آیت)

ایمان ناممکن کام کرنے کی بھی کوشش کرتا ہے۔ ایمان کو اپنی حدود کا علم بھی ہوتا ہے، ایمان یہ جانتے ہوئے بھی ثابت قدم اور فتح کے لئے خداوند میں مضبوط رہتا ہے جب سب کچھ ناممکن دکھائی دیتا ہو۔ جب شیطان کہتا ہے۔ " آپ کسی سے یہ توقع نہیں کر سکتے کہ وہ اس بات کو سچ مان لے۔ " ایمان کا جواب یہ ہوتا ہے۔ " خدا کے فضل سے وہ اس بات کو سچ مانیں گے۔ " ایمان راہ کی دشواریوں کو خاطر میں نہیں لاتا۔ ایمان ہر طرح کی بے دلی اور حوصلہ شکنی کے اوپر سے گزر جاتا اور ہر ناممکن صورتحال میں بھی خدا پر توکل، بھروسہ اور اعتماد کر کے ثابت قدم اور قائم رہتا ہے۔

شیطان ایمان کے خلاف کیا کر سکتا ہے؟ شیطان اعتماد اور بھروسے جیسی قابلیت اور صلاحیت کے سامنے بے بس نظر آتا ہے۔ منطقی دلائل کام نہیں کرتے۔ بے دل کرنے والی ہر ایک کاوش، ذہنی خلل پیدا کرنے والی صورتحال اور مایوسی ناکام ہو جاتی ہے۔ جنسی خواہشات اور لالچ جیسے جلتے تیر ایمان سے بجھ جاتے ہیں۔ ایمان کی سپر ایسے جلتے تیروں کو بجھا دیتی ہے۔

ایمان کہاں سے آتا ہے؟ میں اور آپ جانتے ہیں کہ ہماری انسانی فطرت میں ایمان نام کی کوئی چیز نہیں ہے۔ 1 کرنتھیوں 12 باب 9 آیت میں، ہم پڑھتے ہیں کہ ایمان ایک روحانی نعمت ہے، جو روح القدس کی طرف سے ملتی ہے۔ کسی بھی دُوسری نعمت کی طرح، لازم ہے کہ ایمان کی مشق کی جائے، اگر ہم اسے اپنی زندگیوں میں بڑھانا اور مضبوط کرنا چاہتے ہیں تو پھر اس کی مشق لازمی کرنا ہوگی۔ پولس رسول نے رومیوں 10 باب 17

آیت میں بیان کیا ہے کہ "ایمان سننے سے پیدا ہوتا ہے اور سننا مسیح کے کلام سے۔" یعقوب رسول بیان کرتا ہے کہ اگر ہم کہیں کہ ہمارے پاس ایمان ہے لیکن اس کا اطلاق اپنی زندگی پر نہ کریں، تو پھر ہمارا ایمان لانا عبث ہے۔(یعقوب 2 باب 14 تا 17 آیت) بالفاظ دیگر، جب ہم خدا کے کلام کو سن کر اپنی زندگیوں پر اُس کے اطلاق کرتے ہیں تو ایمان افزائش، ترقی اور پختگی حاصل کرتا ہے۔

ہمیں یہاں پر اس بات کو سمجھنے کی ضرورت ہے کہ شیطان ہم پر مسلسل اپنے جلتے ہوئے تیر چھوڑتا رہتا ہے۔ بعض اوقات صرف ہمارا ایمان ہی ان جلتے تیروں کو بجھا سکتا ہے۔ یہ ایمان روح القدس کی طرف سے ایک بخشش کے طور پر ملتا ہے۔ اور جب ہم خدا کے کلام کو سچ مان لیتے ہیں تو پھر یہ ایمان مضبوطی اور پختگی اختیار کر لیتا ہے۔

کیا آپ نے کبھی ایمان کی سپر کو اپنے اُوپر لیا ہے؟ اسی وقت خدا سے التجا کریں کہ وہ آپ کو ایمان کی نعمت سے نوازے۔ یہ ایک مسیحی کا لازمی ہتھیار ہے۔ آپ اس کے بغیر دشمن کے خلاف نبرد آزما نہیں ہو سکتے۔ توقع کریں کہ خدا اس دُعا کا جواب دے، جب آپ اس کی فرمانبرداری میں قدم اٹھاتے ہوئے اس کے کلام کو اپنی زندگی میں لیتے ہیں۔ ایمان کی سپر کو مضبوطی سے اپنی زندگی میں تھام لیں۔ کوئی چیز، حالات و واقعات اور صورتحال آپ کے اعتماد اور بھروسے کو متزلزل نہ کرنے پائے۔ اگر آپ اس میں اور اُس کے کلام میں آرام اور اعتماد حاصل کر لیں گے تو کبھی ناکامی سے دوچار نہیں ہوں گے۔

چند غور طلب باتیں

☆۔ان جلتے تیروں کے کون سے شواہد آپ نے اپنی زندگی میں دیکھے ہیں؟ چند مثالیں پیش کریں۔

☆۔ایمان کیا ہے؟ ایمان کہاں سے آتا ہے؟

☆۔ایمان کس طرح دشمن کے حملوں پر غالب آنے کے لئے ہماری مدد کرتا ہے؟

☆۔کیا آپ کی زندگی میں ایسے وقت آئے جب دشمن کے حملوں پر غالب آنے کے لئے ایمان نے آپ کو قوت اور توانائی بخشی؟ چند مثالیں پیش کریں۔

چند اہم دُعائیہ نکات

☆۔خدا سے دعا کریں کہ وہ اپنی ذاتِ اَقدس اور اپنے کلام پر اپنے ایمان کو بڑھائے۔ خداوند کی شکر گزاری کریں کہ ایمان ایک نعمت ہے اور ان سب کو دیا جاتا ہے جو اسے قبول کرکے اس پر عمل پیرا ہوتے ہیں۔

☆۔خداوند سے فضل اور توفیق چاہیں تاکہ آپ دُشمن کے حیلوں، حملوں اور تیروں کو پہچانتے ہوئے ان کا مقابلہ کر سکیں۔

☆۔کیا آپ کسی ایسے شخص سے واقف ہیں جو دُشمن کے تیروں کا نشانہ بنا ہے؟ اس شخص کے لئے کچھ وقت دُعا میں وقت گزاریں۔

باب 31

نجات کا خَود

افسیوں 6 باب 17 آیت کا مطالعہ کریں

اب ہم پانچویں ہتھیار کی طرف متوجہ ہوتے ہیں۔ پولس رسول ہمیں کہتا ہے کہ ہم نجات کا خود پہن لیں۔ میں سمجھتا ہوں کہ ہمیں ان ہتھیاروں کے تعلق سے مزید پڑھنے کی ضرورت ہے۔ پولس رسول کیوں کر نجات کا خود پہننے کی نصیحت کر رہا ہے؟ وہ کیوں کر نجات کے بکتر یا نجات کے کمر بند کو پہننے کا ذکر نہیں کر رہا؟ ہمیں یہ تو نہیں بتایا گیا۔ یہاں پر اہم بات یہ نہیں ہے کہ کہاں پر ہر ایک ہتھیار جسم پر موزوں بیٹھتا ہے بلکہ کون سا ہتھیار کس بات کی طرف اشارہ کرتا ہے۔ یہاں پر نجات کے خود کے بارے میں کئی ایک چیزوں کو دیکھنا، غور کرنا اور بیان کرنا ہو گا۔

پولس رسول بیان کر رہا ہے کہ " نجات کا خود پہن لو۔ " یہاں پر لفظ " پہن لو " بہت اہم ہے۔ یہ لفظ 52 مرتبہ کنگ جیمز میں " قبول کر لو " کے طور پر ترجمہ کیا گیا ہے۔ کچھ ایسے لوگ بھی ہیں جو یہ سمجھتے اور ایمان رکھتے ہیں کہ اُنہیں اپنی نجات کے لئے کچھ نہ کچھ کرنا ہو گا۔ ایسے لوگوں کا یہ ایمان ہوتا ہے کہ اگر وہ نیک کام کریں، لوگوں سے بھلائی کریں اور فروتنی اور عاجزی اختیار کریں، تو پھر انہیں بطور اَجر یا صلہ یہ خود مل جائے گا۔ وہ زندگی بھر اس قدر اچھے اور نیک بننے کے لئے کوشش میں لگے رہتے ہیں کہ کسی نہ کسی طرح سے خدا کے اس معیار تک پہنچ جائیں جو اس نے اپنے کلام میں بیان کیا ہے۔ وہ کوشش و ہمت سے خدا کے معیار تک اس اُمید کے ساتھ پہنچنے کی تگ و دو کرتے رہتے ہیں کہ خدا یہ سب کچھ

دیکھ کر انہیں بطور اجر اپنی خوبصورت نجات دے گا۔ پولس رسول افسیوں کو یہ بتا رہا تھا کہ نجات کوئی ایسی چیز نہیں جس کے حصول کے لئے انہیں بڑی محنت یا تگ و دو کرنے کی ضرورت ہے۔ یہ تو ایسی بخشش ہے جو ہر ایمان لانے والے کے لئے پہلے سے فراہم کر دی گئی ہے، بس ہمیں اس کو ایمان سے قبول کرنا ہے۔

ایک مصور کے بارے میں کہانی بیان کی جاتی ہے کہ وہ کسی قصبہ میں پہنچا تو کیا دیکھتا ہے کہ ایک بوڑھا شخص پھٹے پرانے کپڑے پہنے کسی گلی میں پڑا ہوا ہے۔ مشہور مصور نے اس بوڑھے شخص کے پاس جا کر یہ پوچھا، کہ اگر وہ یہاں پر خاص انداز میں بیٹھ کر اسے اس کی تصویر بنانے کی اجازت دے تو وہ اسے کچھ پیسے دے گا؟ بوڑھا شخص تصویر بنوانے پر راضی ہو گیا۔ اگلے روز وقت مقرر ہو گیا۔ مقررہ وقت پر دروازے پر ایک دستک ہوئی، مصور نے دروازے پر ایک شخص کو بڑی صاف ستھری حالت میں نفیس لباس پہنے دیکھا، اس کی شیو بھی بڑی عمدگی سے بنی ہوئی تھی۔ اس بوڑھے شخص نے کہا، "جیسا آپ نے کہا تھا میں وقت پر تصویر بنوانے آگیا ہوں۔" مصور نے اس پر نظر ڈالتے ہوئے کہا، " جناب اس تصویر کے لئے مجھے جس شخص کی ضرورت تھی وہ پھٹے پرانے، گندے لباس کے ساتھ میلا کچیلا شخص تھا۔" مصنف اس بوڑھے شخص کی تصویر اس کی بدحالی، زبوں حالی اور ناگفتہ بہ حالت میں بنانے میں دلچسپی رکھتا تھا۔ خداوند بھی آپ کو ایسی ہی حالت میں قبول کرتا ہے، کیا آپ نے کبھی غور کیا ہے کہ خداوند کے کام کی یہ کس قدر توہین ہے، جب کوئی شخص یہ سمجھتا ہے کہ ہم خداوند یسوع کے صلیبی کام کے بغیر بھی خدا کی بادشاہی میں داخل ہو سکتے ہیں؟ اپنے کاموں اور کاوشوں سے آسمان کی بادشاہی میں داخل ہونے کی سوچ اور اقرار یہ کہنے کے مترادف ہے۔" خداوند میرا نہیں خیال کہ مجھے تیری صلیبی موت کی ضرورت ہے۔ میرا تو یہ خیال ہے کہ میں اپنی کوشش سے بھی نجات پا کر آسمان کی بادشاہی میں

داخل ہو سکتا ہوں۔"

پولس رسول یہاں پر بہت واضح طور پر بیان کرتا ہے، وہ یہ نہیں کہہ رہا کہ " سخت محنت کرو اور پھر تمہیں نجات کا خود مل جائے گا۔" بلکہ وہ یہ بیان کر رہا ہے " لے لو۔"

کیا آپ کو 2 سلاطین 5 باب میں نعمان کوڑھی کا واقعہ یاد ہے، جو کہ ایک فوجی سپہ سالار تھا۔ جسے کوڑھ کا مرض لاحق تھا۔ اسی کی اسرائیلی لونڈی نے اسے الیشع نبی کے بارے میں بتایا جو اسے کوڑھ کی بیماری سے شفا دے سکتا تھا۔ وہ اس امکان کے بارے سن کر بہت جوش سے بھر گیا۔ الیشع نبی سے ملنے کے لئے وہ سفر پر روانہ ہوا۔ جب اس کے گھر پہنچا تو نبی نے باہر آکر اس سے سلام دعا لینا بھی گوارہ نہ کیا۔ اس کی بجائے اس نے اسے کہا کہ وہ دریائے یردن میں جا کر سات غوطے مارے۔ نعمان کو ایسے طرزِ عمل پر بڑی رسوائی محسوس ہوئی۔

"پر نعمان ناراض ہو کر چلا گیا اور کہنے لگا مجھے گُمان تھا کہ وہ نِکل کر ضرور میرے پاس آئے گا اور کھڑا ہو کر خُداوند اپنے خُدا سے دُعا کرے گا اور اس جگہ کے اُوپر اپنا ہاتھ اِدھر اُدھر ہلا کر کوڑھی کو شِفا دے گا۔ کیا دمشق کے دریا ابانا اور فرفر اسرائیل کی سب ندیوں سے بڑھ کر نہیں ہیں؟ کیا میں اُن میں نہا کر پاک صاف نہیں ہو سکتا؟ سو وہ مُڑا اور بڑے قہر میں چلا گیا۔" (2 سلاطین 5 باب 11 اور 12 آیت)

اس کے نوکر نے اسے قائل کرنے کی کوشش کی کہ وہ نبی کے کہنے کے مطابق ہی کرے۔ نعمان دریائے یردن پر گیا، (غالباً بڑے شک اور بے اعتقادی کی حالت میں) اس نے وہاں پر سات بار غوطے مارے، جب وہ ساتویں بار پانی سے باہر آیا، تو اسے شفا مل چکی تھی۔ اس کی توقع یہی تھی کہ اسے اپنی شفا کے لئے بڑی تگ و دو اور محنت مشقت اٹھانا پڑے گی۔ وہ توقع کر رہا تھا کہ اسے بڑی شان و شوکت سے خوش آمدید کہا جائے گا۔

اس کی شفا وہاں پر موجود تھی، اسے کچھ بھی نہیں کرنا تھا، بس ایمان سے قبول کرنا تھا۔ چونکہ یہ تو بہت ہی سادہ سا کام تھا، اس لئے اُس نے لینے سے انکار کر دیا تھا۔

آج کتنے ہی لوگ نعمان سوریانی کی مانند ہیں؟ ان کے لئے اس قدر سادہ سی نجات پر ایمان لانا بڑا مشکل محسوس ہوتا ہے۔ پولس رسول بیان کرتا ہے کہ ہمیں اس نجات کو قبول کرنا ہے۔ خداوند یسوع مسیح نے سب کچھ پہلے ہی سے کر دیا ہے، ہمیں کچھ بھی نہیں کرنا، کرنا ہے تو بس یہ کہ اسے ایمان سے قبول کر لیں۔ آپ کو یہ نجات پانے کے لئے اپنے آپ کو صاف ستھرا کرنے اور اچھی زندگی بسر کرنے کی ضرورت نہیں ہے۔ آپ جیسے بھی ہیں خداوند یسوع کے پاس آجائیں۔ وہ آپ کو قبول کرے گا خواہ آپ کس قدر بھی گندے اور ناپاک کیوں نہیں ہیں۔ نجات بہت سادہ ہے، اصل معاملہ اسے قبول کرنے کا ہے۔ پولس رسول نے کہا، "نجات کے خود کو لے لو۔" نجات کے تعلق سے بس یہی وہ کام ہے جو آپ نے کرنا ہے۔ آپ کو اس کے لئے محنت مشقت کرنے کی ضرورت نہیں ہے۔ آپ کو اس نجات کے حصول کے لئے خود کو پاک کرنے کی بھی ضرورت نہیں ہے۔

جس نجات کو قبول کرنے کے لئے پولس رسول ہمیں کہہ رہا ہے، یہ کیسی نجات ہے، اور کس طرح یہ نجات ہمیں روحانی قوتوں کے خلاف جنگ میں ہماری حفاظت کرتی ہے؟ اول، آئیں اس کو سمجھیں۔ ہم اپنی فطرت میں گنہگار لوگ ہیں۔ بطور گنہگار، ہم خدا سے جدا اور اس کے قہر و غضب کے نیچے ہیں۔ خواہ ہم کتنی ہی کوشش کر لیں، گناہ کے داغ کو اپنی ذات سے جدا نہیں کر سکتے۔ ہمارے نیک کام اور اعتقاد دیکھنے میں بہت اچھے لگتے ہیں۔ زہر تو زہر ہے خواہ آپ اُسے چمکتے شیشے کے گلاس میں ڈال دیں۔ ہم بڑی نازک صورتحال سے دوچار تھے۔ ہماری زندگیاں قدوس خدا کے خلاف تھیں۔ ہم اس کی عدالت اور قہر و غضب کے نیچے تھے۔ پھر خداوند یسوع نے آکر ہمارے گناہوں کی سزا کو اپنے اوپر لے

لیا۔ وہ بخوشی ورضا ہمارے لئے مر گیا تاکہ ہمارے گناہ معاف کر دئے جائیں اور ہمیں نجات کی بخشش حاصل ہو سکے۔

آپ کو کیسے علم ہوتا ہے کہ آپ یہ نجات حاصل کر چکے ہیں؟ اول، کیونکہ خدا اپنے کلام کو پورا کرنے کے لئے ہر وقت تیار اور وفادار رہتا ہے۔ خداوند یسوع مسیح نے از خود کہا کہ اگر ہم اس پر ایمان لائیں گے تو مجرم نہیں ٹھہرائے جائیں گے۔ (یوحنا 3 : 18 آیت) یوحنا 6 : 37 آیت میں بھی اس نے کہا کہ اگر ہم اس کے پاس آئیں گے تو وہ ہمیں باہر نہ نکال دے گا۔ یہ اس خدا کے وعدے ہیں جو جھوٹ نہیں بول سکتا۔ خدا کے کلام کو سچ مان لیں۔ ابھی اس کے پاس آئیں، پورے طور پر اس پر اعتماد اور توکل کریں۔ ہو سکتا ہے کہ آپ کے احساسات اور جذبات میں کوئی تبدیلی واقع نہ ہو۔ جذبات اور احساسات پر توجہ کر کے بیوقوفی کا مظاہرہ نہ کریں۔ یہ تو خدا اور آپ کے درمیان ایک قانونی حیثیت کا لین دین ہے۔ اگر آپ پہلے ہی اس پر ایمان لا چکے اور نجات کے لئے اس کے صلیبی کام کو قبول کر چکے ہیں، تو پھر اس کے کلام کو سچ مان لیں، یقین مانیں کہ وہ ہمیں یہ نجات دینے کے لئے اس قدر راضی اور تیار ہے کہ آپ کے وہم وگمان بھی نہ ہو گا۔

دوئم، آپ کو اپنی زندگی میں اس کے روح کی باطنی گواہی سے بھی یہ علم ہو سکتا ہے کہ آپ کے پاس نجات کا خود ہے۔ رومیوں 8 باب 18 آیت میں خدا کا کلام ہمیں بتاتا ہے کہ خدا کا پاک روح ہماری روح کے ساتھ مل کر گواہی دیتا ہے کہ ہم خدا کے فرزند ہیں۔ جب آپ نجات کا خود پانے کے لئے آگے بڑھتے ہیں، روح القدس آپ کی زندگی میں آکر اس قانونی لین دین پر مہر کر دیتا ہے۔ پاک روح کی آواز سننے کے لئے آپ کے روحانی کان کھل جاتے ہیں۔ اس کی خوشی یہی ہے کہ آپ نجات کی شادمانی سے معمور ہوں۔ وہ آپ کو یہ بتانے میں دلی مسرت محسوس کرتا ہے کہ آپ خدا کے حقیقی فرزند ہیں۔ آپ اپنے دل

میں اس تجربہ کی یقین دہانی محسوس کریں گے۔ یہ آپ کے باطن میں خدا کے پاک روح کی آواز ہی ہے جو مسیح کے ساتھ آپ کے تعلق اور رشتے کی تصدیق کرتی ہے۔ اور یوں آپ اپنی نجات کی یقین دہانی سے معمور ہو جاتے ہیں۔

آپ اپنی زندگی میں نجات کا ثبوت دیکھ کر بھی پر یقین ہو سکتے ہیں کہ آپ نے نجات کا خود حاصل کر لیا ہے۔ آپ اپنی زندگی میں پہلے جیسی خواہشات اور ارادے محسوس نہیں کریں گے۔ جو چیزیں پہلے آپ کے لئے خوشی و خُرمی کا باعث تھیں، اب وہ چیزیں آپ کے لئے شادمانی اور مسرت کا باعث نہ ہوں گی۔ آپ کو روحانی چیزوں کی بھوک پیاس محسوس ہونے لگے گی۔ آپ کے اردگرد کے لوگ آپ کی زندگی میں ایک فرق محسوس کریں گے۔ آپ پہلے جیسے نہیں رہیں گے۔ یسوع مسیح آپ کی زندگی میں رہنا شروع ہو جائے گا۔ اس کی زندگی آپ کی زندگی سے دکھائی دینے لگے گی۔ آپ غور کریں یہ سب کچھ آپ کی اپنی کاوشوں سے ممکن نہیں ہو سکتا۔ ایسی بڑی تبدیلی آپ کے بس کا روگ نہیں ہے۔ ایسا تب ہی ممکن ہوتا ہے جب روح القدس آپ کے باطن میں گہری تبدیلی پیدا کرتا ہے۔

یہاں پر یہ بات بھی قابلِ غور ہے کہ پولس رسول یہاں پر ایماندار مسیحیوں سے مخاطب ہے۔ 10 آیت میں، پولس رسول نے انہیں بھائی کہا ہے۔ پولس رسول نے ان لوگوں سے نجات کا خود لینے کا کیوں کر کہا، جو پہلے ہی نجات پا چکے تھے؟ اس سوال کا جواب پانے کے لئے میں خدا کے حضور دیر تک دعائیہ حالت میں ٹہلتا رہا، میں اس دوران ستاروں سے بھرے آسمان کی طرف بھی دیکھتا رہتا، میں اس کائنات کی وسعت کو دیکھ کر بھی محوِ حیرت ہوتا رہا، جس میں ہم سکونت پذیر ہیں۔ اس لامحدود کائنات میں، میری حیثیت ایک ذرے سے زیادہ نہیں تھی۔ جب میں کائنات کی وسعت پر غور کر رہا تھا تو خداوند نے مجھ سے مخاطب ہو کر کہا، " وین میری نجات بھی ایسی ہی ہے۔ یہ کسی بھی اس چیز سے وسیع و

عریض ہے جس کا آپ نے کبھی تجربہ کیا ہے۔" میرے لئے یہ تجربہ پولس رسول کے اس تجربہ کے مترادف تھا جو اس نے رومیوں 11 باب 33 تا 35 آیت میں بیان کیا ہے۔ پولس رسول اس بات کو سمجھ گیا کہ خداوند کسی بھی اس چیز سے بڑا ہے جس کا وہ اپنی زندگی میں تجربہ کر سکتا ہے۔

ہر روز جب میں بطور ایماندار زندگی بسر کرتا ہوں تو یہ میرے لئے اس کی خوبصورت نجات کا از سر نو تجربہ کرنے کے لئے نیا دن ہوتا ہے۔ میرے لئے ہر دن ایک ایسا موقع ہوتا ہے جب میں اس کے چشموں سے زیادہ سے زیادہ بھر سکتا ہوں۔ میں ہر دن کو اس طرح لیتا ہوں کہ جیسے یہ اس کے اطمینان اور معافی کے بہاؤ کو اپنے اندر لینے کا ایک نیا موقع مل گیا ہے۔ یہ سب کچھ میری زندگی میں اس کی نجات کے سبب سے ہی واقع ہوتا ہے۔

میری نجات ہر روز مجھے گناہوں سے مخلصی بخشتی اور مستقبل میں خدا کے حضور ابدیت میں رہنے کے لئے میری امید کی تجدید نو کرتی ہے۔ جب ہر دن میں از سر نو خود کو خدا کے حضور انڈیل دیتا ہوں، جس نے مجھے گناہ، موت اور ابدی قہر و غضب سے رہائی دی ہے، تو پھر میں اور بھی زیادہ اس کی نجات کا خوبصورت تجربہ کرتا ہوں۔ جب ہر روز میں زیادہ سے زیادہ گہرائی میں جاتا ہوں تو میں زیادہ سے زیادہ اپنی زندگی میں اس کی نجات کے پھل کو قبول اور وصول کرتا ہوں۔ یوں مجھے ابلیس کی تدبیروں کے خلاف ثابت قدم اور قائم رہنے کے لئے تقویت ملتی ہے۔

فلپیوں 3 باب 12 آیت میں، پولس رسول بیان کرتا ہے کہ وہ ابھی تک مسیح کو حاصل کرنے کے لئے آگے کی طرف بڑھا چلا جاتا ہے۔ وہ ان چیزوں کے لئے جانفشانی کر رہا تھا جو اس کو آگے کی طرف دکھائی دے رہی تھیں۔ وہ نشان کی طرف بڑھتا چلا جا رہا تھا۔ پولس

رسول نے فلپیوں کو بتایا کہ وہ آگے بڑھتے رہیں۔ خدا کی معافی اور اطمینان کبھی ختم نہیں ہوتا۔ ہماری نجات کا تجربہ جلال کی اس طرف کبھی مکمل نہیں ہو گا۔ مسیح میں ہر ایک برکت اور نجات کو سمجھنے کے لئے شاید ابدیت بھی کم ہو گی۔

بہت سے لوگ ہیں جو خداوند کو قبول کر کے یہی سمجھ لیتے ہیں کہ انہوں نے بہت کچھ حاصل کر لیا ہے۔ اسی سوچ کے باعث وہ ترقی اور نشو و نما نہیں پاتے۔ وہ مسیح میں بچے ہی رہتے ہیں، دشمن ایسے ہی لوگوں کو اپنا پہلا ہدف بناتا ہے۔ پولس رسول یہی بیان کر رہا ہے کہ اگر ہمیں محفوظ رہنا ہے، تو ہمیں نجات کا خود لینے کی ضرورت ہے۔ لازم ہے کہ ہم روز بروز نجات کے گہرے چشموں سے زیادہ سے زیادہ پئیں۔ ہمیں خدا کی نجات کو موقع دینا ہے کہ وہ روز مرہ کی بنیاد پر اپنا پھل ہم میں پیدا کرے۔

نجات کا خود ایک بنیاد ہے۔ آپ اس کے بغیر ابدیت میں مسیح کے بغیر ہی رہیں گے۔ یہ کس قدر ضروری ہے کہ آپ نجات کی یقین دہانی حاصل کریں۔ کیا آپ کو معلوم ہے کہ آپ خدا کے فرزند / بیٹی ہیں؟ ہر کوئی خدا کا فرزند اور بیٹی نہیں ہے۔ صرف انہیں لوگوں کو خدا کے بیٹے اور بیٹیاں ہونے کا حق ملتا ہے جو آگے بڑھ کر اس قیمت کو قبول کر لیتے ہیں جو مسیح نے ان کی نجات کے لئے ادا کر دی ہے۔ ایسے لوگ ہی نجات کی یقین دہانی حاصل کر سکتے ہیں۔

کیا آپ نے خداوند یسوع مسیح تک رسائی حاصل کر لی ہے؟ کیا آپ کی زندگی میں روح القدس آپ کو یہ اعتماد اور یقین عطا کر رہا ہے کہ آپ خدا کے خاندان کا حصہ بن چکے ہیں؟ کیا آپ کی زندگی میں یہ ثبوت دکھائی دیتا ہے کہ مسیح آپ میں زندہ ہے؟ کیا آپ روز بروز گناہ پر غلبہ اور فتح حاصل کرتے جا رہے ہیں؟ کیا آپ ہر روز خیالات کی پاکیزگی، پاک، مفید اور پُر فضل اور نمکین گفتگو کے تجربہ میں نشو و نما اور افزائش پا رہے ہیں؟ اگر آپ کو یہ علم

نہیں کہ ان سوالات کے جواب کیا ہیں تو پھر آپ کو یہی نصیحت کرتا ہوں کہ آپ اسی وقت اپنے گناہوں کا اقرار کر کے مسیح کی نجات کے خود کو حاصل کرنے کے لئے آگے بڑھیں۔ یہ نجات کی بخشش مفت ہے۔ مسیح نے اس کے لئے پہلے ہی سے قیمت ادا کر دی ہے۔ بس آپ کو ایمان سے آگے بڑھ کر اُسے قبول کرنا ہے۔ اعتماد اور یقین سے اس نجات کے خود کو پہن لیں۔ یہ اس بات کی علامت ہے کہ اب آپ خدا کے فرزند / بیٹی ہیں۔

چند غور طلب باتیں

☆۔ کیا آپ نے کبھی اس نجات کو قبول کیا تھا جو خداوند پیش کرتا ہے؟ اس نجات کا کون سا ثبوت آپ کی زندگی میں موجود ہے؟

☆۔ کیا گزشتہ برسوں میں آپ نے اس نجات کے فہم و فراست میں ترقی اور نشو و نما کی ہے؟ کیا گزرے وقتوں کی بہ نسبت آپ کو نجات کی اہمیت کا اندازہ اور بہتر طور پر ہو گیا ہے؟

☆۔ اس نجات کے کون سے پھل کا آج آپ اپنی زندگی میں تجربہ کر رہے ہیں؟

☆۔ کس طرح نجات اور روز مرہ زندگی میں جاری رہنے والا اس کے پھل کا تجربہ ہمیں دشمن کے حملوں سے محفوظ رکھتا ہے؟

چند اہم دُعائیہ نکات

☆۔ خوبصورت نجات کے لئے خداوند کی شکر گزاری کریں جو اس نے ہمیں عطا کی ہے؟

☆۔ جو کچھ خداوند نے آپ کی نجات کے لئے کیا ہے، خداوند سے فضل چاہیں تا کہ آپ ہر روز اُس کے لئے خداوند کی شکر گزاری اور تعریف کر سکیں۔

☆۔ خداوند سے فضل اور توفیق چاہیں تا کہ آپ نجات اور اس کے پھل کے تجربہ میں ترقی کرتے اور نشو و نما پاتے جائیں۔

☆۔ کسی ایسے دوست یا عزیز رشتہ دار کے لئے دُعا کریں جو خداوند کی نجات سے ناواقف ہے۔

باب 32

روح کی تلوار

افسیوں 6 باب 17 آیت کا مطالعہ کریں

آخری ہتھیار روح کی تلوار ہے۔ پولس رسول ہمیں یہ بتاتا ہے کہ یہ تلوار خدا کا کلام ہے۔ خدا کے کلام کو کیوں کر روح کی تلوار کہا گیا ہے؟ یہ کس طرح درپیش جنگ میں ہماری مدد کرتا ہے؟ آئیں تھوڑی تفصیل سے ان سوالات کا جائزہ لیں۔

یہاں پر کون سے " خدا کے کلام " کا ذکر کیا گیا ہے۔ " خدا کا کلام " بائبل مقدس کا الہامی کلام ہے۔(یسعیاہ 40 باب 8 آیت، مرقس 7 باب 13 آیت) پولس رسول نے " خدا کا کلام " یہاں پر انجیل کی منادی کے حوالہ سے بیان کیا ہے۔(2 کرنتھیوں 2 باب 17 آیت، فلپیوں 1 باب 14 آیت) ہم باآسانی اور بغیر کسی الجھن کے یہ کہہ سکتے ہیں کہ بائبل مقدس اور اس کی تعلیم ہی ہے وہ " کلام " ہے جس کا اس آیت میں ذکر کیا گیا ہے۔

خدا کے کلام کو " روح کی تلوار " کیوں کہا گیا ہے؟ ہم اس بات کو بخوبی سمجھتے ہیں کہ یہاں پر " روح " سے مراد پاک روح ہے۔ بائبل مقدس روح القدس کی تلوار ہے۔ اس کی دو بنیادی اور اصولی وجوہات ہیں۔

اوّل۔ کیونکہ خدا کا پاک روح کلام کا مصنف ہے۔ پطرس رسول نے اپنے خط میں واضح طور پر یہ تعلیم دی ہے۔

"اور پہلے یہ جان لو کہ کتاب مُقدس کی کسی نبوت کی بات کی تاویل کسی کے ذاتی اختیار پر موقوف نہیں ہے۔ کیونکہ نبوت کی کوئی بات آدمی کی خواہش سے کبھی نہیں ہوئی بلکہ

آدمی روح اُلقدس کی تحریک کے سبب سے خُدا کی طرف سے بولتے تھے۔"

(2 پطرس 1 باب 20 اور 21 آیت)

روح القدس نے ہی اس کلام کا الہام بخشا جو آج ہمارے پاس عہدِ عتیق اور عہدِ جدید کی صورت میں موجود ہے۔ روح القدس ہی اصل مصنف ہے۔ یہی وجہ ہے کہ اس " کلام " کو روح القدس سے منسوب کیا گیا ہے۔

دوسری وجہ کہ اُسے روح کی تلوار کہا گیا ہے کیونکہ وہ خدا کے لوگوں کی زندگیوں میں خدا کے کام اور مقصد کو پایہ تکمیل تک پہنچانے کے لئے اس کلام کو ہی استعمال کرتا ہے۔ یوحنا 17 باب 17 میں خدا کا کلام ہمیں بتاتا ہے کہ ہم خدا کے کلام کے وسیلہ سے پاک ٹھہرائے گئے ہے۔ (مسیح کی مانند بنائے گئے ہیں) آئیں سنتے ہیں کہ خدا کا کلام 2 تیمتھیس 3 باب 16 اور 17 آیت میں کیا فرماتا ہے۔

"ہر ایک صحیفہ جو خُدا کے الہام سے ہے تعلیم اور الزام اور اصلح اور راستبازی میں تربیت کرنے کے لئے فائدہ مند بھی ہے۔ تاکہ مردِ خُدا کامل بنے اور ہر ایک نیک کام کے لئے بالکل تیار ہو جائے۔"

پولس رسول ہمیں بتاتا ہے کہ یہاں پر خدا کے کلام کا مقصد مسیح میں ملی نئی زندگی میں ہمیں قوت سے ملبس کرنا ہے۔ روح القدس کا یہ کام ہے کہ وہ خدا کے کلام کا اطلاق ہماری زندگیوں پر کرتا ہے۔ وہ خدا کے کلام میں زندگی پھونکتا ہے۔ وہ خدا کے کلام کو ہماری زندگیوں میں بوتا ہے تاکہ ہم پھل لائیں۔ روح القدس کے کام کے بغیر، کلام کی باتیں ہماری زندگیوں پر کوئی گہرا روحانی اثر نہیں چھوڑتیں۔

1 کرنتھیوں 2 باب 14 آیت میں ہم پڑھتے ہیں۔

"مگر نفسانی آدمی خُدا کے روح کی باتیں قبول نہیں کرتا کیونکہ وہ اُس کے نزدیک بیوقوفی کی

باتیں ہیں اور نہ وہ اُنہیں سمجھ سکتا ہے کیونکہ وہ روحانی طور پر کھی جاتی ہیں۔"

ہم خدا کے کلام کو روح القدس کی بصارت سے ہی بہتر طور پر سمجھ سکتے ہیں۔ جب پاک روح خدا کے کلام کو ہماری زندگیوں میں لاتا ہے، پھر خدا ہم سے براہِ راست کلام کرتا ہے۔ خدا کا کلام ہمارے لئے زندگی بن جاتا ہے۔ ہم روز مرّہ زندگی میں اس کا اطلاق اپنی زندگی میں اس طرح سے دیکھتے ہیں کہ جیسے پہلے کبھی نہ دیکھا ہو۔ خدا اپنے کلام ہی کے وسیلہ سے ہمیں روحانی پختگی اور بلوغت تک پہنچاتا ہے۔

پولس رسول نے 1 تھسلنیکیوں 1 باب 5 میں لکھا ہے۔

"اِس لئے کہ ہماری خُوشخبری تُمہارے پاس نہ فقط لفظی طور پر پہنچی بلکہ قدرت اور روح اُلقدس اور پورے اعتقاد کے ساتھ بھی چناچہ تُم جانتے ہو کہ ہم تُمہاری خاطر تُم میں کیسے بن گئے تھے۔"

پولس رسول کی منادی صرف لفظی نہیں تھی بلکہ روح القدس کی قوت اور قدرت سے تھی۔ روح القدس کی یہی خوشی تھی کہ وہ خدا کے کلام کو لے کر رسولوں کے وسیلہ سے بڑی قوت اور قدرت سے بیان کرے۔ روح القدس آج بھی اس بات کا متمنی ہے کہ خدا کا کلام اس کی قوت اور قدرت سے بیان کیا جائے نہ کہ لفظی طور پر۔

خدا کے کلام کی تلوار، جس میں روح کی قوت ہو وہ بہت مؤثر اور شیطان کے خلاف ایک ڈھال بن جاتا ہے۔ شائد آپ کو وہ وقت یاد ہو جب آپ خداوند کے پاس آئے تھے۔ اس سے پہلے، آپ نے خدا کے کلام کو پڑھا ہو گا، لیکن اس کا آپ کی زندگی پر کچھ اثر نہ ہوا۔ ایک روز، جب آپ خدا کے کلام کو سن رہے تھے، تو اس کے کلام کی گرفت آپ کے دل پر مضبوط ہو گئی۔ آپ کا دل ٹوٹ گیا۔ آپ کی رخساروں پر آنسو بہنے لگے۔ یوں لگا جیسے خدا اپنے کلام کے وسیلہ سے براہ راست آپ سے مخاطب ہے۔ آپ نے اسی قوت کو

محسوس کیا جس کا پولس رسول نے 1 تھسلنیکیوں 1 باب 5 آیت میں ذکر کیا ہے۔ یہ کلام اس قدر پُر زور تھا کہ آپ اس کے خلاف مزاحم نہ ہو سکے۔ اس کلام نے آپ کے گناہ پر آپ کو قائلیت بخشی اور آپ کو شیطان کے ہر ایک جھوٹ سے آزاد کر دیا۔ اسی کلام نے دنیا بھر میں بے شمار زندگیوں کو بدل دیا ہے۔

شیطان یہی چاہتا ہے کہ آپ کی توجہ خدا کے کلام سے ہٹا دے۔ باغ عدن میں شیطان کی آزمائش کا ہدف خدا کا کلام ہی تھا جو خدا نے حوا کو دیا تھا۔ اسے علم تھا کہ اگر خدا کی طرف سے ملنے والی ہدایات کے تعلق سے وہ حوا کے دل اور ذہن میں شک ڈالنے میں کامیاب ہو گیا تو سمجھ لیں کہ وہ اس کے ہاتھ آ جائے گی۔ بعض اوقات، خدا کا کلام ہی واحد ایک ایسا سہارا ہوتا ہے جو شیطان کے حیلوں اور حملوں کے خلاف ہمارا دفاع ہوتا ہے۔ خداوند یسوع مسیح نے بھی خدا کے کلام کو اس وقت اپنی ڈھال بنایا جب شیطان نے اسے آزمایا تھا۔ یاد رکھیں، شیطان ہر ممکن کوشش کر کے آپ کو خدا کی بیان کردہ باتوں کے بارے میں شک و شبہات میں ڈالے گا۔ موجودہ دَور میں شیطان ہمارے معاشرے کو خدا کے الہامی کلام اور تعلیم سے دور لے جانے کی کوشش کر رہا ہے۔ یونیورسٹیز اور سیمنریز جن کی بنیاد اسی تعلیم پر رکھی گئی تھی اب کسی اور طور کے فلسفوں پر متوجہ ہونے سے اپنی اصل بنیاد پر قائم نہیں رہیں۔ اصل تعلیم ہمارے تعلیمی اداروں سے ختم ہو گئی ہے۔ کلیسیائیں خدا کے کلام کے اختیار پر بھی اب سوال اٹھانے لگی ہیں۔ دورِ جدید میں مسیحی لوگ اصل تعلیم سے نابلد (ناواقف) ہو گئے ہیں۔ ہمارے بچے بچپن سے جوانی کی دہلیز پر قدم رکھ چکے ہیں لیکن انہیں خدا کے کلام کی تعلیم کا کچھ علم نہیں ہے۔

شیطان نے سخت محنت کی تاکہ دورِ جدید میں خدا کے کلام کے اختیار اور اس کے مستند ہونے کے تعلق سے بے یقینی پیدا کرے۔ ایسی صورتحال شیطان اور اس کی کاوشوں

کے لئے بڑی زرخیز زمین ہوتی ہے۔ ہمارے لئے اپنی تلوار کو ایک طرف رکھ دینا خطرے سے خالی نہ ہو گا۔ پہلے سے بھی زیادہ اس دَور میں ہمیں خدا کے کلام کی واضح رہنمائی کی ضرورت ہے۔ وگرنہ بڑی آسانی سے ہم اپنے اردگرد پھیلے ہوئے جھوٹ اور غلط تعلیمات میں الجھ کر رہ جائیں گے۔

نہ صرف شیطان خدا کے کلام کو بگاڑ دیتا ہے بلکہ وہ اُس کی غلط تشریح و تفسیر اور اس کا غلط اطلاق کرنے میں بھی دلچسپی رکھتا اور اس کے لئے بھرپور کوشش کرتا ہے۔ متی 4 باب میں جب خداوند یسوع مسیح کی آزمائش ہوئی، شیطان نے بلا جھجک خدا کے کلام کو اپنے مقاصد کے لئے استعمال کیا۔ یہی وجہ ہے کہ ہمارے دَور میں غلط تعلیمات اور بدعات زور پکڑ رہی ہیں۔

شیطان ہمارے درمیان تعلیمی موضوعات پر چھڑنے والی گرما گرم بحث اور تنازعات میں ہمیں اُلجھانے کی بھرپور کوشش کرے گا۔ یہ کہنا مشکل ہے کہ خدا کے کلام پر شک و شبہات اور غلط تفسیر و تشریح نے آج کی دُنیا کو کس حد تک نقصان پہنچایا ہے۔ ایک طرف تو دُنیا داری زوروں پر ہے جو خدا کے اختیار کو ماننے سے انکاری ہے۔ اس کے برعکس، بائبل کی غلط تفسیر و تشریح سے کلیسیا میں طرح طرح کے تفرقے اور نئے نئے خیالات اور تصورات جنم لے رہے ہیں۔ ہمارے معاشرے میں یہ بات بالکل واضح ہے کہ دشمن ہمارے پاس موجود روح کی تلوار پر حملہ آور ہونے کی پوری کوشش کر رہا ہے۔ اسے معلوم ہے کہ ایک ایماندار کے ہاتھ میں یہ کس قدر زبردست ہتھیار ہے۔

آئیں اب بات کرتے ہیں کہ خدا کے کلام کو کیوں کر روح کی تلوار کہا گیا ہے۔ چونکہ یہ کلام عدالت کرتا ہے، اس وجہ سے بھی اسے روح کی تلوار کہا گیا ہے۔ حزقی ایل 21 باب اس بڑی تلوار کی بات کرتا ہے جسے زمین پر عدالت کرنے کے لئے چمکایا اور تیز کیا جا

رہا ہے، مکاشفہ 19 باب 15 آیت میں، ہم خداوند یسوع مسیح کی آمد ثانی کے بارے میں پڑھتے ہیں۔ اسے ایسی ہستی کے طور پر بیان کیا گیا ہے جس کے منہ سے ایک بڑی تلوار نکل رہی ہے۔ یہ تلوار عدالت کی تلوار ہے۔ ایک دن ہم میں سے ہر ایک کو خدا کے کلام کے معیار کے مطابق ناپا، جانچا، پرکھا اور تولا جائے گا۔ خواہ ہم کچھ بھی سوچیں، خدا کا کلام ہی ہماری عدالت کرے گا۔ خدا کا کلام ہی جہنم کی بدروحوں کی عدالت کرے گا۔ شیطان بھی خداوند یسوع مسیح کے رُوبرو کھڑا کیا جائے گا۔ خدا کا کلام اسے مجرم ٹھہرائے گا۔

اسی کلام کو تلوار کہا گیا ہے کیونکہ یہ ہمارے دلوں کو چھید دیتا اور ہمارے خیالوں اور ارادوں سے اچھی طرح واقف ہے۔ (عبرانیوں 4 باب 12 آیت) شائد آپ نے اپنی زندگی میں روح کی تلوار کی قدرت کا تجربہ کیا ہو۔ یہ تلوار آپ کی زندگی میں موجود گناہ کو بے نقاب کر کے آپ کو اس کے لئے قائل کرتی ہے۔ ایک نور کی مانند، یہ آپ کے دل کے تاریک کونوں، گوشوں، رازوں اور بھیدوں سے پردہ اُٹھاتی ہے ایک سرجن کے نشتر کی طرح، یہ غیر ضروری، مہلک گناہ کی بیخ کنی (جڑ سے اُکھاڑ دینا) کر دیتی ہے۔ یہ تلوار ایک آگ کی طرح سے ہمارے دلوں میں موجود ہر طرح کی رکاوٹ کا قلع قمع کر دیتی ہے۔ یہ ہمارے غلط رویوں پر انگلی رکھ کے انہیں تبدیل کرنے کے لئے ہمیں تاکید و تلقین کرتی ہے۔ یہ خدا کے پاک روح کی خوشی اور خرمی ہے کہ وہ اپنے کلام کو استعمال کر کے ہمیں پاک کرے اور آپ کو نجات دہندہ کے اور قریب لے آئے۔

خدا کا کلام اس لئے بھی تلوار ہے کیونکہ اس میں دشمن کے تمام حملوں کو روکنے کی صلاحیت پائی جاتی ہے۔ بوقت ضرورت خدا کا کلام ہمیں حکمت عطا کرتا ہے۔ بے دلی کی حالت میں یہ کلام ہماری ہمت افزائی کرتا ہے، ذہنی اُلجھاؤ اور پریشانی میں اطمینان کا باعث ہوتا ہے۔ اسی کلام سے ہمیں ابلیس کے ان حملوں سے محفوظ رہتے ہیں جو ہمیں بے دل

کرنے اور ہمیں پریشان کرنے کے لئے کرتا ہے۔ شک کی حالت میں یہی کلام ہمیں یقین دہانی سے معمور کرتا ہے۔ یہ کلام ہمیں گمراہی سے بھی بچاتا ہے۔

دشمن یہ نہیں دیکھ سکتا کہ روح کی تلوار ہماری زندگیوں میں پھل پیدا کرے۔ خدا کا کلام غلط رویوں کی کانٹ چھانٹ کرتا ہے، یہ کلام ہمارے روّیوں کو درست سمت میں لانے کا کام بھی کرتا ہے۔ دُشمن یہ دیکھ کر دُکھ اور پریشانی سے بھر جاتا ہے جب خدا کا کلام ہمارے دل کی گہرائیوں میں سرائیت کرکے ہمارے دلی محرکات اور پوشیدہ گناہوں کو بے نقاب کرتا ہے۔ اسی کلام کے باعث دشمن بھاگنے پر مجبور ہو جاتا ہے۔ دشمن اس کلام کے مقابلہ میں کھڑا نہیں رہ سکتا۔ ایک دن یہ تلوار آخری بار اس پر چلے گی۔ خدا کے منہ سے نکلا ہوا کلام، اس کی تلوار کا ایک ہی وار، شیطان اور اس کے ناپاک فرشتوں کو زیر کر ڈالے گا اور اُنہیں ابدی شکست فاش ہو گی۔

روحانی جنگ میں خدا کا کلام کس قدر اہم ہے؟ کیا آپ اسے دشمن کے حملوں کے خلاف دفاع سمجھتے ہیں؟ کیا آپ بخوشی و رضا اپنی زندگی کو اس تلوار کے تجزیہ میں دے دیتے ہیں؟ کیا آپ دلی ارادہ سے یہ چاہتے ہیں کہ خدا کا کلام آپ کی زندگی کے ایسے حصوں کی کانٹ چھانٹ کرے جن سے خدا کے نام کو عزت اور جلال نہیں ملتا؟ بعض اوقات یہ ایک تکلیف دہ عمل ہوتا ہے۔ لیکن اگر آپ نے دشمن کو شکست دینی ہے تو پھر یہ عمل بہت ضروری ہے۔

آپ درپیش روحانی جنگ میں خدا کے کلام کی قوت اور طاقت کو کم تر نہیں سمجھ سکتے ۔ آزمائش کی گھڑی میں اس کلام سے لپٹے رہیں۔ بے دلی اور مایوسی کی حالت میں کلام میں مندرج وعدوں کو اپنی زندگی میں لیں۔ جب آپ کو فہم اور دانش کی ضرورت ہو تو بڑے غور سے اس کا مطالعہ کریں۔ شک کی حالت میں بغور اس کا مطالعہ کرکے اس پر توکل اور

بھروسہ بھی کریں۔ دلیری اور اعتماد کے ساتھ اس کلام کو بولیں۔ ہدایت ور ہنمائی کے لئے اس کلام کی تحقیق کریں۔ خدا کا کلام تبدیل کرنے والی تلوار ہے۔ اس کی زندگی بخش قدرت آپ کے دل کی گہرائی میں اتر کر بڑی تبدیلی کا باعث ہو سکتی ہے۔ اسی کلام میں ابلیس کے جھوٹوں کا مقابلہ کرنے کی قدرت پائی جاتی ہے۔ کوئی چیز بھی اس کلام سے آپ کی توجہ ہٹانے نہ پائے۔ خدا کے کلام سے وفاداری میں ہی فتح کا راز پنہاں ہے۔

چند غور طلب باتیں

☆۔ خدا کے کلام کو روح کی تلوار کیوں کہا گیا ہے؟

☆۔ کس طرح خدا کا کلام دشمن کے حملوں کے خلاف آپ کی ڈھال بنا رہا؟ چند مثالیں پیش کریں۔

☆۔ کیا آپ کے ارد گرد کچھ ایسے ثبوت دیکھنے کو ملتے ہیں جن سے ظاہر ہو کہ دشمن اس کلام پر حملہ آور ہونے کی کوشش کر رہا ہے؟ اس سے ہمیں اس بارے کیا جانکاری حاصل ہوتی ہے کہ روح کی تلوار دشمن کے خلاف ہماری جنگ میں کس قدر اہم ہے؟

☆۔ آج یہ تلوار ہماری زندگی میں کیسا کردار ادا کر رہی ہے؟

چند اہم دُعائیہ نکات

☆۔ اس برکت اور حوصلہ افزائی کے لئے خداوند کی شکر گزاری کریں جو آپ کو کلام سے ملی ہے؟ اس کی شکر گزاری کریں کہ اس کا کلام آپ کی محافظت کرتا رہا۔

خداوند سے دُعا اور التجا کریں کہ وہ اپنے کلام کے لئے آپ میں اور زیادہ بھوک پیاس پیدا کرے۔

☆۔ خداوند کی شکر گزاری کریں اس روح کی تلوار کے لئے جو زندگی بدل دینے کی قدرت رکھتی ہے۔ خداوند کی شکر گزاری کریں کہ اس تلوار سے دشمن پسپائی اختیار کر لیتا ہے۔

باب 33

روح میں دُعا

افسیوں 6 باب 18 آیت کا مطالعہ کریں

اب تک ہم اس بات کو بغور دیکھ چکے ہیں کہ مسیحی ایماندار کے ہتھیاروں کا تعلق جو کچھ ہم خداوند کے لئے کرتے ہیں سے زیادہ مسیح میں ہمارے رُتبے اور مقام سے ہے۔ بالفاظ دیگر در پیش جنگ میں ہمیں فتح ہمارے کاموں کی بہ نسبت مسیح یسوع میں ہمارے مقام اور رتبہ کی بنیاد پر حاصل ہوتی ہے۔ اگر ہم در پیش روحانی جنگ میں فتح حاصل کرنا چاہتے ہیں، تو پھر لازم ہے کہ ہم مسیح یسوع کے کردار سے ملبس ہو جائیں۔ یہ ایک ایسی چیز ہے جسے دشمن کبھی بھی برداشت نہیں کر سکتا۔ جب وہ دیکھے گا کہ مسیح کا کردار ہم میں منکشف ہو رہا ہے، تو وہ ہم سے بھاگ جائے گا۔ اگر ہم دشمن کو شکست فاش دینا چاہتے ہیں، تو پھر لازم ہے کہ جو کچھ مسیح یسوع نے ہماری نجات، فتح اور برکت کے لئے صلیب پر سر انجام دیا ہے، ہم اس سارے کام کو اپنے اوپر لے لیں۔ اس کے علاوہ بھی کچھ اور کام ہے جو پولس رسول نے افسیوں کو بتایا کہ اُنہیں کرنے کی ضرورت ہے۔

سب موقعوں پر دُعا کرو

پولس رسول نے کہا۔ "بلا ناغہ دعا کرو۔" شیطان اور اُس کی بدروحوں کے خلاف جنگ کرتے ہوئے یہی ہمارا کردار ہے جو ہمیں ادا کرنا ہے۔ غور کریں کہ اُس نے افسیوں کو یہی تاکید کی کہ وہ ہر طرح سے دُعا کرتے رہیں۔ ایسا ہر گز نہ کریں کہ جب حالات اور واقعات

ناگوار اور صورتحال ناخوشگوار ہو جائے تو پھر دُعا کریں۔ بلکہ یہ ہماری روزمرّہ کی مشق ہونی چاہیئے۔ اکثراوقات ہم دُعا اس وقت کرتے ہیں جب مسئلے کا کوئی حل اور اُمید کی کوئی کرن دکھائی نہیں دیتی۔ پھر ہم خدا کی حکمت اور قوت کے طالب ہوتے ہیں۔ پولس رسول نے افسیوں کو تاکید کی کہ وہ دُعائیہ زندگی کو اپنائیں، یعنی دُعا ان کے طرزِ زندگی اور روزمرّہ مصروفیات کا ایک حصہ بلکہ لازمی حصہ ہو۔ ایسا ہرگز نہ ہو کہ جب شیطان حملہ آور ہو تو وہ ابلیس کے حملوں کو روکنے کے لئے دُعا میں جھک جائیں۔

پولس رسول ہمیں یہ تاکید کر رہا ہے کہ ہم نے مسلسل دُعاؤں کے وسیلہ سے دشمن کے خلاف حملہ آور ہوتے رہنا ہے۔ جلتے تیروں کی طرح یہ دعائیں دشمن پر حملہ آور ہو کر اس کے قلعوں کو برباد کر دیں۔ یاد رہے کہ ابلیس کلیسیا کے خلاف اپنے حملے کبھی نہ روکے گا۔ روز بروز وہ تفرقے اور جدائیوں کی دیواریں کھڑی کرنے میں مصروف عمل رہتا ہے۔ وہ نفرت اور کڑواہٹ کے بیج بونے میں بھی کوئی کسر نہیں چھوڑتا۔ روزمرّہ کی دُعائیہ زندگی کو ترک کرنا خطرے سے خالی نہ ہو گا۔ لازم ہے کہ اُس کے جلتے تیروں کا مقابلہ ہم اپنے جلتے ہوئے تیروں سے کریں۔ دُعا کے وسیلہ سے خدا کی قوت شیطان کے قلعوں کو برباد کرتی ہے۔

کیا آپ کو خروج 17 باب میں وہ واقعہ یاد ہے جب موسیٰ عمالیقیوں کے خلاف جنگ میں کھڑا تھا۔ ان لوگوں نے خدا کی قوم کو برباد کرنے کے لئے اُن پر دھاوا بول دیا تھا۔ اس دوران مرد خدا موسیٰ ایک پہاڑی پر اپنے بازو اُوپر کی طرف کر کے کھڑا ہو گیا تھا۔ اس کے ہاتھ میں خدا کا عصا بھی تھا۔ جب تک موسیٰ کے ہاتھ اوپر کی طرف اٹھے رہتے تھے۔ دشمن شکست کھاتا تھا۔ جب اُس کے ہاتھ تھک جاتے تھے۔ تو وہ ہاتھ نیچے کر لیتا تھا۔ جونہی اُس کے ہاتھ نیچے ہوتے تھے دشمن غالب آنا شروع ہو جاتا تھا۔ شیطان کے خلاف بھی جنگ

کچھ اسی طرح کی ہے۔ دُعا ہی سے فتح حاصل ہوتی ہے۔

پولس رسول نے افسیوں کو تاکید اور تلقین کی کہ وہ دُعا کرنے والے لوگ بن جائیں۔ دُعا لازمی طور پر ہمارا طرزِ زندگی بن جائے۔ لازم ہے کہ ہم دُعاؤں کے ساتھ اپنے فیصلہ جات کریں، یعنی خدا کی ہدایت اور رہنمائی سے ہی ہمارے قدم کسی کام کے لئے اُٹھیں۔ خواہ منسٹری، ہو یا پھر کاروباری معاملات، خاندانی فیصلہ جات ہوں یا شخصی روحانی زندگی، دُعا ہر لمحہ ، ہر موقع اور ہر ایک صورتحال میں اولین ترجیح بن جائے۔ دُعا میں دشمن اور اس کے فرشتگان کے خلاف جنگ کرتے ہوئے کبھی بھی دعا کو نظر انداز نہ کریں۔ دُعا کے وسیلہ ہی سے خدا کی قوت ہمارے لئے اور ہمارے دشمن کے خلاف متحرک ہوتی ہے۔ کیا ممکن ہے کہ اسی سبب سے دشمن ہمارے دَور میں پہلے کی بہ نسبت زیادہ دندناتا پھرتا ہے کیونکہ ہم ہر وقت اور ہر موقع پر دُعا کرنے کے اصول کو نظر انداز کر چکے ہیں؟ ہمیں دشمن کے خلاف جنگ کرنے کے لئے انسانی کاوشوں سے کہیں زیادہ دُعا کرنے کی ضرورت ہے۔ خدا کا کلام ایسی مثالوں سے بھرا ہوا ہے۔ چند ایک حوالہ جات پر غور کریں۔

"پھر اُس نے اِس غرض سے کہ ہر وقت دُعا کرتے رہنا اور ہمت نہ ہارنا چاہیے اُن سے یہ تمثیل کہی۔"

(لوقا 18 باب 1 آیت)

"اُمید میں خوش مصیبت میں صابر دُعا کرنے میں مشغول رہو مقدسوں کی احتیاجیں رفا کرو۔ مسافر پروری میں لگے رہو۔"

(رومیوں 12 باب 12 آیت)

"کسی بات کی فکر نہ کرو بلکہ ہر ایک بات میں تُمہاری درخواستیں دُعا اور مِنت کے وسیلہ سے شُکر گزاری کے ساتھ خُدا کے سامنے پیش کی جائیں۔" (فلپیوں 4 باب 6 آیت)

"دُعا کرنے میں مشغول اور شُکر گزاری کے ساتھ اُس میں بیدار رہو۔ "(کلسیوں 4 باب 2 آیت)

"بِلاناغہ دُعا کرو۔ "(1 تھسلنیکیوں 5 باب 17 آیت)

تمام درخواستیں اور التجائیں دُعا میں خدا کے حضور لائیں۔

پولس رسول نے افسیوں کو یہ بھی تاکید کی کہ وہ ہر طرح کی درخواستیں اور التجائیں خدا کے حضور لائیں۔ یہاں پر میں دو طرح کی دُعاؤں پر بات کرنا چاہوں گا۔ ستائش اور شفاعت۔ اول۔ سب سے پہلے میں شکر گزاری اور خدا کی ستائش کے تعلق سے دعاؤں کو زیر بحث لانا چاہتا ہوں۔ بعض اوقات ایسی ہی دُعاؤں سے دشمن کو شکست فاش ہوتی ہے۔ جب آپ دیکھیں کہ وہ آپ پر حملہ آور ہو کر آپ کو دبائے جا رہا ہے، تو اس وقت ان برکات، فضل اور نعمتوں کے لئے خدا کی ستائش اور شکر گزاری میں اپنی آواز بلند کریں جو اس نے پہلے سے آپ کو دے رکھی ہیں۔ پھر دیکھیں کہ درپیش جنگ میں کس قدر بڑی تبدیلی واقع ہوتی ہے۔ جب دشمن ستائش کے نغمات کی آواز سنتا ہے تو پسپائی اختیار کر لیتا ہے۔

مجھے یاد ہے کہ ایک بار میں موریشس کے جزیرہ پر ایک کلیسیا کے ساتھ خدمت کر رہا تھا ۔وہاں دشمن نے آکر بڑی کھلبلی اور رتفرقے بازی پھیلانا شروع کر دی۔ کبھی یہ کلیسیا اس علاقے میں ایک بڑی زبردست گواہی تھی۔ لیکن صورتحال کے پیش نظر خدا کی برکت اس کلیسیا سے اٹھ گئی۔ ایک عرصہ گزر گیا، کوئی بھی خداوند یسوع کے پاس نہ آیا۔ ایمانداروں کی بھی آپس میں ان بن نہیں آرہی تھی۔ سارے کام میں بے اتفاقی اور تلخی اور کڑواہٹ سرائیت کر چکی تھی۔ اس دوران خداوند نے میرے دل میں ساری صورتحال میں شکر گزاری اور ستائش کا بوجھ ڈالا۔ میں نے ان چیزوں پر غور کرنا شروع کر دیا جن

کے لئے ہم بطور کلیسیا خداوند کی ستائش اور شکر گزاری کر سکتے تھے۔ جب کبھی ہم خدا کو کسی ایماندار کی زندگی میں کام کرتے دیکھیں اور تلخی کی بجائے محبت بھرا ردِ عمل ظاہر کرتے ہوئے ہم خدا کی ستائش اور اُس کی شکر گزاری کرنے لگ جائیں۔ ہم نے دیکھا کہ زیادہ سے زیادہ لوگ خداوند کی ستائش اور پرستش میں ہمارے ساتھ ملنا شروع ہو گئے۔ ہمیں خداوند کی ستائش اور شکر گزاری کے اور بھی زیادہ مواقع میسر آنا شروع ہو گئے۔ پھر دیکھتے ہی دیکھتے ساری صورتحال بدلنا شروع ہو گئی۔ شیطان خداوند کی پرستش اور ستائش کو برداشت نہ کر سکا۔ جب تک خدا کے لوگ منفی باتوں پر توجہ مرکوز کئے رہے، اسے وہاں ٹھہرنے میں بہت لطف آیا۔ لیکن جب ان زندگیوں نے دل سے خداوند کی ستائش اور شکر گزاری کرنا شروع کر دی تو وہ وہاں سے دُم دبا کر بھاگ گیا۔ شکر گزاری، دُعا اور خداوند کی ستائش سے دشمن کے قلعے مسمار ہونا شروع ہو گئے۔

دعا کی دوسری قسم شفاعتی دعا ہے یا پھر جسے ہم التجا بھی کہہ سکتے ہیں۔ اس قسم کی دعا میں ہم خدا سے اپنی ضروریات اور اس کی برکت اپنی خدمت اور اپنی زندگی کے لئے مانگتے ہیں۔ درپیش روحانی جنگ میں ہمیں اس دُعا کی بھی بہت زیادہ ضرورت ہوتی ہے۔ اس جنگ میں دشمن سے نبرد آزما ہونے اور اس کا مقابلہ کرنے کے لئے جو کچھ ہمیں درکار ہوتا ہے، خدا ہمیں عطا کرتا ہے۔ یعقوب 4 باب 2 آیت میں خدا کا کلام ہمیں بتاتا ہے کہ ہمیں اس لئے نہیں ملتا کیونکہ ہم مانگتے نہیں۔ بائبل مقدس میں ہمیں بار بار مانگنے کے لئے کہا گیا ہے۔ ہمیں اپنی ضروریات کے لئے بار بار خدا سے التجا کرنے کی تلقین کی گئی ہے۔ کیا آپ کو دشمن کا سامنا کرنے کے لئے حکمت کی ضرورت ہے؟ خدا سے مانگیں، اس نے حکمت دینے کا وعدہ کیا ہے۔ (یعقوب 1 باب 5 آیت) یہ حکمت بھی دعا کرنے سے ہی ملتی ہے۔ (1 سموئیل 30 باب 6 آیت) دشمن کا مقابلہ کرنے کے لئے ہمیں جو کچھ بھی

درکار ہوتا ہے، وہ خداوند ہمیں عطا کرتا ہے۔ ہمیں صرف اور صرف مانگنا ہے۔ ابھی تک ہم نے دُعا کی بھرپور قوت کا اندازہ ہی نہیں لگایا۔ جب ہم خدا سے حکمت اور قوت مانگتے ہیں تو دشمن کے قلعے مسمار ہو جاتے ہیں۔ بیمار شفا پاتے ہیں، کیونکہ خدا کی یہی مرضی ہے۔ دُعا میں ہم خدا کے شفابخش ہاتھ کو مانگتے ہیں تو شفا وجود میں آتی ہے۔ دُعاؤں کے وسیلہ ہی سے گنہگار لوگ شفا پاتے ہیں۔ دُعا کے وسیلہ سے ہم خدا کی قوت کو اپنی زندگی میں لیتے ہیں۔ اس قوت اور قدرت کے سامنے دشمن کمزور اور ناتواں ہو جاتا ہے۔

روح میں دُعا

اس آیت میں ہمیں ایک آخری چیز دیکھنے کی ضرورت ہے۔ میں اس لئے آخر پر اس کا ذکر کر رہا ہوں کیونکہ میں اس کی اہمیت پر زور دینا چاہتا ہوں۔ پولس رسول ہمیں یہاں پر نصیحت کر رہا ہے کہ ہم "روح میں دُعا" کرتے رہیں۔ اس کا کیا مطلب ہے؟ اکثر اوقات ہم دعا میں اپنے خیالات اور تصورات ذہن میں لئے خدا کے پاس آتے ہیں، ہم خدا کو بتانا شروع کر دیتے ہیں کہ وہ کس طرح ہمارے کسی عزیز یا دوست کی زندگی میں کام کرے۔ ہم خدا کو بتانے کی کوشش کرتے ہیں کہ کس طرح اس نے کائنات کا انتظام و انصرام چلانا یا کس شخص کو شفا بخشنی ہے۔ پولس رسول ایسی کسی دُعا کا یہاں پر ذکر نہیں کر رہا۔

جب پولس رسول یہ بیان کر رہا ہے کہ ہم روح میں دُعا کریں، تو میرا ایمان ہے کہ وہ یہ کہہ رہا ہے کہ ہم خدا کے پاک روح کی رہنمائی اور تحریک سے دُعا کریں۔ اس قسم کی دعا تب ہی ممکن ہوتی ہے جب خدا کے پاک روح کی رہنمائی اور خدا کے زندہ اور پاک کلام سے ہم آہنگ ہوتے ہیں۔ آئیں سنتے ہیں کہ آر، اے ٹورنے روح میں دعا کرنے کے تعلق سے کیا بیان کرتا ہے۔

جب ہم خدا کی حضوری میں آتے ہیں، تو اپنی کمزوری کو تسلیم کر لیں، یہ بھی مان لیں کہ ہم

نہیں جانتے کہ ہمارے لئے کیا بہتر ہے۔ اقرار کریں کہ ہم نہیں جانتے کہ ہمیں کس طرح دُعا کرنی چاہئے۔ ہم درست طور پر دُعا کرنے کے لئے پاک روح کی طرف ہی رجوع کریں گے، اسی پر بھروسہ کریں گے تاکہ ہمیں اپنی ہدایت، رہنمائی اور تحریک سے دعا کرنا سکھائے۔ دُعا ہی بہترین مقام ہے جہاں پر ہم اپنی روحانی کم علمی، جہالت اور غفلت کا اقرار کر سکتے ہیں۔ جب ہم بغیر سوچے سمجھیں خدا کی حضوری میں بھاگ کر چلے جاتے ہیں اور جو کچھ ہمارے ذہن میں پہلے آتا ہے، اسی کے لئے ہم دُعا کرنا شروع کر دیتے ہیں۔ یا پھر جب کوئی شخص ہمیں دُعا کرنے کے لئے کہتا ہے اور ہم دُعا کرنا شروع کر دیتے ہیں، یہ سب روح میں دُعا کرنا نہیں ہے۔ یہ سب حقیقی دُعا نہیں ہے۔ وہ دُعا جو روح القدس کی تحریک سے کی جاتی ہے، اس کا خدا باپ کی طرف سے جواب بھی آتا ہے۔ (ٹورے، آر، آے، بحوالہ روح القدس کی ذاتِ اقدس اور کام۔ گرینڈ ریپڈ ذونڈروین پبلشر ہاؤس 1974 ، صفحہ نمبر 131 اور 132)

میں ایمان رکھتا ہوں کہ جو کچھ ٹورے نے کہا ہے، وہ بالکل درست ہے۔ کتنی ہی بار ہم بغیر سوچ سمجھے خدا کی حضوری میں چلے جاتے ہیں، ہم بالکل نہیں سوچتے کہ خدا کس طرح سے چاہتا ہے کہ ہم دُعا کریں، کون سا مقصد یا منصوبہ خدا ہمارے وسیلہ سے پایہ تکمیل تک پہنچانا چاہتا ہے؟ پولس رسول ہمیں یہ تلقین کر رہا ہے کہ ہم پاک روح کی رہنمائی اور ہدایت کے مطابق ہی دُعا کریں۔ جو دعائیں ہم جسم میں کرتے ہیں، دشمن کو اس سے کوئی پریشانی لاحق نہیں ہوتی۔ کیونکہ ہم اپنی مرضی کے طالب ہوتے ہیں نہ کہ خدا کی مرضی کے۔ ہو سکتا ہے کہ دشمن آپ کی حوصلہ افزائی کرے کہ آپ یہ دُعائیہ سلسلہ جاری رکھیں۔ یعقوب رسول نے یعقوب 4 باب 3 آیت میں اس قسم کی دُعا کے تعلق سے بیان کیا ہے۔

"تُم مانگتے ہو اور پاتے نہیں اِس لئے کہ بُری نیت سے مانگتے ہو تا کہ اپنی عیش و عشرت میں خرچ کرو۔"

شیطان کو اس بات سے بڑی خوشی ہوتی ہے کہ ہم جسم میں دُعا کرنا جاری رکھیں۔ کیونکہ جب ہم روح کی رہنمائی اور ہدایت کے مطابق دُعا کرتے ہیں تو اس وقت اس کے لئے بڑا خطرہ بن جاتے ہیں۔ بالاخر ہم بے دل اور مایوس ہو کر دُعا ترک کر دیتے ہیں۔ لیکن جو دعائیں روح القدس کی تحریک سے ہمارے دل اور ہمارے ہونٹوں سے نکلتی ہے، وہ کس قدر مختلف ہوتی ہیں۔ ایسی دُعائیں ہی قوت اور قدرت سے لبریز ہوتی ہے۔ ایسی دُعاؤں سے ہی دشمن کی قوتیں جہنم واصل ہوتی ہیں۔ روح کی رہنمائی اور تحریک سے کی جانے والی دعاؤں کا دشمن بالکل بھی سامنا نہیں کر سکتا۔

دعا خدا کے سامنے اپنے خیالات پیش کرنے سے کہیں بڑھ کر اپنا دل انڈیلنے کا نام ہے۔ حقیقی دُعا وہی ہے جو پاک روح کی تحریک اور رہنمائی سے ہو۔ خدا ایسی ہی دُعاؤں کا جواب دیتا ہے۔ یوحنا رسول مزید اس بات کو واضح کرتا ہے۔

"اور ہمیں جو اُس کے سامنے دلیری ہے اُس کے سبب یہ ہے کہ اگر اُس کی مرضی کے موافق کُچھ مانگتے تُو وہ ہماری سُنتا ہے اور جب ہم جانتے ہیں کہ جو کُچھ ہم مانگتے ہیں وہ ہماری سُنتا ہے تو یہ بھی جانتے ہیں کہ جو کُچھ ہم نے اُس سے مانگا ہے وہ پایا ہے۔"

(1 یوحنا 5 باب 14 اور 15 آیت)

روح القدس کی رہنمائی اور تحریک اور کلام اقدس کو سمجھنے اور جاننے سے ہی ہم ان چیزوں کے لئے دعا کر سکتے ہیں جو خدا کی مرضی کے مطابق ہیں۔ جب پاک روح سے ہماری گفت و شنید ہوتی ہے تو اسی وقت ہم حقیقی طور پر دُعا کر سکتے ہیں۔ اگر میں پاک روح کی رہنمائی اور ہدایت کو لینے کے لئے کشادہ دل ہوں، تو پھر ہی روح القدس مجھ پر ظاہر کرے گا کہ میں

نے کس طرح دعا کرنی ہے۔ حتیٰ کہ روح القدس ہمارے لئے دُعا کرے گا۔ وہ ہمیں رہنمائی اور روشنی عطا کرے گا تاکہ ہم اس کی مرضی کے مطابق دُعا کر سکیں۔ وہ ہمیں بتائے گا کہ کس چیز کے لئے اور کیسے دُعا کی جائے۔ وہ ہمیں دُعا کرنے کی توفیق بھی عطا کرے گا۔ (رومیوں 8 باب 26 آیت) ہر موقع پر دُعا کریں، وہ دُعائیں جو روح کی تحریک سی کی جاتی ہیں، حقیقی دعائیں ہوتی ہیں اور خدا کی طرف سے ان کا جواب بھی آتا ہے۔ ایسی دعائیں بڑی زبردست اور پر قوت ہوتی ہیں۔ ایسی دُعائیں ہی دشمن کو شکست فاش دیتی ہیں۔

چند غور طلب باتیں

☆۔ مجھے کب دُعا کرنی چاہئے؟

☆۔ روح میں اور جسم میں دُعا کرنے میں کیا فرق پایا جاتا ہے؟

☆۔ دُعا کے تعلق سے کون سی ایسی خاص بات ہے جو دُشمن کے حملوں کے خلاف ہمیں اس قدر پُر زور اور زبردست بنا دیتی ہے؟

☆۔ خدا اس حوالہ کے وسیلہ سے آپ کو اپنی شخصی دُعائیہ زندگی کے تعلق سے کیا بتا رہا ہے؟

چند اہم دُعائیہ نکات

☆۔ دُعا کے شرف و استحقاق کے لئے خدا کی شکر گزاری کریں اور اس بات کے لئے بھی اس کے شکر گزار ہوں کہ وہ دُعا کے وسیلہ سے اپنے خوبصورت ارادوں اور مقاصد کو عملی جامہ پہناتا ہے۔

☆۔ اپنی دُعائیہ زندگی میں خداوند سے مدد اور مزید توفیق چاہیں۔ خداوند سے دُعا کریں کہ وہ آپ کو مزید روح کی رہنمائی میں دُعا کرنا سکھائے۔

باب 34

ہوشیار اور بیدار رہو
افسیوں 6 باب 18 آیت کا مطالعہ کریں

اس باب میں ہم روحانی جنگ پر غور و خوص کا اختتام درپیش روحانی جنگ کے موضوع پر دو آراء سے کریں گے۔

ہوشیار اور بیدار رہو

پولس رسول نے افسیوں کو یہاں پر جو پہلی بات بتائی وہ یہ تھی کہ وہ ہوشیار اور بیدار رہیں۔ آئیں اس متن کے سیاق و سباق کو یاد کرنے کی کوشش کریں۔ پولس رسول نے اس خط میں اس موضوع پر کھل کر بات کی ہے کہ ہم سب روحانی جنگ میں ہیں۔ ہم میں سے بہت سے لوگ اس بات کے احساس اور یقین کے ساتھ زندگی بسر کرتے ہیں کہ ہمیں کوئی بھی روحانی جنگ درپیش نہیں ہے۔ میں آپ کو پھر یقین دہانی کرانا چاہوں گا کہ یہ جنگ شیطان کے ذہن پر مسلط ہے۔ یہی اس کا جذبہ و جنون اور اُس کی دماغی خلش ہے۔ اس کے وجود کا یہی مرکز و محور ہے کہ وہ خدا کے کام کو برباد کر دے۔ اس وقت بھی شیطان اور اس کے فرشتگان بڑی جانفشانی اور تگ و دو کے ساتھ اس مصروفِ عمل ہیں تاکہ اس کام کو برباد کر دیں جو خدا آپ کی زندگی میں کرنا چاہتا ہے۔ آپ کسی صورت میں اس روحانی جنگ کا انکار نہیں کر سکتے۔ اگر آپ ایسا کرنے کی جسارت کرتے ہیں تو سمجھ لیں کہ آپ خدا کے کلام کے اختیار کا انکار کرتے ہیں۔ پطرس رسول نے اس بات کو اس طرح سے بیان کیا ہے۔

"تُم ہوشیار اور بیدار رہو تُمہارا مُخالف ابلیس گرجنے والے شیر ببر کی طرح ڈھونڈتا پھرتا ہے کہ کِس کو پھاڑ کھائے۔" (1 پطرس 5 باب 8 آیت)

یقین مان لیں کہ آپ شیطان کا پہلا ہدف ہیں۔ وہ آپ کی ہر ایک حرکت اور عمل سے واقف اور آگاہ ہے۔ وہ درست وقت کے انتظار میں ہے تا کہ اپنا جلتا ہوا تیر آپ کی طرف پھینکے۔ ہو سکتا ہے کہ آپ اُسے اپنے کان میں دھیمی سے آواز سے کچھ کہتے سنیں۔ ہو سکتا ہے کہ آپ اسے اس وقت آپ کی روح میں قہر و غصہ کی لہر پیدا کرتے ہوئے پائیں جب کوئی خاص وجہ بھی نہ ہو۔ وہ بہت سی آزمائشوں کے ساتھ آپ کی طرف دوڑے گا۔ یہاں پر پولس رسول افسیوں کو یہ بتانے کی کوشش کر رہا تھا کہ اُنہیں اس علم اور سمجھ کے ساتھ زندگی بسر کرنا ہے کہ وہ روحانی جنگ میں ہیں اور اُنہیں ہوشیار اور بیدار رہنے کی ضرورت ہے۔

بیدار کا معنی ہے ہر وقت جاگتے رہنا۔ مکاشفہ 3 باب 2 اور 3 آیت میں یوحنا رسول نے سردیس کی کلیسیا کو کیا لکھا، آئیں سنتے ہیں۔

"جاگتا رہ اور اُن چیزوں کو جو باقی ہیں اور جو مٹنے کو تھیں مضبوط کر کیونکہ میں نے تیرے کِسی کام کو اپنے خُدا کے نزدیک پورا نہیں پایا۔ پس یاد کر کہ تُو نے کِس طرح تعلیم پائی اور سُنی تھی اور اُس پر قائم رہ اور توبہ کر اور اگر تُو جاگتا نہ رہے گا تو میں چور کی طرح آجاؤں گا اور تُجھے ہر گز معلوم نہ ہو گا کہ کِس وقت تُجھ پر آپڑوں گا۔"

خداوند نے اپنے خادم یوحنا کی معرفت، اپنے لوگوں سے اِستدعا کی کہ وہ ہوشیار اور بیدار رہیں۔ غور کریں کہ ہوشیار اور بیدار نہ ہونے کی صورت میں اُن کی موت واقع ہو سکتی تھی۔ یہاں پر خدا کے لوگوں کی نیند کوئی عام آرام کی نیند نہیں تھی۔ یہ موت کی نیند تھی۔ اُن کے سونے کی حالت میں شیطان نے اُنہیں اُن کی ساری روحانی قوت سے محروم کر دینا

تھا۔ خداوند یسوع مسیح نے انہیں بتایا تھا کہ اُن کی نیند گناہ ہے۔ انہیں توبہ کرنے کی ضرورت تھی۔

خدا کرے کہ یہ الفاظ آج کی کسی کلیسیا کے لئے نہ ہوں۔ کیا ہم اس وقت سو گئے جب دشمن ہمارے معاشرے پر بڑے زور وشور سے حملہ آور ہوا؟ ہم نے دیکھا کہ پوری کلیسیا تلخی اور حسد کی آگ سے جلتی ہوئی دشمن کے ہاتھوں میں جا پڑی۔ ہم نے تنظیموں کو خدا کے کلام کی واضح اور با اختیار تعلیم سے گمراہ ہوتے دیکھا ہے۔ ہم نے ایمانداروں کو روایات اور تنظیم پرستی میں مبتلا ہوتے دیکھا ہے۔ یوں ان کے ایمان کی بنیاد قائم نہ رہی۔ ہم ایسے لوگوں کو دیکھ کر بھی مایوس اور پریشان ہوئے جو خداوند کی محبت میں ٹھنڈے پڑ گئے اور خداوند کے ساتھ چلنے کے لئے ان میں کوئی جوش و جذبہ باقی نہ رہا۔ سال بہ سال ان کی روحانی افزائش کی بجائے روحانی گراوٹ اور تنزلی دیکھنے میں آئی۔ ہم ٹیلی ویژن پر بھی بے حیائی، بدی اور گھنونے کاموں کی نمائش اور فروغ کا عمل دیکھتے ہیں۔ دھڑا دھڑ فروخت ہونے والی کتابوں میں بھی آپ کو ایسی چیزیں دیکھنے اور پڑھنے کو ملیں گی جو انسان کی تنزلی اور ابلیس کی سر فرازی کا باعث ہیں۔ آئندہ آنے والی نسلیں ہم سے سوال پوچھیں گی "جب یہ سب کچھ ہو رہا تھا تو ایماندار کہاں پر تھے؟" کیا ہم سو چکے ہیں؟ یہ کوئی عام اور آرام کی نیند نہیں ہے۔ جب ہم سو جاتے ہیں، تو پھر ابلیس ہمارے معاشرے اور کلیسیاؤں سے زندگی اور زندگی کی باتوں کو چھین لیتا ہے۔ یہی موت کی نیند ہے۔

رومیوں 13 باب 11 آیت میں بیان ہے کہ جاگنے اور بیدار ہونے کی بلاہٹ واقعی وقت کی ضرورت ہے۔ پولس رسول بیان کرتا ہے۔

"اور وقت کو پہچان کر ایسا ہی کرو اِس لئے کہ اب وہ گھڑی آپہنچی کہ تُم نیند سے جاگو کیونکہ جِس وقت ہم ایمان لائے تھے اُس وقت کی نسبت اب ہماری نجات نزدیک ہے۔"

جیسے جیسے آخری دن قریب آرہے ہیں، تو ہمیں اور بھی زیادہ ہوشیار اور بیدار ہونے کی ضرورت ہے۔ شیطان اپنی کاوشوں کو اور بھی زیادہ کر دے گا۔ جنگ میں یہ آخری گھڑی ہے، اس لئے ہم سونے کے بارے میں خیال بھی نہیں کر سکتے۔

2 سلاطین 6 باب میں ہم الیشع اور اس کے نوکر کے تعلق سے ایک دلچسپ کہانی دیکھتے ہیں، شاہِ ارام بادشاہ خدا کے نبی کو گرفتار کرنے کی کوشش میں تھا، اس نے اس شہر کو گھیرے میں لے لیا جہاں پر الیشع ٹھہرا ہوا تھا۔ جب اس کے نوکر نے شہر کو دشمن کی فوجوں سے گھرے ہوئے دیکھا تو اسے اپنی جان کے لالے پڑ گئے۔ الیشع نے خدا سے دعا کی کہ وہ اس کے نوکر کی آنکھیں کھول دے تاکہ وہ دیکھ سکے کہ اصل میں باہر کیا کچھ ہے۔ جب خدا نے الیشع کے نوکر کی آنکھیں کھولیں تو اس نے دیکھا کہ آتشی رتھوں اور گھوڑوں سے پہاڑ بھرے ہوئے تھے۔

خدا کے فرشتے الیشع اور اس کے نوکر کی محافظت کے لئے بھیجے گئے۔ میں اکثر یہ سوچ کر حیران رہ جاتا ہوں کہ اگر ہم اپنے ارد گرد چھڑی نادیدنی روحانی جنگ کو پل بھر کے لئے دیکھ لیں تو ہمیں کیسا محسوس ہو گا۔ میرے خیال اور یقین کے مطابق ہم پہلے جیسے نہیں رہیں گے۔ اگرچہ یہ جنگ نادیدنی ہے تو بھی حقیقی ہے، اس لئے ہوشیار اور بیدار رہیں۔

سب مقدسوں کے لئے دعا کرو

اس حوالہ میں ایک اور چیز بھی ہے جو ہمیں سمجھنے کی ضرورت ہے۔ پولس رسول نے افسیوں کو بتایا کہ درپیش جنگ کی روشنی میں، انہیں مقدسوں کے لئے ہمیشہ دعا کرتے رہنے کی ضرورت ہے۔ یہ آیت مجھے بہت اہم بات بتا رہی ہے۔ اس لڑائی میں، ہمیں ایک دوسرے کے تعلق سے بھی ہوشیار اور بیدار رہنا ہے۔

اس متن میں، پولس رسول نے ایمانداروں کو یہ بھی درخواست کی کہ وہ اس کے لئے بھی

دعا کریں تاکہ وہ دلیری سے انجیل کے پیغام کو دوسرے کے سامنے بیان کر سکے۔ خدا کی یہ مرضی ہے کہ ہم انجیل کی منادی کرنے والے خدام کے ساتھ دعاؤں کے وسیلہ سے کھڑے ہوں۔ دعاؤں کے وسیلہ سے ہم اپنے بھائیوں اور بہنوں کے ساتھ مل کر مسیح کے لئے جانفشانی کرتے ہیں۔

گلتیوں 6 باب میں پولس رسول نے گلتیوں کو بتایا کہ در پیش جنگ میں ایک دوسرے کے تعلق سے بھی ہوشیار، بیدار اور خبر دار رہیں۔ اس نے انہیں بتایا کہ اگر وہ کسی بھائی کو کسی خاص گناہ میں گر اہوا دیکھیں تو وہ شائستگی سے اسے بحال کرنے میں اپنا کردار ادا کریں۔ 2 آیت میں پولس رسول نے گلتیوں کو بتایا کہ وہ ایک دوسرے کا بوجھ اٹھائیں۔ گلتیوں کو یہی تاکید کی گئی کہ وہ ہر موقع پر ہم ایمان بھائیوں اور بہنوں سے نیکی اور بھلائی کریں۔ (10 آیت) کسی ایک شخص کو اکیلے کبھی بھی یہ جنگ نہیں لڑنی چاہئے۔ بطور ایک خاندان، ہمیں ایک دوسرے کا خیال رکھنا ہے۔

اس بات کا یقین ہونا کس قدر حوصلہ افزا بات ہے کہ جب میں جہنم کی قوتوں پر حملہ آور ہونے کے لئے پیش قدمی کرتا ہوں تو میرے ساتھ ایک دُعائیہ ٹیم ہے جو ابلیس کے حیلوں، حملوں اور ہر ایک تدبیر کے خلاف مجھے تحفظ فراہم کرتی ہے۔ خدا کی یہ کبھی بھی مرضی نہیں تھی کہ ہم اپنے طور پر روحانی جنگ میں دشمن سے نبرد آزما ہوں۔ اس نے ہمیں تمام ضروری ہتھیاروں سے لیس کرنے کا وعدہ کیا ہے۔ دعا کے وسیلہ سے ہم دشمن کے قلعوں پر حملہ آور ہوتے ہیں۔ تاہم ایک زبردست فوج کے طور پر ہم دشمن کے خلاف ایک زبردست جنگ لڑتے ہیں۔ جب ہم سب ہتھیار پہن لیں تو دعا بھی اپنی جگہ پر ایک ہتھیار بلکہ زبردست ہتھیار ہے۔ جب کہ ہمارے وہ بہن بھائی جو ہمارے ساتھ دعا میں کھڑے ہوتے ہیں وہ بھی کسی ہتھیار سے کم نہیں ہیں۔ ہم یسوع نام سے دشمن کے صفوں کی طرف

پیش قدمی کرتے ہیں۔ اسی میں ہم فتح سے بڑھ کر غلبہ حاصل کرتے ہیں۔

چند غور طلب باتیں

☆۔ ہمارے اِرد گرد(کلیسیا اور معاشرے میں دشمن کی موجودگی کے کون سا ثبوت موجود ہے؟

☆۔ کیا آپ ہوشیار اور بیدار ہیں؟ کیا کچھ ایسے علاقہ جات ہیں جہاں پر آپ کا معاشرہ اور کلیسیا حالت خوابیدگی(سویا ہوا) میں ہے؟

☆۔ کیا آپ کی خدمت کے پیچھے دُعا کرنے والے لوگ موجود ہیں؟ یہ شفاعتی اور محافظت فراہم کرنے والی دُعائیں کیوں کر اہم ہیں؟

☆۔ کیا آپ دُعاؤں کے وسیلہ سے اپنے بھائیوں اور بہنوں کے ساتھ کھڑے ہیں؟ کیا آپ کو مزید ایسے لوگوں کی ضرورت ہے جو بڑی جانفشانی سے آپ کے لئے دُعا میں کھڑے ہوں؟

چند اہم دُعائیہ نکات

☆۔ خداوند سے دُعا کریں کہ وہ آپ کو اردگرد چھڑی روحانی جنگ کی نوعیت سے اور زیادہ آگاہ اور خبردار کرے۔

☆۔ خداوند سے مزید ہوشیار اور بیدار ہونے اور اس روحانی جنگ کو مزید سنجیدگی سے لینے کے لئے مدد مانگیں۔

☆۔ خداوند سے التجا کریں کہ وہ آپ یہ منکشف کرے کہ آپ نے روحانی جنگ کی حقیقت کے پیش نظر دوسروں کو ہوشیار اور بیدار کرنے کے تعلق سے کیا کام سرانجام دینا ہے۔

☆۔ کسی بھی ایسے دوست یا بھائی کے لئے دعا کریں جو آج کسی طرح کی کشمکش اور الجھاؤ کا شکار ہو کر رہ گیا ہے۔

باب 35

حاصلِ کلام

افسیوں 6 باب 19 تا 24 آیت کا مطالعہ کریں

پولس رسول نے افسّس کے ایمانداروں کو یہ تلقین کی تھی کہ وہ ہر وقت اور ہر موقع پر روح میں دعا اور منت کرتے رہیں۔ 19 اور 20 آیت میں اُس نے خاص طور پر اپنے لئے اور اس خدمت کے لئے دُعا کرنے کو کہا، جس کے لئے خدا نے اسے بلایا تھا۔ اُس نے اُنہیں کہا کہ وہ اُس کے لئے دُعا کریں تاکہ وہ بے خوف و خطر دلیری سے خدا کے کلام کو بیان کر سکے۔ پولس رسول کی اس دُعائیہ درخواست کے تعلق سے چند ایک چیزوں کا ذکر کرنا بہت ضروری ہے۔

غور کریں، پولس رسول خدا کے بھیدوں کو بیان کرنے کے لئے اپنی حکمت پر بھروسہ نہیں کر رہا تھا۔ اس نے افسیوں سے کہا، کہ وہ اُس کے لئے دُعا کریں تاکہ جب وہ اپنا منہ کھولے تو خدا اس کے منہ کو اپنے کلام سے بھر دے۔ یہ اِس کا اپنا کلام نہیں بلکہ وہ اس کلام کی بات کر رہا تھا جو روح القدس کی تحریک سے ہوتا ہے۔ 1 کرنتھیوں 2 باب میں پولس رسول نے کرنتھس کے ایمانداروں کو یاد دلایا کہ جب وہ ان کے پاس آیا تھا تو اُس نے اپنی حکمت سے اُن کے ہاں منادی نہیں کی تھی۔ تمام رسولوں میں سے، پولس رسول سب سے تعلیم یافتہ تھا۔ اس کے لئے بہت آسان تھا کہ وہ اپنی تعلیم اور علم پر بھروسہ کر کے لوگوں کو قائل کرنے کی کوشش کرتا۔ پولس رسول کی یہی دُعا تھی کہ خدا اُسے ایسے تکبر اور غرور سے بچا کر رکھے۔

پولس رسول کو ایک ڈر بھی لگا رہتا تھا، ہم یہ سمجھتے ہیں کہ رسول بے خوف و خطر ہوتے ہیں۔ جب پولس رسول نے کرنتھس کے ایمانداروں کو خط لکھا، تو اُس نے اُنہیں بتایا کہ جب وہ اُن کے پاس آتا تھا تو کمزوری خوف کی حالت میں آیا تھا۔ بلکہ یہ بھی لکھتا ہے کہ وہ اُن کے ہاں کانپتے ہوئے آیا تھا۔ (1 کرنتھیوں 2 باب 3 آیت) رسول بھی انسان ہوتے ہیں، اس لئے وہ بھی بعض اوقات خوف اور ڈر کی حالت میں جا سکتے ہیں۔ ہر لمحہ پولس رسول کی جان کو خطرہ لاحق رہتا تھا۔ جب وہ خداوند کے نام سے کلام کرتا تھا تو سننے والے غصہ سے بھر جاتے تھے۔ پولس رسول کو یہ بھی علم تھا کہ اس پیغام کو ہمیشہ اور ہر جگہ قبول نہیں کیا جائے گا۔ اُسے اس کلام کو پیش کرنے کے لئے دلیری اور جرات کی ضرورت تھی جو خدا نے اسے دیا تھا۔ خدا کے بھیدوں کو بیان کرنے کی خدمت بزدلوں کا کام نہیں ہے۔ پولس رسول حالت قید میں بھی خدا کا سفیر اور ایلچی تھا۔ خداوند یسوع کے کلام کو بیان کرنے کے سبب سے یہ عظیم رسول حالت قید میں تھا۔

غور کریں، ان آخری آیات میں، رسول کو اپنا منہ کھولنے کے لئے تیار ہونے کی ضرورت تھی۔ بالعموم خدا اپنے نام سے کلام کرنے کے لئے ہمیں مجبور نہیں کرتا۔ اس کے برعکس جب ہم بخوشی و رضا اپنے ہونٹ اُس کے تابع کر دیتے ہیں، تو پھر وہ ہمیں استعمال کرتا ہے۔ خدا کسی پر بھی زور و جبر کرکے اسے استعمال نہیں کرتا۔ جب کبھی پولس رسول نے اپنا منہ کھولا تو خدا نے اسے استعمال کیا۔ اگر وہ گھر بیٹھ کر انتظار کرتا رہتا کہ خدا اس کے منہ کو اپنے لئے کھولے، تو وہ کبھی بھی خدا کے لئے اُن کاموں کو سرانجام نہ دے پاتا جو خدا کے جلال کے لئے اُس نے سرانجام دئے تھے۔ جب بھی پولس رسول نے اپنا منہ کھولا تو یہ ایمان کا ایک عمل تھا۔ اسے توکل اور بھروسے کی ضرورت تھی کہ خدا اُس کے منہ میں موقع کی مناسبت سے درست اور پُرزور کلام ڈالے گا۔

خدا ہم سے بھی یہی چاہتا ہے کہ ہم ثابت قدم اور قائم رہیں۔ وہ یہ چاہتا ہے کہ ہم ایمان سے پیش قدمی کریں۔ جب آپ کلام کے لئے خدا سے دُعا کرتے ہیں، تو پھر بولنے کے لئے آپ کو ایمان سے اپنا منہ کھولنا ہوگا۔ جب آپ یہ دُعا کرتے ہیں کہ خدا آپ کو غیر ایمانداروں سے ملائے، تو پھر آپ کو ایمان سے آگے بڑھ کر اپنے اردگرد کے لوگوں تک رسائی حاصل کرنا ہوگی۔ اگر آپ ایمان سے قدم اُٹھانے کے لئے تیار اور رضامند نہیں ہیں تو پھر دُعا کرنا بھی مناسب اور واجب نہیں ہے۔

پولس رسول نے اپنے دوست تخکس کے تعلق سے چند باتیں کرتے ہوئے اس خط کا اختتام کیا ہے۔ یاد رہے کہ تخکس مشنری خدمت میں اس کا ہم سفر تھا۔ (اعمال 20 باب 4 آیت) جب پولس رسول نے دیکھا کہ خدمت کے کام میں وہ تیزی نہیں رہی تو اس نے تخکس کو افسیوں کے پاس واپس بھیجا تھا تاکہ ان کا حال احوال معلوم کرے اور ایمان میں ان کی ہمت افزائی بھی کرے۔ کیا ممکن ہے کہ تخکس ہی نے افسیوں کے ہاں اس خط کو پہنچایا تھا؟ اس میں کوئی شک نہیں کہ تخکس ہی افسیوں کا حال احوال معلوم کر کے پولس رسول کے ہاں واپس پہنچا تھا۔

جب رسول نے اس خط کا اختتام کیا، تو افسّس کی کلیسیا کے لئے خدا باپ اور خداوند یسوع مسیح کی طرف سے اطمینان، محبت اور ایمان کے ساتھ فضل بھی مانگا۔ اُس نے دُعا کی کہ مسیح ان میں بڑھتا اور ترقی کرتا چلا جائے۔ فضل ہی سے خدا نے کلیسیا تخلیق کی تھی اور اُسے بدی کی قوتوں کے خلاف فتح مندی سے جنگ کرنے کے لئے مسلح کیا تھا۔ اس خط میں موجود علم و معرفت اور عملی قسم کی ہدایت و رہنمائی نے افسّس کے ایمانداروں کو ہر اُس آزمائش، اُلجھن اور مشکل گھڑی میں بڑا سہارا دے کر ثابت قدم اور قائم رکھا جس کا اُنہیں سامنا ہوا۔ خدا کرے کہ ہم بھی مسیح کی معموری میں ثابت قدم رہیں اور افزائش کرتے

چلے جائیں۔ اور ہماری زندگی اور خدمت میں خدا باپ کو عزت، بزرگی اور جلال ملے۔

چند غور طلب باتیں

☆۔ پولس رسول کے لئے دُعا کس قدر اہم تھی، اس حوالہ سے ہمیں اس تعلق سے کیا سیکھنے کو ملتا ہے؟

☆۔ خداوند یسوع کے نام سے کچھ بولنے میں کس وجہ سے آپ کو ڈر لگتا ہے؟

☆۔ اپنے منہ کھولنے اور خداوند کو اس بات کا موقع دینے میں کیا تعلق ہے کہ وہ یہ منہ بھر دے؟ آپ کے خیال میں خدا کیوں ہمیں اسے اپنی مرضی پوری کرنے کے لئے ہمیں مجبور نہیں کرتا / ہم پر دباؤ نہیں ڈالتا۔

چند اہم دُعائیہ نکات

☆۔ خداوند کا کلام بیان کرنے کے لئے اس سے دلیری مانگیں۔

☆۔ خداوند کے فضل، محبت اور اس کے اطمینان کا گہرا تجربہ مانگیں۔

☆۔ ایسے وقتوں کے لئے خداوند کی شکر گزاری کریں جب اس نے خاص طور پر آپ کو قوت دی تاکہ آپ اس کے نام سے خدمت گزاری کا کام سر انجام دے سکیں۔ خداوند سے ایسے مزید اچھے مواقع حاصل کرنے کے لئے دُعا مانگیں۔